WISSEN FÜR DIE PRAXIS

Weiterführend empfehlen wir:

Deutscher Bundeswehr-Kalender
ISBN 978-3-8029-6030-7

Soldatenbeteiligungsgesetz
ISBN 978-3-8029-6050-5

Wehrdisziplinarrecht in Fällen
ISBN 978-3-8029-6214-1

Disziplinarrecht, Strafrecht, Beschwerderecht der Bundeswehr
ISBN 978-3-8029-6300-1

Sprache dient mir
ISBN 978-3-8029-6224-0

Weitere Titel unter: www.WALHALLA.de

Wir freuen uns über Ihr Interesse an diesem Buch. Gerne stellen wir Ihnen zusätzliche Informationen zu diesem Programmsegment zur Verfügung.
Bitte sprechen Sie uns an:
E-Mail: WALHALLA@WALHALLA.de
http://www.WALHALLA.de
Walhalla Fachverlag · Haus an der Eisernen Brücke · 93042 Regensburg
Telefon 0941 5684-0 · Telefax 0941 5684-111

WALHALLA

Wolfgang Benzel · Dirk Rott

Steuerratgeber für Soldaten Ausgabe 2022

Für Ihre Steuererklärung 2021

WALHALLA Rechtshilfen

Bibliografische Information der Deutschen Nationalbibliothek
Die Deutsche Nationalbibliothek verzeichnet diese Publikation in der Deutschen Nationalbibliografie; detaillierte bibliografische Daten sind im Internet über www.dnb.de abrufbar.

Zitiervorschlag:
Wolfgang Benzel/Dirk Rott, Steuerratgeber für Soldaten, Ausgabe 2022
Walhalla Fachverlag, Regensburg 2021

Hinweis: Unsere Werke sind stets bemüht, Sie nach bestem Wissen zu informieren. Alle Angaben in diesem Buch sind sorgfältig zusammengetragen und geprüft. Durch Neuerungen in der Gesetzgebung, Rechtsprechung sowie durch den Zeitablauf ergeben sich zwangsläufig Änderungen. Bitte haben Sie deshalb Verständnis dafür, dass wir für die Vollständigkeit und Richtigkeit des Inhalts keine Haftung übernehmen.
Oktober 2021

Produktion: Walhalla Fachverlag, 93042 Regensburg
Printed in Germany
ISBN 978-3-8029-6289-9

Inhaltsverzeichnis

Vorwort 11
Ein Steuerratgeber für Soldaten, wozu? 11
Wichtige Änderungen 2021 15
Abkürzungen 21

1. Die Einkommensteuererklärung 23
Definition 24
Die Pflichtveranlagung 24
Die Antragsveranlagung 26
Bis wann muss die Steuererklärung beim Finanzamt sein? ... 26
Zusammenveranlagung oder getrennte Veranlagung 26
Welches Finanzamt ist zuständig? 27
Termine und Fristen einhalten 28

2. So funktioniert das deutsche Einkommensteuersystem 29
Die verschiedenen Einkunftsarten 30
Die Summe der Einkünfte 31

3. Einkünfte aus nichtselbstständiger Arbeit 33
Der Lohnsteuerabzug 34
Der Lohnsteuerfreibetrag 34
Steuertarif 35
Steuerfreie Einnahmen und Progressionsvorbehalt 35
Steuerfreie Lohnersatzleistungen 37
Vorteil steuerbegünstigter Gehaltszuwendungen 38
Werbungskosten und Arbeitnehmerpauschbetrag 45

Reisekostenrecht 46
Erste Tätigkeitsstätte 47
Fahrten („Wege“) zwischen Wohnung und erster Tätigkeitsstätte 56
Berufliche Auswärtstätigkeit 66
Doppelte Haushaltsführung 81
Erstattungen durch den Dienstherrn 93
Auslandseinsatz 96
Sonstige Fahrtkosten 100
ABC der wichtigsten Werbungskosten 101
Anlage: Ausgewählte Pauschbeträge 2021 125

4. Einkünfte aus einer Nebentätigkeit 129
Grundsätzliches 130
Die nichtselbstständige Nebentätigkeit 130
Die selbstständige Nebentätigkeit 133
Exkurs: Umsatzsteuer 137

5. Einkünfte aus Vermietung und Verpachtung 141
Grundsätzliches 142
Werbungskosten 142
Abschreibungen 143
Die neue Sonderabschreibung nach § 7b EStG 144
Abzugsfähigkeit von Finanzierungskosten 146
Erhaltungsaufwendungen 147
Vermietung an nahe Angehörige 149
Beispiel einer Einnahmenüberschussrechnung 149

6. Einkünfte aus Kapitalvermögen und Spekulationsgewinnen 151
Grundsätzliches 152
So funktioniert die Abgeltungsteuer 152
Ermittlung der Einkünfte aus Kapitalvermögen 152
Berechnung der Abgeltungsteuer 155
Kapitallebensversicherung 157
Kirchensteuer 157

7. Veräußerungsgeschäfte 159
Grundsätzliches 160
Verkauf von Grundstücken 160

8. Von der Summe der Einkünfte zum Gesamtbetrag der Einkünfte 163
Grundsätzliches 164
Altersentlastungsbetrag 164
Entlastungsbetrag für Alleinerziehende 164
Freibetrag für Land- und Forstwirte 166

9. Vom Gesamtbetrag der Einkünfte zum Einkommen.. 167
Sonderausgaben 168
Unterhaltsleistungen 169
Versorgungsausgleich 171
Vorsorgeaufwendungen 171
Kinderbetreuungskosten 173
Schulgeld 174
Gezahlte Kirchensteuer 174
Kosten der ersten Berufsausbildung 175
Einzahlungen auf begünstigte Altersvorsorgeverträge 178

Begünstigte Spenden 184
Mitgliedsbeiträge und Spenden an politische Parteien 185
Verlustrücktrag und Verlustvortrag 186
Außergewöhnliche Belastungen 187
Allgemeine außergewöhnliche Belastungen 188
ABC der wichtigsten allgemeinen außergewöhnlichen Belastungen 189
Außergewöhnliche Belastungen in besonderen Fällen 194

10. Vom Einkommen zum zu versteuernden Einkommen 203
Freibeträge für Kinder 204
Härteausgleich 207
Steuerermäßigungen für bestimmte Personen im privaten Haushalt 207

11. Die Erstellung der Einkommensteuererklärung 213
Schritt-für-Schritt-Erklärung 214
Musterfall Herr Eifrig 218
Steuererklärung mit ELSTER erstellen 219

12. Tipps und Informationen 221
Steuerklassenwahl 222
Lohnsteuerabzugsmerkmale 223
Lohnsteuerermäßigungsverfahren 224
Übergangsbeihilfen und Übergangsgebührnisse 226
Vorauszahlungen 226
Heirat 227
Antrag auf Änderung, Einspruch und Klage 230
Steuerhinterziehung 234

Stichwortverzeichnis 235

Ein Steuerratgeber für Soldaten, wozu?

Der Beruf des Soldaten bringt zahlreiche steuerliche Besonderheiten mit sich, etwa Kommandierungen, Versetzungen, Auslandseinsätze, Weiterbildungsmaßnahmen oder Dienstreisen. Es stellen sich aber auch oft Fragen nach der steuerlichen Behandlung von Einkünften aus einer Nebenbeschäftigung oder aus der Vermietung von Wohneigentum.

Wer die steuerlich relevanten berufsspezifischen Umstände kennt, kann die eigene steuerliche Situation optimieren. Der vorliegende Fachratgeber soll Ihnen genau dabei helfen. Er soll Sie in die Lage versetzen, unter Kenntnis Ihrer steuerlichen Belange und der für Sie relevanten Sachverhalte, Ihre Steuererklärung selbst zu erstellen und Ihnen die Gewissheit geben, an alles gedacht zu haben.

Wichtig: Das „Steuerdickicht" in Deutschland ist selbst für den Fachmann häufig schwer zu durchblicken. Sie sollten sich daher nicht scheuen, bei besonders komplizierten Fragestellungen professionelle Hilfe in Anspruch zu nehmen und einen Steuerberater aufzusuchen. Nehmen Sie zur Besprechung den Ratgeber als „roten Faden" mit.

Grundlage dieses Ratgebers sind die Steuergesetze, insbesondere das Einkommensteuergesetz (EStG) mit Verwaltungsanweisungen. Darüber hinaus sind die aktuellen Urteile der Finanzgerichte (FG) und des Bundesfinanzhofs (BFH) wesentlich. Der Aufbau dieses Steuerratgebers hält sich strikt an die Systematik des Einkommensteuergesetzes (siehe Schnellübersicht).

Deshalb wird zunächst erläutert, was unter „Einkommensteuererklärung" zu verstehen ist. Anschließend wird die Systematik des Einkommensteuerrechts dargestellt. Wer diese Systematik kennt, kann vieles besser zuordnen und tut sich leichter bei der Erstellung seiner Steuererklärung. Bei der Bearbeitung der Steuererklärung gibt Ihnen die schematische Darstellung des Einkommensteuersystems die nötige Orientierung. Danach wird Schritt für Schritt dargestellt, wie sich die Einkünfte aus nichtselbstständiger Arbeit (Einkünfte aus Ihrer Tätigkeit als Soldat) und eventuell weiterer relevanter Einkunftsarten errechnen. Hieran schließen sich die Schritte bis zum zu versteuernden Einkommen an.

Das deutsche Steuerrecht ist das komplizierteste der Welt. Das lässt sich schon daran erkennen, dass ein Großteil der Steuerliteratur weltweit in deutscher Sprache verfasst ist. Dennoch lässt es sich auf **drei Fragen** reduzieren:

Bin ich betroffen?

Wer betroffen ist, haben wir in diesem Ratgeber in Kapitel 1 detailliert erläutert. In diesem Kapitel erfahren Sie nicht nur, ob Sie betroffen sind, sondern auch, bis wann Sie Ihre Steuererklärung bei welchem Finanzamt abgeben müssen.

Auch wenn Sie von der Einkommensteuer betroffen sind, müssen Sie nicht zwangsweise eine Steuererklärung abgeben. Aber: Selbst wenn Sie nicht gesetzlich dazu verpflichtet sind, kann es von großem Vorteil sein, eine Steuererklärung freiwillig abzugeben. Denn im Durchschnitt lag die **Einkommensteuererstattung** in den letzten Jahren bei 1.027 Euro!

Was muss ich wissen?

Alles, was Sie wissen müssen, erfahren Sie in diesem Ratgeber anschaulich, strukturiert und mit vielen Beispielen. In den einzelnen Kapiteln erhalten Sie folgende Informationen:

Kapitel 1	Wer muss bis wann wo seine Einkommensteuererklärung abgeben?
Kapitel 2	Hier erfahren Sie, wie das deutsche Einkommensteuerrecht in seiner Systematik funktioniert.
Kapitel 3	Hier werden die Einkünfte aus nichtselbstständiger Arbeit erläutert und an vielen Beispielen veranschaulicht, welche Werbungskosten Sie aufgrund Ihrer speziellen beruflichen Tätigkeit steuerlich geltend machen können.
Kapitel 4–7	Hier werden die restlichen Einkunftsarten, z. B. Einkünfte aus einer Nebentätigkeit, aus Vermietung und Verpachtung oder aus Kapitalvermögen und deren Ermittlung erläutert.

Kapitel 8–10	Hier erfahren Sie, wie Sie von der Summe der Einkünfte beginnend Ihr zu versteuerndes Einkommen ermitteln.
Kapitel 11	Hier wird erläutert, wie die Einkommensteuererklärung erstellt wird. Erklärt wird auch die elektronische Steuererklärung (ELSTER).
Kapitel 12	Hier finden sich hilfreiche Tipps und Informationen, z. B. zur Steuerklassenwahl, zu Ehegatten und eingetragenen Lebenspartnern, zum Lohnsteuerermäßigungsverfahren oder zum Rechtsbehelf.

Was muss ich tun?

Sie müssen die amtlichen Vordrucke für die Steuererklärung ausfüllen und diese entweder elektronisch an die Finanzverwaltung übermitteln oder in Papierform bei dem für Sie zuständigen Finanzamt abgeben. Arbeiten Sie unseren Ratgeber durch, er ist klar strukturiert und für den Laien verständlich geschrieben. Herzlichen Dank an dieser Stelle für die sehr gute Resonanz auf diesen Steuerratgeber sowie für sachliche Anregung und Kritik. Wo immer möglich und sinnvoll, werden diese bei einer Neuauflage berücksichtigt.

Viel Erfolg!

Prof. Dr. Wolfgang Benzel
Steuerberater und Diplom-Kaufmann
Oberst der Reserve

Dirk Rott
Diplom-Kaufmann

Muster-Formulare zum Download

Über www.walhalla-online.de/go/steuer können Sie Muster-Formulare herunterladen, die Sie bei der Erstellung Ihrer eigenen Steuererklärung unterstützen:

- *Rufen Sie folgende Seite auf: www.walhalla-online.de/go/steuer*
- *Geben Sie Ihre **E-Mail-Adresse** sowie den **Aktivierungscode** ein. Den benötigten **Aktivierungscode** finden Sie auf der Umschlaginnenseite.*
- *Nach Eingabe des Codes erhalten Sie eine E-Mail. Über den in der E-Mail enthaltenen Link können Sie die PDF-Datei herunterladen.*

> ***Bis zu 10 Euro sparen!***
> *Mit dem Kauf dieses Ratgebers erhalten Sie einen Rabatt-Gutschein der Buhl Data Service GmbH im Wert von bis zu 10 Euro für das WISO Steuer-Sparbuch 2022. Ihren persönlichen Gutscheincode erhalten Sie über den Download der Muster-Formulare. Beachten Sie dazu die Hinweise auf der Umschlaginnenseite.*
>
> ***Steuer-Tipps auf YouTube***
> *In seinem YouTube-Kanal „Steuerratgeber" geht Dirk Rott wöchentlich auf aktuelle Themen und Fragestellungen ein:*
> *https://www.youtube.com/steuerratgeber*

Wichtige Änderungen 2021

Hier erhalten Sie einen Überblick über die wichtigsten steuerlichen Änderungen des Jahres.

Anhebung des Einkommensteuer-Grundfreibetrags

Der Grundfreibetrag (2020: 9.408 Euro) wurde wie folgt erhöht:

- ab Veranlagungszeitraum 2021 um 336 Euro auf 9.744 Euro
- ab Veranlagungszeitraum 2022 um weitere 240 Euro auf 9.984 Euro

Erhöhung des Kinderfreibetrags und des Kindergelds

Der Kinderfreibetrag (2020: 2.586 Euro) wurde wie folgt erhöht:

- ab Veranlagungszeitraum 2021 auf 2.730 Euro

Zu den Beträgen kommt jeweils der Freibetrag für Betreuung, Erziehung und Ausbildung in Höhe von 1.464 Euro (2020: 1.320 Euro) hinzu.

Bei Ehegatten, die gemeinsam zur Einkommensteuer veranlagt werden, verdoppeln sich die Beträge.

Das Kindergeld (seit 01.07.2019: 204 Euro für erste und zweite Kinder, 210 Euro für dritte Kinder, jeweils 235 Euro für das vierte und jedes weitere Kind) wird erneut erhöht:

- ab **01.01.2021**: 219 Euro für erste und zweite Kinder, 225 Euro für dritte Kinder und jeweils 250 Euro für das vierte und jedes weitere Kind

Kindergeldantrag

Seit 2018 kann das Kindergeld nur noch für sechs Monate rückwirkend beantragt werden. Durch die Neuregelung soll der missbräuchlichen und betrügerischen Geltendmachung von Kindergeld entgegengewirkt werden.

Baukindergeld

Zur Förderung von Wohneigentum wurde im Jahr 2018 das Baukindergeld eingeführt. Antragsberechtigt sind Familien und Alleinerziehende mit mindestens einem minderjährigen Kind, die erstmalig Wohneigentum erwerben wollen. Pro Kind erhalten Antragsberechtigte

12.000 Euro, die in zehn jährlichen Raten zu je 1.200 Euro ausgezahlt werden. Der Antrag ist bei der Kreditanstalt für Wiederaufbau (KfW) über das KfW-Zuschussportal zu stellen.

Im Detail gelten folgende Anspruchskriterien:

- Die Förderung kann rückwirkend für Kaufverträge oder Baugenehmigungen ab 01.01.2018 bis 31.03.2021 beantragt werden (die ursprüngliche Frist 31.12.2020 wurde um drei Monate verlängert). Bei einem Neubau ist das Datum der Ausstellung der Baugenehmigung, beim Erwerb das Datum der Unterzeichnung des notariellen Kaufvertrags maßgeblich.
- Das zu versteuernde Haushaltsjahreseinkommen darf den Grundfreibetrag von 75.000 Euro zuzüglich eines Erhöhungsbetrags von 15.000 Euro pro Kind nicht übersteigen (Beispiel: Bei einer Familie mit einem minderjährigen Kind darf das Haushaltsjahreseinkommen 90.000 Euro nicht übersteigen.).
- Die Antragsteller (die Eltern) müssen Kindergeld beziehen bzw. Anspruch auf den Kinderfreibetrag haben.
- Der Förderantrag ist spätestens drei Monate nach Einzug oder im Fall des Erwerbs nach Unterzeichnung des notariellen Kaufvertrags zu stellen, letztmöglich am 31.12.2023.
- Förderfähig ist nur der Ersterwerb/Neubau einer selbstgenutzten Immobilie.
- Die Immobilie befindet sich in Deutschland.
- Die Immobilie muss über den Zehnjahreszeitraum ununterbrochen selbst genutzt werden.

Beispiel:

Hans und Petra Müller, verheiratet, zwei Kinder (2 und 5 Jahre alt), haben zusammen ein zu versteuerndes Jahreseinkommen von 76.000 EUR. Für den Erwerb (Unterzeichnung Notarvertrag am 31.08.2020) ihrer allerersten selbstgenutzten Immobilie können sie Baukindergeld in Höhe von 24.000 EUR erhalten. Antragsberechtigt sind sie, denn es handelt sich um eine Immobilie in Deutschland, die Eltern haben zwei minderjährige Kinder, das zu versteuernde Haushaltsjahreseinkommen liegt unter dem Höchstbetrag (dieser beträgt 75.000 EUR + 2 × 15.000 EUR =

105.000 EUR) und sie werden die Immobilie ausschließlich selbst zu eigenen Wohnzwecken nutzen. Die Auszahlung des Baukindergelds erfolgt jährlich in Höhe von 2.400 EUR. Ebenfalls sind jährlich die Anspruchsvoraussetzungen (z. B. Selbstnutzung der Immobilie durch Meldebescheinigung oder das Nichtüberschreiten des Haushaltsjahreseinkommens durch Steuerbescheid) nachzuweisen.

Höherer Freibetrag für Unterhaltsaufwendungen

Der Freibetrag für Unterhaltsaufwendungen (siehe dazu Kapitel 9) wurde für das Steuerjahr 2021 von 9.408 Euro auf 9.744 Euro angehoben.

Steuerklasse bei Heirat

Arbeitnehmer werden seit 2018 bei Heirat automatisch in die Steuerklasse IV eingruppiert. Möchten Sie eine andere Steuerklassenkombination als IV/IV, können Sie beim Finanzamt einmal im Jahr (spätestens bis 30.11.) einen Antrag auf Steuerklassenwechsel stellen und Ihre ELStAM (**E**lektronische **L**ohn**St**euer**A**bzugs**M**erkmale) ändern lassen. Seit 2018 kann ein Ehegatte mit der Steuerklasse V oder III alleine einen Steuerklassenwechsel beantragen.

Höherer Sonderausgabenabzug für Vorsorgeaufwendungen

Beitragszahlungen zur gesetzlichen Rentenversicherung, in ein berufliches Versorgungswerk oder in eine Rürup-Rentenversicherung sind 2021 bis zu einer Höhe von 25.787 Euro/51.574 Euro (Ledige/zusammenveranlagte Eheleute) begünstigt. Davon sind 2021 92 Prozent als Sonderausgaben abziehbar, also maximal 23.724 Euro/47.448 Euro. Bei der Einzahlung in eine gesetzliche Rentenversicherung muss jedoch der Arbeitgeberanteil der Beträge zur Rentenversicherung von den Vorsorgeaufwendungen abgezogen werden.

Zwei Monate mehr Zeit für die Einkommensteuererklärung

Steuerpflichtige können sich seit der Einkommensteuererklärung 2018 mit der Abgabe zwei Monate länger Zeit lassen.

Das bedeutet, sofern Sie eine Steuererklärung abgeben müssen (Pflichtveranlagung), haben Sie für die Abgabe Ihrer Steuererklärung nun bis zum 31.07. des Folgejahres Zeit. Bisher musste Ihre Einkommensteuererklärung in diesem Fall bis spätestens 31.05. des Folgejahres beim Finanzamt abgegeben sein.

Sie müssen also Ihre Einkommensteuererklärung 2021 bis spätestens 31.07.2022 beim Finanzamt abgeben.

Fristverlängerung für fachkundig vertretene Steuerpflichtige

Steuerpflichtige, die einen Steuerberater oder Lohnsteuerhilfeverein beauftragen, haben seit dem Steuerjahr der Einkommensteuererklärung 2018 bis 28.02. des Zweitfolgejahres Zeit, ihre Steuererklärung abzugeben. Bislang fiel das Fristende auf dem 31.12. Ein steuerlich beratener Arbeitnehmer muss also die Einkommensteuererklärung 2021 bis spätestens 28.02.2023 über seinen Steuerberater beim Finanzamt einreichen. Das gilt allerdings nur für Steuerzahler, die zur Steuererklärung verpflichtet sind.

Verspätungszuschlag

Verspätungszuschläge werden seit den Steuererklärungen für das Jahr 2018 ohne eine Ermessensentscheidung des zuständigen Finanzbeamten festgesetzt. Wird die Steuererklärung nicht innerhalb von 14 Monaten nach Ablauf des Kalenderjahres abgegeben, hat das Finanzamt zwingend einen Verspätungszuschlag festzusetzen. Gründe, warum eine Steuererklärung nicht fristgemäß abgegeben werden konnte, spielen künftig keine Rolle mehr. Wer also zur Steuererklärung verpflichtet ist, muss die Einkommensteuererklärung für das Jahr 2021 spätestens bis Ende Februar 2023 abgegeben haben; ab 01.03.2023 wird ein Verspätungszuschlag erhoben.

Der Verspätungszuschlag beträgt für jeden angefangenen Monat 0,25 Prozent der Steuerzahlung, mindestens 25 Euro pro vollen Monat der verspäteten Abgabe. Das gilt auch bei Steuererstattungen.

Steuervorteile für umweltfreundliche Pendler

Arbeitnehmer, die ein Dienstfahrrad auch privat nutzen dürfen, sind von einer Versteuerung dieses geldwerten Vorteils bis Ende 2030 befreit. Ursprünglich war diese Regelung bis 2021 befristet, aber der Gesetzgeber hat diese nun deutlich, bis Ende 2030, verlängert. Von dieser Regelung umfasst sind Fahrräder und Elektrofahrräder bis 25 km/h. Für schnellere E-Bikes, Elektrofahrzeuge und extern aufladbare Hybridelektrofahrzeuge müssen nur noch 0,5 Prozent anstatt 1 Prozent des Listen-Neupreises pro Monat versteuert werden. Vom Arbeitgeber zusätzlich zum ohnehin geschuldeten Arbeitslohn zur Verfügung gestellte Jobtickets sind seit 2019 nicht mehr steuerpflichtig.

Umzugskostenpauschale steigt

Die Pauschale für sogenannte sonstige Umzugskosten wird erhöht: Für Umzüge, die ab dem 01.04.2021 stattfinden, können Ledige 870 Euro geltend machen, Verheiratete oder Alleinerziehende 1.450 Euro.

§ **Wegweisendes Urteil**

Der BFH hat am 28.04.2020 (veröffentlicht am 01.10.2020) entschieden, dass Soldaten fiktive Werbungskosten bei ersparten Aufwendungen geltend machen können. Konkret geht es darum, dass ein Soldat, der vom Dienstherrn unentgeltlich eine Gemeinschaftsunterkunft zur Verfügung gestellt bekommt, diese als Sachbezug (geldwerter Vorteil nach der Sozialversicherungsentgeltverordnung – SvEV) versteuern muss. Hiergegen hatte ein Soldat geklagt, da er die Auffassung vertrat, dass wenn dieser Sachbezug seine Steuer erhöht, dieser mindestens in gleicher Höhe auch als Werbungskosten in der Einkommensteuer abzugsfähig sein muss. Genau dieser Auffassung ist der BFH nun gefolgt und hat geurteilt, dass die Gemeinschaftsunterkunft in Höhe des Sachbezugswerts als (fiktive) Werbungskosten abgezogen werden kann (BFH, Urteil vom 28.04.2020 – Az. VI R 5/18).

Wichtig: Im entschiedenen Fall kehrte der Soldat täglich an seinen Wohnort zurück und nutzte die Gemeinschaftsunterkunft nur zum Aufbewahren und Wechseln seiner Dienstbekleidung. Er nutzte die Gemeinschaftsunterkunft also nicht zum Wohnen. Somit lag keine doppelte Haushaltsführung vor und er konnte die (fiktiven) Werbungskosten für die Unterkunft neben den Fahrtkosten geltend machen. Bei Vorliegen einer doppelten Haushaltsführung, also wenn der Soldat die Unterkunft auch zum Übernachten genutzt hätte, könnten die Unterkunftskosten nicht neben den Fahrtkosten geltend gemacht werden..

Abkürzungen

Abs.	Absatz
AfA	Absetzung für Abnutzung
AFBG	Aufstiegsfortbildungsförderungsgesetz
AO	Abgabenordnung
AUV	Auslandsumzugskostenverordnung
Az.	Aktenzeichen
BADV	Bundesamt für Zentrale Dienste und offene Vermögensfragen
BGB	Bürgerliches Gesetzbuch
BGBl.	Bundesgesetzblatt
BFD	Bundesfinanzdirektion
BFH	Bundesfinanzhof
BMF	Bundesfinanzministerium
BMVg	Bundesministerium der Verteidigung
BRKG	Bundesreisekostengesetz
BStBl.	Bundessteuerblatt
BUKG	Bundesumzugskostengesetz
BVA	Bundesverwaltungsamt
ELStAM	Elektronische Lohnsteuerabzugsmerkmale
EStDV	Einkommensteuerdurchführungsverordnung
EStG	Einkommensteuergesetz
EU	Europäische Union
EZulV	Erschwerniszulagenverordnung
FG	Finanzgericht
FGO	Finanzgerichtsordnung
GWG	geringwertige Wirtschaftsgüter
GZ	Geschäftszeichen
LStH	Hinweise zu den Lohnsteuerrichtlinien
LStR	Lohnsteuerrichtlinien

Nr.	Nummer
OFD	Oberfinanzdirektion
o. g.	oben genannt
Rz.	Randziffer
TGV	Trennungsgeldverordnung
UStG	Umsatzsteuergesetz
VZ	Veranlagungszeitraum
ZfA	Zulagenstelle für Altersvermögen

1.

Die Einkommensteuererklärung

Definition 24
Die Pflichtveranlagung 24
Die Antragsveranlagung 26
Bis wann muss die Steuererklärung beim Finanzamt sein? 26
Zusammenveranlagung oder getrennte Veranlagung 26
Welches Finanzamt ist zuständig? 27
Termine und Fristen einhalten 28

1

Definition

Noch immer ist neben „Einkommensteuererklärung" der Begriff „Lohnsteuerjahresausgleich" im Umlauf, obwohl diese formale Trennung seit Jahren nicht mehr besteht. Es gibt nämlich kein eigenständiges Lohnsteuerrecht, sondern nur ein Einkommensteuerrecht. Dessen Grundlage ist das Einkommensteuergesetz mit den dazu ergangenen Verwaltungsanweisungen. „Lohnsteuer" ist dabei nur eine besondere Erhebungsform der Einkommensteuer.

Da Sie als Soldat aus dem Dienstverhältnis als Arbeitnehmer Bruttoarbeitslohn beziehen, wird entsprechend der individuellen Merkmale Steuerklasse, Kinder und Konfession monatlich Lohnsteuer einbehalten und durch die Besoldungsstelle an das Finanzamt abgeführt.

Der letztendlichen Besteuerung wird allerdings das „zu versteuernde Einkommen" zugrunde gelegt, welches entsprechend den Regeln des Einkommensteuergesetzes zu ermitteln ist. „Zu versteuerndes Einkommen" ist das Einkommen, auf welches die Einkommensteuertabelle angewandt wird und aus dem sich die tatsächliche Steuer errechnet.

Um Ihr zu versteuerndes Einkommen zu ermitteln, müssen vom Jahresbruttoarbeitslohn Freibeträge, Werbungskosten, Sonderausgaben und außergewöhnliche Belastungen abgezogen werden. Beziehen Sie neben den Einkünften aus Ihrer Tätigkeit als Soldat weitere Einkünfte, zum Beispiel aus einer Nebentätigkeit, aus Kapitalvermögen oder aus der Vermietung einer Immobilie, sind auch diese bei der Ermittlung des zu versteuernden Einkommens zu berücksichtigen.

Bei der Veranlagung zur Einkommensteuer wird zwischen den beiden Formen „Pflichtveranlagung" und der sogenannten freiwilligen Antragsveranlagung unterschieden.

Die Pflichtveranlagung

Die von Ihnen während des Jahres abgeführte Lohnsteuer bzw. die von Ihnen gezahlte Einkommensteuer-Vorauszahlungen stellen immer nur vorläufige Zahlungen dar und beruhen auf bestimmten Annahmen bzw. auf Schätzungen. Wie hoch Ihre endgültige Steuerschuld tatsächlich ist, kann erst nach Ablauf des Steuerjahres festgestellt werden.

Bestimmte steuerliche Sachverhalte können dazu führen, dass Sie eine Steuererklärung abgeben müssen. Diese Pflicht zur Abgabe einer Steuererklärung nennt man Pflichtveranlagung. Als Soldat sind Sie verpflichtet, eine Einkommensteuererklärung abzugeben, wenn Ihr Einkommen ganz oder teilweise aus nichtselbstständiger Arbeit (aus Ihren laufenden Bezügen) besteht, während des Jahres ein Lohnsteuerabzug vorgenommen wurde und wenn

- Einkünfte (Summe der Einnahmen minus der Ausgaben) aus anderen Einkunftsarten vorliegen (z. B. Einkünfte aus Zinseinnahmen, Mieteinnahmen oder einer Nebentätigkeit), welche 410 Euro im Jahr übersteigen oder
- die Summe der steuerfrei erhaltenen Leistungen, die dem Progressionsvorbehalt unterliegen (wie beispielsweise Arbeitslosengeld, Kurzarbeitergeld, Insolvenzgeld, Krankengeld, Mutterschaftsgeld, Verletztengeld oder Elterngeld) mehr als 410 Euro im Jahr beträgt, oder
- Sie von mehreren Arbeitgebern zeitgleich Arbeitslohn bezogen haben, also Lohneinkünfte mit der Steuerklasse VI besteuert werden, oder
- die beim Steuerabzug berücksichtigte Vorsorgepauschale größer ist als die tatsächlich abziehbaren Vorsorgeaufwendungen oder
- beide Ehegatten Arbeitslohn bezogen haben und einer von beiden für das betreffende Jahr oder einen Teil davon nach der Steuerklasse V oder VI besteuert bzw. bei der Steuerklasse IV der Faktor eingetragen wurde oder
- Sie einen Freibetrag beantragt haben oder
- ledige, geschiedene oder dauernd getrenntlebende Elternteile beantragen, dass der Ausbildungsfreibetrag oder der Behindertenpauschbetrag zwischen ihnen in einem anderen Verhältnis als 50/50 aufgeteilt wird oder
- Lohnsteuer für einen sonstigen Bezug (z. B. Entlassungsentschädigungen) ermittelt wurde oder
- Ihre Ehe im Veranlagungszeitraum durch Tod oder Scheidung aufgelöst worden ist und Sie oder Ihr geschiedener Ehepartner im Veranlagungszeitraum wieder geheiratet haben oder

- bestimmte Fälle der erweiterten beschränkten Einkommensteuerpflicht vorliegen.

Die Antragsveranlagung

Liegen keine der oben genannten Voraussetzungen vor, sind Sie nicht verpflichtet, eine Steuererklärung abzugeben. Deshalb wird eine Veranlagung zur Einkommensteuer nur durchgeführt, wenn Sie dies beantragen. Der Antrag erfolgt mit der Einreichung der Steuererklärung, eine grundsätzliche Frist ist hierbei nicht einzuhalten. Es gelten lediglich die üblichen Verjährungsfristen. Diese liegen je nach Einzelfall zwischen vier und maximal sieben Jahren.

Sinnvoll ist die Antragsveranlagung, wenn Ihre tatsächlichen Werbungskosten oder Sonderausgaben höher als die in die Lohnsteuertabellen eingearbeiteten Pauschbeträge sind. Sind also beispielsweise die Werbungskosten durch angefallene Fahrtkosten, Arbeitsmittel etc. höher als der Pauschbetrag von 1.000 Euro, ist davon auszugehen, dass sich eine Steuererstattung ergibt. Um festzustellen, ob Sie dies betrifft, müssen Sie Ihr zu versteuerndes Einkommen und die darauf entfallende Einkommensteuer berechnen.

Bis wann muss die Steuererklärung beim Finanzamt sein?

Bei der Pflichtveranlagung muss Ihre Steuererklärung 2021 bis spätestens 31.07.2022 beim Finanzamt sein.

Im Fall der Antragsveranlagung sind Sie überhaupt nicht verpflichtet, eine Steuererklärung abzugeben.

Zusammenveranlagung oder getrennte Veranlagung

Ehegatten, die nicht dauernd getrennt leben, haben die Möglichkeit, sich entweder zusammen veranlagen zu lassen, was zum meist vorteilhafteren Ehegattensplitting führen würde, oder aber die getrennte Veranlagung zu beantragen. Diese Wahl können die Ehegatten in jedem Steuerjahr neu treffen.

Praxis-Tipp:

Die Ehegatten treffen diese Wahl, indem sie im jeweiligen Hauptvordruck (ESt 1 A) das Kreuzchen entweder neben „Zusammenveranlagung“ oder neben „Einzelveranlagung von Ehegatten/Lebenspartnern“ setzen.
Falls Sie sich für die Zusammenveranlagung entscheiden, füllen Sie auch die Zeilen unter der Rubrik „Nur bei Zusammenveranlagung: Ehefrau/Lebenspartner(in)“ aus.

In den meisten Fällen stellt die Zusammenveranlagung die steuerlich günstigste Variante dar.

Die getrennte Veranlagung ist jedoch beispielsweise sinnvoller, wenn der eine Ehegatte steuerfreie, aber dem Progressionsvorbehalt unterliegende Einkünfte bezieht. Siehe dazu ausführlich Kapitel 3 → Steuerfreie Einnahmen und Progressionsvorbehalt → Steuerfreie Lohnersatzleistungen.

Die getrennte Veranlagung kann außerdem günstiger sein, wenn der Ehegatte, der Soldat ist, neben sonstigen Vorsorgeaufwendungen niedrige Kranken- und Pflegeversicherungsbeiträge zahlt (in der Regel im Rahmen einer Anwartschaft) und der Ehegatte, der Einkünfte bezieht, hohe Beiträge zahlt.

In diesem Fall sollten Sie mithilfe einer entsprechenden Steuersoftware eine Vergleichsberechnung durchführen.

Welches Finanzamt ist zuständig?

Für die Besteuerung ist das örtliche Finanzamt zuständig, in dessen Bezirk der Soldat seinen Wohnsitz hat (Wohnsitzfinanzamt). Bei mehrfachem Wohnsitz in Deutschland ist der Wohnsitz maßgebend, an dem sich der Soldat vorwiegend aufhält. Bei mehrfachem Wohnsitz eines verheirateten Soldaten, der nicht dauernd getrennt lebt, ist der Wohnsitz maßgebend, an dem sich die Familie vorwiegend aufhält. Sind Sie ins Ausland versetzt und haben in Deutschland keinen Wohnsitz mehr, ist das Finanzamt zuständig, in dessen Bezirk sich die Wehrbereichsverwaltung befindet, die für Ihre Besoldung zuständig ist.

Termine und Fristen einhalten

Folgende Termine sollten Sie beachten:

31. Juli

Für Ihre Einkommensteuererklärung können Sie sich seit 2019 zwei Monate länger Zeit lassen. Das bedeutet: Sofern Sie eine Steuererklärung abgeben müssen (Pflichtveranlagung), haben Sie für die Abgabe Ihrer Steuererklärung bis zum 31.07. des Folgejahres Zeit. Bei der Pflichtveranlagung muss Ihre Steuererklärung 2021 daher bis spätestens 31.07.2022 beim Finanzamt sein. Werden Sie von einem Steuerberater oder einem Lohnsteuerhilfeverein betreut, verlängert sich die Frist grundsätzlich bis zum 28.02. des darauffolgenden Jahres.

30. November

Das ist der letzte Termin für den Antrag auf Änderung oder Ergänzung der ELStAM (**E**lektronische **L**ohn**St**euer**A**bzugs**M**erkmale) für das laufende Jahr. Bei den ELStAM handelt es sich um die Angaben, die früher auf der Vorderseite der Lohnsteuerkarte eingetragen waren (Steuerklasse, Kirchensteuermerkmal, Anzahl der Kinderfreibeträge, etc.). Hierzu zählt auch der Antrag auf Lohnsteuerermäßigung.

2.

So funktioniert das deutsche Einkommensteuersystem

Die verschiedenen Einkunftsarten 30
Die Summe der Einkünfte 31

Die verschiedenen Einkunftsarten

Der Einkommensteuer unterliegen die im Einkommensteuergesetz definierten sieben Einkunftsarten:

- Einkünfte aus Land- und Forstwirtschaft
- Einkünfte aus Gewerbebetrieb
- Einkünfte aus selbstständiger Arbeit
- Einkünfte aus nichtselbstständiger Arbeit
- Einkünfte aus Kapitalvermögen
- Einkünfte aus Vermietung und Verpachtung
- sonstige Einkünfte

Während es sich bei den ersten drei Einkunftsarten um sogenannte Gewinneinkünfte handelt, bezeichnet man die anderen vier als Überschusseinkünfte. Das liegt daran, dass bei den Gewinneinkünften der Gewinn als Differenz zwischen den Einnahmen und den Betriebsausgaben ermittelt wird. Daraus wird auch deutlich, dass es sich bei diesen Einkunftsarten um solche handelt, mit denen eine unternehmerische Tätigkeit verbunden ist. Bei den Überschusseinkünften hingegen wird der Überschuss durch Gegenüberstellung von Einnahmen und Werbungskosten ermittelt.

Soldaten beziehen aus der Tätigkeit als Arbeitnehmer Einnahmen aus nichtselbstständiger Arbeit, also Überschusseinkünfte. Werden keine höheren Werbungskosten als der Pauschbetrag in Höhe von 1.000 Euro nachgewiesen und wird zudem keiner weiteren Berufstätigkeit nachgegangen, ermitteln sich die Einkünfte aus nichtselbstständiger Arbeit in diesem Fall aus der Bruttolohnsumme abzüglich des Werbungskostenpauschbetrags in Höhe von 1.000 Euro.

Beispiel:

Ein Soldat bezieht einen jährlichen Bruttolohn in Höhe von 23.480 EUR. Weitere Einnahmen hat er nicht. Da er keine Werbungskosten nachweisen kann, die über dem Pauschbetrag liegen, betragen seine Einkünfte aus nichtselbstständiger Arbeit 23.480 EUR ./. 1.000 EUR = 22.480 EUR.

Die Summe der Einkünfte

Sie als Soldat können Einkünfte aus mehreren Einkunftsarten nebeneinander beziehen. Die Zusammenfassung der **Einkünfte aus den einzelnen Einkunftsarten** ergibt die **Summe der Einkünfte**. Von diesem Betrag wiederum sind der Altersentlastungsbetrag, der Entlastungsbetrag für Alleinerziehende sowie der Freibetrag für Land- und Forstwirte abzuziehen, um zum **Gesamtbetrag der Einkünfte** zu gelangen. Hieraus errechnet sich nach Abzug der Sonderausgaben und der außergewöhnlichen Belastungen das **Einkommen**.

Nach einem eventuellen Abzug von Kinderfreibeträgen sowie dem Freibetrag für Betreuungs- und Erziehungs- oder Ausbildungsbedarf des Kindes, ergibt sich das **zu versteuernde Einkommen**. Durch Anwendung der Steuertabelle (Grundtabelle für Ledige/Splittingtabelle für Eheleute bzw. eingetragene Lebenspartner) ist nun die **tarifliche Steuer** festzustellen.

Nach Abzug von eventuellen Steuerermäßigungen ergibt sich die **festzusetzende Einkommensteuer**. Ist diese niedriger als die Summe der gezahlten Lohnsteuer und möglicher sonstiger Vorauszahlungen, ergibt sich eine Erstattung. Umgekehrt kann es auch zu einer Nachzahlung kommen.

Praxis-Tipp:

Steuernachzahlungen ergeben sich häufig, wenn im zu versteuernden Einkommen Beträge enthalten sind, für die kein monatlicher Lohnsteuerabzug vorgenommen und auch keine vierteljährlichen Vorauszahlungen geleistet wurden.

Beispiel:

Ein Soldat übt neben seiner hauptberuflichen Tätigkeit eine Nebenbeschäftigung als Versicherungsmakler aus. Da auf die hierauf erzielten Einkünfte aus Gewerbebetrieb keine Vorauszahlungen festgesetzt waren, kann es zu einer Einkommensteuernachzahlung kommen.

Ermittlung des zu versteuernden Einkommens

Gewinneinkünfte	Überschusseinkünfte
Einkünfte aus Land- und Forstwirtschaft	Einkünfte aus nichtselbstständiger Arbeit
Einkünfte aus selbstständiger Tätigkeit	Einkünfte aus Kapitalvermögen
Einkünfte aus Gewerbebetrieb	Einkünfte aus Vermietung und Verpachtung
	Sonstige Einkünfte nach § 22 EStG

= Summe der Einkünfte

./. Altersentlastungsbetrag

./. Entlastungsbetrag für Alleinerziehende

./. Freibetrag für Land- und Forstwirte

= Gesamtbetrag der Einkünfte

./. Verlustabzug
(z. B. Werbungskosten aus einer Zweitausbildung aus Vorjahren)

./. Sonderausgaben
(z. B. private Versicherungen, Kirchensteuer, Kinderbetreuungskosten, Ausbildungskosten, Schulgeld, Spenden)

./. außergewöhnliche Belastungen
(z. B. Krankheits-, Beerdigungskosten, Pflegeaufwendungen, Aufwendungen behinderter Menschen, Unterhaltsleistungen)

./. Steuerbegünstigung für bestimmte selbstgenutzte Wohnungen § 10f EStG

= Einkommen

./. Freibeträge für Kinder

./. freibleibender Betrag bis 410 EUR, mit Härteausgleich bis 820 EUR

= zu versteuerndes Einkommen

3.

Einkünfte aus nichtselbstständiger Arbeit

Der Lohnsteuerabzug 34

Der Lohnsteuerfreibetrag 34

Steuertarif 35

Steuerfreie Einnahmen und Progressionsvorbehalt 35

Steuerfreie Lohnersatzleistungen 37

Vorteil steuerbegünstigter Gehaltszuwendungen 38

Werbungskosten und Arbeitnehmerpauschbetrag 45

Reisekostenrecht 46

Erste Tätigkeitsstätte 47

Fahrten („Wege“) zwischen Wohnung und erster Tätigkeitsstätte 56

Berufliche Auswärtstätigkeit 66

Doppelte Haushaltsführung 81

Erstattungen durch den Dienstherrn 93

Auslandseinsatz 96

Sonstige Fahrtkosten 100

ABC der wichtigsten Werbungskosten 101

Anlage: Ausgewählte Pauschbeträge 2021 125

Der Lohnsteuerabzug

Jeder, der Einnahmen aus nichtselbstständiger Arbeit erzielt (Soldaten, Polizisten, Arbeiter, Angestellte und Beamte, aber auch Pensionäre und deren Rechtsnachfolger, also Witwen und Waisen), hat diese der Lohnsteuer zu unterwerfen.

Am Jahresende erfolgt gemäß § 42b EStG automatisch der sogenannte Lohnsteuerjahresausgleich durch den Arbeitgeber. Dabei wird überprüft, ob er für den Jahresbruttolohn zu viel Lohnsteuer einbehalten hat. Ist das der Fall, erstattet der Arbeitgeber/Dienstherr die zu viel einbehaltene Lohnsteuer.

Der Lohnsteuerfreibetrag

Ihr Dienstherr behält gemäß Ihren Lohnsteuerabzugsmerkmalen ELStAM (Steuerklasse, Religionszugehörigkeit usw.) monatlich Lohnsteuer, Solidaritätszuschlag und eventuell Kirchensteuer ein, welche er für Sie an das Finanzamt abführt. Bei der Berechnung der Lohnsteuer sind die wichtigsten Freibeträge, wie zum Beispiel der Grundfreibetrag, der Arbeitnehmerpauschbetrag, der Sonderausgabenpauschbetrag und die Vorsorgepauschale bereits berücksichtigt.

Darüber hinaus können Sie sich beim Finanzamt in der ELStAM-Datenbank einen zusätzlichen Freibetrag eintragen lassen, der dann von Ihrem Arbeitgeber beim monatlichen Lohnsteuerabzug berücksichtigt wird. Dieser Freibetrag beruht auf Ihren persönlichen Verhältnissen, wie zum Beispiel erhöhten Werbungskosten aus Ihrer Tätigkeit als Soldat oder einem Ausbildungsfreibetrag für ihr auswärtig studierendes Kind.

Durch die Eintragung dieses zusätzlichen Freibetrags zahlen Sie jeden Monat weniger Lohnsteuer und erhöhen dadurch Ihr Nettogehalt. Der eingetragene Freibetrag ist aber grundsätzlich nur vorläufig und führt zu einer Pflichtveranlagung bei der Einkommensteuer. In Ihrer Einkommensteuererklärung geben Sie dann nicht den Freibetrag an, sondern die Ihnen tatsächlich entstandenen Aufwendungen (z. B. Ihre erhöhten Werbungskosten). Sollte der Freibetrag, der eingetragen wurde, zu hoch gewesen sein, führt dies zu einer Steuernachzahlung.

Seit 2016 müssen Sie den Lohnsteuerfreibetrag nur noch alle zwei Jahre neu beantragen. Ausführliche Tipps und Hinweise zum Lohnsteuerermäßigungsverfahren finden Sie in Kapitel 12.

Steuertarif

Die Bemessungsgrundlage für den Einkommensteuertarif bildet das zu versteuernde Einkommen. Der Tarif ist in Deutschland als linear-progressiver Tarif ausgestaltet, das heißt, die Steuerlast wächst überproportional mit steigendem Einkommen. Im Rahmen dieses Tarifs werden das Existenzminimum und die wirtschaftliche Leistungsfähigkeit des Steuerpflichtigen berücksichtigt.

Die wichtigsten Eckdaten des Einkommensteuertarifs 2021:

- Grundfreibetrag: 9.744 Euro (19.488 Euro bei zusammenveranlagten Ehegatten)
- Eingangssteuersatz bei Übersteigen des Grundfreibetrags: 14 Prozent
- Spitzensteuersatz ab einem Einkommen von 57.918 Euro, bei zusammenveranlagten Ehegatten 115.836 Euro: 42 Prozent
- Reichensteuer ab einem Einkommen von 274.613 Euro, bei zusammenveranlagten Ehegatten 549.226 Euro: 45 Prozent

Steuerfreie Einnahmen und Progressionsvorbehalt

Der Grundgedanke, der der Einkommensbesteuerung zugrunde liegt, ist der **progressive Steuertarif**. Dies bedeutet, dass mit steigendem Einkommen auch die zu zahlende Steuer steigt, nicht nur absolut, sondern auch prozentual. Ein niedriges Einkommen unterliegt folglich einem niedrigeren Steuersatz und ein höheres Einkommen einem höheren Steuersatz. Durch diesen **progressiven Tarif** soll das Prinzip der individuellen Leistungsfähigkeit des Steuerpflichtigen im deutschen Steuerrecht umgesetzt werden.

Der Einkommensteuertarif hat 2021 folgende Struktur:

- Nullzone: zu versteuerndes Einkommen zwischen 0 Euro und 9.744 Euro; Steuerbelastung gleich 0, da der Grenzsteuersatz 0 Prozent beträgt

- Progressionszone I: zu versteuerndes Einkommen zwischen 9.745 Euro und 14.753 Euro; Grenzsteuersatz zwischen 14 Prozent und 24 Prozent
- Progressionszone II: zu versteuerndes Einkommen zwischen 14.754 Euro und 57.918 Euro; Grenzsteuersatz zwischen 24 Prozent und 42 Prozent
- Proportionalzone I: zu versteuerndes Einkommen zwischen 57.919 Euro und 274.612 Euro; Grenzsteuersatz einheitlich bei 42 Prozent
- Proportionalzone II: zu versteuerndes Einkommen ab 274.613 Euro; Grenzsteuersatz einheitlich bei 45 Prozent

Bei Zusammenveranlagung sind die Werte zu verdoppeln.

In § 3 Einkommensteuergesetz (EStG) sind zahlreiche Einnahmen normiert, die Ihnen steuerfrei zufließen können. Von diesen steuerfreien Einnahmen wiederum unterliegen einige dem sogenannten Progressionsvorbehalt.

Progressionsvorbehalt bedeutet, dass diese Einnahmen selbst nicht besteuert, aber zur Berechnung des Steuersatzes herangezogen werden.

Beispiel:

Ein verheirateter Soldat hat ein zu versteuerndes Einkommen von 24.000 EUR. Seine Ehefrau hat für ein ganzes Jahr Arbeitslosengeld in Höhe von 8.000 EUR bezogen. Ohne das Arbeitslosengeld der Ehefrau beträgt die festzusetzende Einkommensteuer für das Jahr 2021 1.150 EUR.

Da das Arbeitslosengeld eine steuerfreie Einnahme gemäß § 3 EStG ist, die dem Progressionsvorbehalt unterliegt, ist wie folgt zu verfahren: In einem ersten Schritt wird das Arbeitslosengeld unter Abzug des Werbungskostenpauschbetrags in Höhe von 1.000 EUR dem zu versteuernden Einkommen zugeschlagen. In einem zweiten Schritt ist festzustellen, wie hoch der durchschnittliche Steuersatz unter Berücksichtigung dieses höheren Einkommens wäre. Dieser Steuersatz wird nun auf das zu versteuernde Einkommen von 24.000 EUR angewendet.

Die tatsächliche festzusetzende Einkommensteuer beträgt somit 1.960 EUR und ist damit deutlich höher als ohne Progressionsvorbehalt.

Steuerfreie Lohnersatzleistungen (siehe nachfolgenden Abschnitt) – für Nicht-Arbeitnehmer auch Einkommensersatzleistungen genannt – sowie steuerfreie Auslandseinkünfte werden in den Progressionsvorbehalt einbezogen. Diese Leistungen bekommen Sie zwar steuerfrei ausgezahlt, sie wirken sich jedoch auf den Progressionsvorbehalt aus.

Der Progressionsvorbehalt führt dazu, dass die steuerfreien Lohnersatzleistungen dem zu versteuernden Einkommen hinzugerechnet werden und für diesen Betrag nun ein eigener, individueller Steuersatz ermittelt wird. Im Ergebnis führen die Progressionseinkünfte also zu einer höheren Besteuerung Ihrer übrigen Einkünfte. Das kann dazu führen, dass Sie Steuern nachzahlen müssen bzw. eine geringere Steuererstattung als in Vorjahren ohne Lohnersatzleistungen erhalten.

Beispiel:

OFw Mueller hat ein Jahresbruttoeinkommen in Höhe von 32.000 EUR. Zusätzlich erhält sie 6.000 EUR Elterngeld. Sie hat also ein Gesamteinkommen in Höhe von 38.000 EUR. Die Einkommensteuer würde bei Einzelveranlagung 7.876 EUR betragen, was einem individuellen Steuersatz von 20,73 % entspricht. Da das Elterngeld aber steuerfrei ist und nur dem Progressionsvorbehalt unterliegt, wird dieser Steuersatz nur auf das Einkommen ohne Elterngeld angewendet. Die Steuer, die OFw Mueller zahlen muss, beträgt 6.634 EUR.

Ohne Progressionsvorbehalt würde die Steuer für ein Einkommen von 32.000 EUR nur 5.900 EUR betragen. Das bedeutet, dass für das eigentlich steuerfreie Elterngeld in Höhe von 6.000 EUR doch 734 EUR mehr Steuern gezahlt werden müssen (6.634 EUR ./. 5.900 EUR). Zusätzlich erhöhen sich auch der Solidaritätszuschlag und ggf. die Kirchensteuer.

Steuerfreie Lohnersatzleistungen

§ 32b Abs. 1 EStG enthält eine abschließende Aufzählung der Lohn-/ Entgeltersatzleistungen, die dem Progressionsvorbehalt unterliegen. Das sind zum Beispiel:

- Arbeitslosenbeihilfe nach dem Soldatenversorgungsgesetz
- Arbeitslosengeld I

- Elterngeld nach dem Bundeselterngeld- und Elternzeitgesetz
- Entschädigungen für Verdienstausfall nach dem Infektionsschutzgesetz
- Krankengeld aus der gesetzlichen Krankenkasse
- Mutterschaftsgeld und Zuschuss zum Mutterschaftsgeld
- Teilarbeitslosengeld
- Übergangsgeld
- Verletztengeld

Beim Elterngeld handelt es sich um eine einkommensabhängige Lohnersatzleistung. Es ist steuerfrei, unterliegt aber dem Progressionsvorbehalt. Das Krankengeld aus der gesetzlichen Krankenversicherung ist gemäß § 3 Abs. 1 EStG steuerfrei, unterliegt jedoch dem Progressionsvorbehalt.

Alle steuerfreien Leistungen wiederum, die nicht in § 32b Abs. 1 EStG aufgeführt sind, fallen nicht unter den Progressionsvorbehalt und sind nicht in der Steuererklärung anzugeben. Das sind beispielsweise:

- Arbeitslosengeld II (Hartz IV)
- Sozialhilfe
- Wohngeld, Streikgeld
- Betreuungsgeld für Eltern von Kleinkindern
- Krankentagegeld aus einer privaten Krankenversicherung
- eine Verdienstausfallentschädigung der gesetzlichen Krankenkasse

Grundsätzlich steuerfrei und nicht dem Progressionsvorbehalt unterliegend ist die Erstattung von Reisekosten, Umzugskosten und Trennungsgeldern. Die als Reisekostenvergütungen gezahlten Vergütungen für Verpflegungsmehraufwendungen sind nur insoweit steuerfrei, als sie die Pauschbeträge nicht übersteigen. Für das Trennungsgeld gilt, dass dieses nach Ablauf von drei Monaten steuerpflichtig wird.

Vorteil steuerbegünstigter Gehaltszuwendungen

Für jeden Euro einer Gehaltserhöhung fallen oft mehr als die Hälfte für Steuern und Sozialabgaben an. Diesen erheblichen Abzügen können Sie entgegentreten, indem Sie **steuerbegünstigte** oder **steuerfreie Gehaltsbestandteile** mit Ihrem Dienstherren aushandeln. Dies ist auch für seine Arbeitgeberseite interessant, da auf steuerfreie Zahlungen keine Sozialabgaben fällig werden, die der Arbeitgeber zur Hälfte tragen müsste. Zudem sind beide Arbeitsparteien daran interessiert, dass von einer Lohnzahlung **möglichst viel Netto** beim Arbeitnehmer ankommt.

Hier stellen wir Ihnen eine Auswahl von Möglichkeiten steuergünstiger Zuwendungen vor und geben einen Überblick über die jeweiligen Gestaltungsalternativen.

Abfindungen

Steuerbegünstigte Abfindungen sind ein Ausgleich für die Nachteile, die Sie wegen Verlustes des Arbeitsplatzes erleiden, insbesondere eine Kompensation für zukünftig entgehende Einnahmen. Die Abfindungen werden durch die sogenannte Fünftelregelung begünstigt. Im Rahmen dieser Fünftelregelung wird die Abfindung als einmalige, hohe Einnahme steuerlich so behandelt, als erhielten Sie diese auf die nächsten fünf Jahre gleichmäßig verteilt: Bei der Steuerberechnung wird zunächst ein Fünftel der Abfindung zum versteuernden Einkommen addiert. Die Differenz zwischen diesem Betrag und dem Betrag ohne Abfindung wird dann mit fünf multipliziert, sodass sich die Einkommensteuer auf die Abfindung ergibt. Durch diesen Kniff bleibt der progressiv ansteigende Einkommensteuertarif unberücksichtigt, der beim Ansatz des vollen Abfindungsbetrags zu einem sprunghaften Anstieg der Steuerlast führen würde.

Eine Art „Abfindung“ sind auch die Übergangsbeihilfen, welche als einmalige finanzielle Zuwendung an Soldaten auf Zeit gezahlt werden.

Betriebliche Altersvorsorge

Soldaten auf Zeit haben keine Möglichkeit, an einer betrieblichen Altersversorgung teilzunehmen. Ihnen steht neben der Nachversicherung in der gesetzlichen Rentenversicherung lediglich die Möglichkeit zur Teilnahme an einer privaten Altersversorgung offen wie beispielsweise der Riester- oder Rürup-Rente.

Heilfürsorge

Die unentgeltliche Inanspruchnahme der Heilfürsorge durch die Soldaten der Bundeswehr ist steuerfrei.

Nacht-, Sonn- und Feiertagszuschläge

Folgende Lohnzuschläge sind steuerfrei, soweit sie für

- Nachtarbeit 25 Prozent,
- Sonntagsarbeit 50 Prozent,
- Feiertagsarbeit und Arbeit am 31.12. ab 14:00 Uhr 125 Prozent und für
- Arbeit am 24.12. ab 14.00 Uhr, am 25. und 26.12. sowie am 01.05. 150 Prozent

des Grundlohns nicht übersteigen.

Grundlohn ist der laufende Arbeitslohn, der dem Arbeitnehmer bei der für ihn maßgebenden regelmäßigen Arbeitszeit für den jeweiligen Lohnzahlungszeitraum zusteht. Er ist in einen Stundenlohn umzurechnen.

Der für die Berechnung der steuerfreien Zuschläge maßgebliche Stundenlohn ist auf 50 Euro begrenzt.

Nachtarbeit ist die Arbeit in der Zeit von 20:00 Uhr bis 6:00 Uhr. Sonntagsarbeit und Feiertagsarbeit ist die Arbeit in der Zeit von 0:00 Uhr bis 24:00 Uhr des jeweiligen Tages. Die gesetzlichen Feiertage werden durch die am Ort der Arbeitsstätte geltenden Vorschriften bestimmt.

§ **Wichtiges BFH-Urteil:**

Die gezahlte Zulage für Dienst zu wechselnden Zeiten nach § 17a EZulV ist laut BFH-Urteil vom 15.02.2017, Az. VI R 30/16, nicht steuerfrei. Der BFH stellte klar, dass eine Steuerbefreiung für Zuschläge ausschließlich für tatsächlich geleistete Sonntags-, Feiertags- und Nachtarbeit zu gewähren ist. Alle anderen Zuschläge, die arbeitsbedingte Erschwernisse ausgleichen sollen und neben dem Grundlohn gezahlt werden, sind dementsprechend dem Lohnsteuerabzug zu unterwerfen.

Pauschalversteuerung der Fahrten zur Arbeit

Die Fahrten zwischen Wohnung und Betrieb bzw. Kaserne kann Ihnen Ihr Arbeitgeber bis zu der Höhe, die Sie im Rahmen der Entfernungspauschale steuerlich geltend machen können, steuer- und sozialversicherungsfrei mit Ihrem monatlichen Gehalt auszahlen. Voraussetzung dafür ist, dass Ihr Arbeitgeber diesen Betrag mit 15 Prozent pauschal versteuert. Ist der Wert, den Ihr Arbeitgeber Ihnen erstattet, höher als der Wert, den Sie als Werbungskosten geltend machen können, müssen Sie den übersteigenden Betrag als Gehalt versteuern.

> ***Praxis-Tipp:***
>
> *Der pauschal versteuerte Betrag ist nicht im Bruttolohn enthalten und wird deshalb auf Ihrer Lohnsteuerbescheinigung in der Zeile „pauschal besteuerte Arbeitgeberleistungen für Fahrten zwischen Wohnung und Tätigkeitsstätte" gesondert ausgewiesen. In Ihrer Einkommensteuererklärung (Anlage N) geben Sie Ihre Fahrtkosten zur Arbeit so an, als hätten Sie keine Erstattung von Ihrem Arbeitgeber bekommen. Weiterhin tragen Sie in der Anlage N den Betrag ein, der Ihnen von Ihrem Arbeitgeber erstattet wurde.*

Privatnutzung betrieblicher Telefone/Computer

Die Vorteile, die einem Arbeitnehmer aus der privaten Nutzung betrieblicher Datenverarbeitungs- oder Telekommunikationseinrichtungen (z. B. PCs, Smartphones, Tablets, Handys) erwachsen, sind steuerfrei. Das gilt selbst dann, wenn die Geräte in der Privatwohnung des Arbeitnehmers genutzt werden. Die vom Arbeitgeber getragenen Verbindungsentgelte (Grundgebühr und laufende Kosten) sind ebenfalls nicht zu versteuern. Die Steuerfreiheit umfasst auch die Nutzung von Zubehör und Software des Arbeitgebers, beispielsweise sogenannte Home-Use-Programme zur Textverarbeitung. Wichtig hierbei ist, dass Ihr Arbeitgeber Ihnen die Telekommunikationsgeräte nicht schenkt, sondern diese betrieblich anschafft und Ihnen lediglich auch zur privaten Nutzung überlässt.

Sachbezüge für Verpflegung und Unterkunft

3 Wird Ihnen als Soldat freie Verpflegung, Unterkunft oder Wohnung gestellt, zum Beispiel wenn Sie in einer Kaserne untergebracht sind, handelt es sich hierbei um einen Sachbezug. Sachbezüge sind wie Barbezüge grundsätzlich Teil des Arbeitslohns und somit steuerpflichtig. Die Höhe der geldwerten Vorteile sind in der Sozialversicherungsentgeltverordnung (SvEV) geregelt, die Sätze werden jährlich angepasst. Die Sachbezugswerte haben insbesondere Bedeutung für Auswärtstätige, die von ihrem Arbeitgeber kostenlose oder verbilligte Mahlzeiten erhalten.

	Frühstück	**Mittagessen**	**Abendessen**	**Verpflegung insgesamt**
monatlich	55,00 EUR	104,00 EUR	104,00 EUR	263,00 EUR
kalendertäglich	1,83 EUR	3,47 EUR	3,47 EUR	8,77 EUR

Unterkunft belegt mit		**Unterkunft allgemein**
1 Soldat	monatlich	237,00 EUR
	kalendertäglich	7,90 EUR
2 Soldaten	monatlich	142,00 EUR
	kalendertäglich	4,74 EUR
3 Soldaten	monatlich	118,50 EUR
	kalendertäglich	3,95 EUR
mehr als 3 Soldaten	monatlich	94,80 EUR
	kalendertäglich	3,16 EUR

Wird freie Verpflegung an Angehörige der Bundeswehr im Einsatz gewährt, ist dies steuerfrei (§ 3 Nr. 4c EStG). Das gilt jedoch nicht für Zivilbeschäftigte!

Als Unterkunft zählt jeder Raum, in dem eine selbstständige Haushaltsführung nicht möglich ist, zum Beispiel ein möbliertes Zimmer in einer Kaserne. Der Sachbezug für die Unterkunft braucht nicht versteuert zu werden, wenn entsprechende Aufwendungen im Rahmen einer doppelten Haushaltsführung als Werbungskosten abziehbar wären (z. B. auf Lehrgängen). Folgerichtig sind dann keine Unterkunftskosten als Werbungskosten abziehbar, wohl aber die Fahrtkosten.

Sofern Sie für die vom Arbeitgeber zur Verfügung gestellte Verpflegung bzw. Unterkunft ein Entgelt zahlen müssen, ist nur der Unterschiedsbetrag zwischen den amtlichen Sachbezugswerten und dem durch Sie gezahlten Entgelt steuerpflichtig. Wenn Sie also mindestens den Sachbezugswert zuzahlen, wie es bei Angehörigen der Bundeswehr bei Lehrgängen regelmäßig der Fall ist, entsteht Ihnen kein geldwerter Vorteil. Auf die Höhe des tatsächlichen Werts der Verpflegung/ Unterkunft kommt es nicht an.

Sparanreize

Vermögenswirksame Leistungen (VL)

Geldleistungen, die der Arbeitgeber für den Arbeitnehmer anlegt, werden als vermögenswirksame Leistungen bezeichnet. Diese Sparform wird vom Fiskus durch die sogenannte Arbeitnehmersparzulage subventioniert. Nach dem Vermögensbildungsgesetz können grundsätzlich ausschließlich Arbeitnehmer vermögenswirksame Leistungen erhalten, wobei auch kurzfristig und geringfügig Beschäftigte sowie Aushilfskräfte, deren Arbeitslohn pauschal besteuert wird, zum begünstigten Personenkreis zählen. Es profitieren jedoch auch den Arbeitnehmern gleichgestellte Personen von der Arbeitnehmersparzulage, also Beamte, Richter, Polizisten, Berufs- und Zeitsoldaten.

Folgende Personengruppen erhalten keine vermögenswirksamen Leistungen:

- Helferinnen und Helfer, die ein freiwilliges soziales Jahr ableisten
- Entwicklungshelfer
- Bezieher von Renten aus der gesetzlichen Rentenversicherung, sofern sie nicht weiter in einem abhängigen Arbeitsverhältnis stehen
- Empfänger von Versorgungsbezügen, zum Beispiel Beamten- oder Witwen- und Waisenpensionen
- Vorstandsmitglieder von Aktiengesellschaften sowie GmbH-Geschäftsführer

Sie als Soldat haben einen Anspruch auf die Zulage, wenn Ihr zu versteuerndes Einkommen 17.900 Euro bei Alleinstehenden bzw. 35.800 Euro bei Zusammenveranlagung nicht überschreitet und Sie vermögenswirksame Leistungen für wohnwirtschaftliche Zwecke ansparen. Für andere Anlageformen liegt die Einkommensgrenze bei 20.000 Euro (Alleinstehende) bzw. 40.000 Euro (Ehegatten/Lebenspartner).

Die Mittel zur Ansparung kann der Dienstherr laut Vereinbarung oder Tarifvertrag zusätzlich zum normalen Gehalt extra zahlen. Alternativ können Sie den Betrag vom eigenen Lohn abzweigen. Es gelten folgende Förderhöchstwerte:

Vertragsart	Beteiligungssparen	Bausparen
max. begünstigte Sparrate pro Jahr	400 EUR (Ledige)/ 800 EUR (Verheiratete)	470 EUR (Ledige)/ 940 EUR (Verheiratete)
Zulagensatz	20 %	9 %
max. Zulage pro Jahr somit	80 EUR (Ledige)/ 160 EUR (Verheiratete)	43 EUR (Ledige)/ 86 EUR (Verheiratete)

Wohnungsbauprämie

Eine weitere staatliche Förderung ist die Wohnungsbauprämie. Nach Ablauf des Steuerjahres kann der Prämienberechtigte für die durch ihn geleisteten Bausparbeiträge die Wohnungsbauprämie beantragen.

Zu dem prämienberechtigten Personenkreis gehören alle Personen, die einen Wohnsitz oder ihren gewöhnlichen Aufenthalt im Inland haben, oder Personen, die keinen Wohnsitz oder gewöhnlichen Aufenthalt im Inland haben, aber in einem Dienstverhältnis zu einer inländischen juristischen Person des öffentlichen Rechts stehen, wie auch Soldaten.

Die Wohnungsbauprämie beträgt 10 Prozent der prämienberechtigten Aufwendungen. Begünstigt sind maximal Bausparleistungen bis zu 700 Euro jährlich bzw. 1.400 Euro bei Zusammenveranlagung. Die Prämie kann also maximal 70 Euro bzw. 140 Euro pro Jahr betragen.

Gemäß § 6 WoPG (Wohnungsbau-Prämiengesetz) zählt die Wohnungsbauprämie nicht zu den Einkünften im Sinne des Einkommensteuergesetzes.

Um die staatliche Wohnungsbauprämie zu erhalten, darf Ihr zu versteuerndes Einkommen nicht höher als 35.000 Euro bei alleinstehenden und 70.000 Euro bei zusammen veranlagten Personen sein.

Werbungskosten und Arbeitnehmerpauschbetrag

Ausgangspunkt für die Ermittlung der Einkünfte aus nichtselbstständiger Arbeit ist der Bruttolohn eines Kalenderjahres. Diesen Betrag entnehmen Sie der Lohnsteuerbescheinigung, die Ihnen von der Besoldungsstelle zu Beginn eines Jahres für das vorangegangene Jahr zur Verfügung gestellt wird.

Das Finanzamt gewährt zur Abgeltung von Werbungskosten aufgrund nichtselbstständiger Arbeit automatisch einen Arbeitnehmerpauschbetrag. Dieser beträgt seit dem Jahr 2011 1.000 Euro. Den Arbeitnehmerpauschbetrag erhalten Sie auch, wenn Sie keine Werbungskosten hatten oder keine Werbungskosten in Ihrer Steuererklärung geltend gemacht haben. Er wird bereits beim monatlichen Lohnsteuerabzug berücksichtigt.

Können Sie keine höheren Werbungskosten als den Pauschbetrag in Höhe von 1.000 Euro nachweisen, ergeben sich die Einkünfte aus nichtselbstständiger Arbeit daraus, dass Sie vom Bruttolohn 1.000 Euro abziehen. Sind die Werbungskosten jedoch höher als 1.000 Euro, sind die gesamten Werbungskosten nachzuweisen, und nicht nur diejenigen, die den Betrag von 1.000 Euro übersteigen.

Sollten Ihre Werbungskosten höher sein als der Pauschbetrag, tragen Sie diese auf Seite 2 und 3 der Anlage N ein. Die Werbungskosten werden dann von Ihrem steuerpflichtigen Bruttolohn abgezogen, sodass nur die verbleibenden Einkünfte zu versteuern sind.

> ***Praxis-Tipp:***
>
> *Seit dem Veranlagungszeitraum 2019 sind in den Steuerformularen viele Felder durch ein „e" gekennzeichnet und farblich markiert. Diese Felder kennzeichnen die Daten, die dem Finanzamt regelmäßig bereits elektronisch über-*

mittelt wurden und somit bereits vorliegen. Sie müssen diese Felder nur ausfüllen, wenn die Daten, die dem Finanzamt vorliegen, nicht zutreffend sind.

Wichtig: Sollten Sie von Ihrem Arbeitgeber bereits Kostenerstattungen erhalten haben, mindert dies natürlich Ihre Werbungskosten.

Das Einkommensteuergesetz definiert Werbungskosten als Aufwendungen zur Erwerbung, Sicherung und Erhaltung der Einnahmen, in Ihrem Fall des Arbeitslohns. Werbungskosten liegen folglich dann vor, wenn Ihnen Kosten entstanden sind, die objektiv mit dem Beruf in Zusammenhang stehen und subjektiv geeignet sind, den Beruf zu fördern. Ob die Aufwendungen tatsächlich den gewünschten Erfolg herbeigeführt haben, ist unerheblich.

Von den Werbungskosten abzugrenzen sind die Kosten der allgemeinen Lebensführung, die bei der Ermittlung der Einkünfte nicht in Abzug gebracht werden dürfen.

Zu beachten ist, dass die Höhe der Werbungskosten nach oben hin nicht begrenzt ist. Allerdings wird der Abzug versagt, wenn die angesetzten Beträge als unangemessen hoch anzusehen sind. Wann dies der Fall ist, richtet sich nach der „allgemeinen Verkehrsauffassung".

Praxis-Tipp:

Der Bereich der Werbungskosten bietet für Sie die besten Möglichkeiten, Steuern zu sparen. Denn nur hier können Sie durch geschickte Argumentation und entsprechenden Nachweis eine berufliche Veranlassung der Aufwendungen glaubhaft machen. Nutzen Sie dieses Potenzial!

Reisekostenrecht

Sobald Sie aus beruflichen Gründen unterwegs waren, können Sie die Kosten, die Ihnen dadurch entstanden sind, als Werbungskosten geltend machen. Zu den Reisekosten zählen Fahrtkosten, Übernachtungskosten, Verpflegungsmehraufwendungen und Reisenebenkosten.

Erste Tätigkeitsstätte

Begriff der Tätigkeitsstätte

Unter Tätigkeitsstätte ist der arbeitstäglich oder doch regelmäßig wiederkehrend und dauerhaft aufgesuchte Ort, an dem der Steuerpflichtige seine Arbeit zu erbringen hat, zu verstehen. Bei einem Soldaten ist dies meist die Kaserne, in welcher er stationiert ist.

Bestimmung der ersten Tätigkeitsstätte

Seit dem 01.01.2014 ist zu prüfen, welche die erste Tätigkeitsstätte ist, sofern der Arbeitgeber den Arbeitnehmer nicht dauerhaft einer solchen zugeordnet hat. Bei einem Soldaten dürfte dies in den meisten Fällen entfallen, da dieser in der Regel kommandiert bzw. versetzt wird. Die Versetzung ist als Zuordnung zu einer Tätigkeitsstätte zu verstehen.

Die erste Tätigkeitsstätte ist als ortsfeste, betriebliche Einrichtung des Arbeitgebers, eines verbundenen Unternehmens oder eines vom Arbeitgeber bestimmten Dritten in § 9 Abs. 4 EStG definiert. Während Kasernen oder Fliegerhorste ortsfeste Einrichtungen sind, fallen Schiffe, U-Boote und Flugzeuge nicht unter die Definition.

Weiterhin muss der Dienstherr den Soldaten dieser Einrichtung für mehr als 48 Monate zuordnen. Fehlt es an einer Zuordnung, werden die tatsächlichen Gegebenheiten in Betracht gezogen und anhand dieser die erste Tätigkeitsstätte bestimmt.

Ein Soldat kann je Dienstverhältnis höchstens eine erste Tätigkeitsstätte haben. Die erste Tätigkeitsstätte eines Soldaten ist in der Regel seine Stammeinheit.

Erste Tätigkeitsstätte

Sie sind in einer ortsfesten betrieblichen Einrichtung

- Ihres Arbeitgebers/Dienstherrn,
- eines verbundenen Unternehmens
- oder eines von Ihrem Arbeitgeber bestimmten Dritten

tätig?

Nein → Sie haben keine erste Tätigkeitsstätte.

Keine ortsfesten betrieblichen Einrichtungen des Arbeitgebers sind z. B.:

- häusliches Arbeitszimmer (auch nicht, wenn vom Arbeitgeber gemietet)
- Fahrzeuge, Flugzeuge oder Schiffe (Bus- oder Straßenbahndepot kann jedoch erste Tätigkeitsstätte sein)

Ja ↓

Sie sind dieser Einrichtung durch dienst- oder arbeitsrechtliche Festlegungen dauerhaft zugeordnet?

Dauerhaftigkeit liegt insbesondere vor

- bei einer unbefristeten Zuordnung,
- einer Zuordnung für die Dauer des gesamten Dienstverhältnisses (bei Befristung auch unter 48 Monaten)
- oder einer Zuordnung von mehr als 48 Monaten.

Ja → Diese ist Ihre (einzige) erste Tätigkeitsstätte.

Nein ↓

Fortsetzung ➡

Erste Tätigkeitsstätte

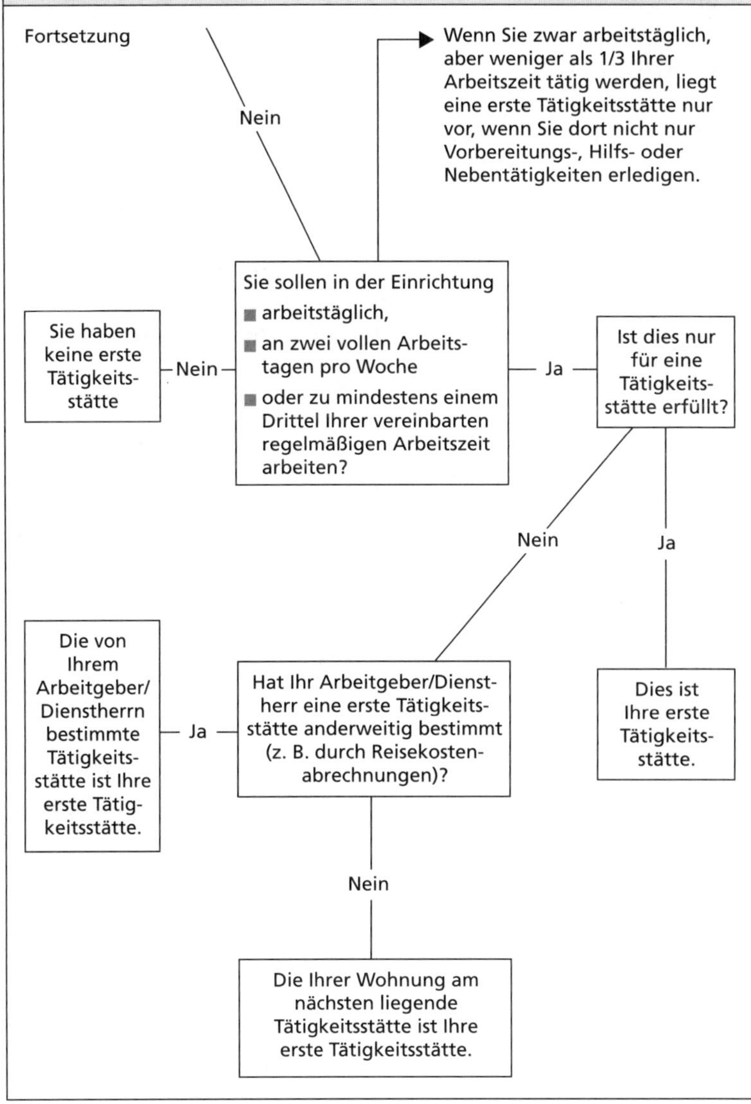

- Wird ein Soldat ohne zeitliche Befristung versetzt, begründet er eine neue erste Tätigkeitsstätte.
- Wird ein Soldat mit einer zeitlichen Befristung bis 48 Monate versetzt, fehlt die dauerhafte Zuordnung. Das hat zur Folge, dass keine neue erste Tätigkeitsstätte begründet wird. Die erste Tätigkeitsstätte ist in diesem Fall weiterhin seine Stammeinheit, von der aus er versetzt wird.
- Wird ein Soldat ohne zeitliche Befristung kommandiert, begründet er eine neue erste Tätigkeitsstätte.
- Wird ein Soldat mit einer zeitlichen Befristung bis 48 Monate kommandiert, begründet er damit keine neue erste Tätigkeitsstätte. **Das gilt auch, wenn die Kommandierung mit dem Ziel der Versetzung verbunden ist.**

Wichtig: Da das Homeoffice keine betriebliche Einrichtung des Arbeitgebers ist, kann es sich hierbei nicht um eine erste Tätigkeitsstätte handeln.

Kettenabordnung

Bei sogenannten Kettenkommandierungen ist keine dauerhafte Zuordnung zu einer Tätigkeitsstätte gegeben, wenn die einzelne Kommandierung jeweils einen Zeitraum von weniger als 48 Monaten umfasst. Wird ein Soldat mit einer zeitlichen Befristung von weniger als 48 Monaten versetzt oder kommandiert und wird diese Zuordnung später verlängert, führt diese Verlängerung nicht zwangsläufig zu einer Begründung einer neuen ersten Tätigkeitsstätte. Wird eine auf weniger als 48 Monate geplante Kommandierung verlängert, kommt es darauf an, ob der Soldat vom Zeitpunkt der Verlängerungsentscheidung an noch mehr als 48 Monate an der neuen Dienststelle eingesetzt werden soll.

Beispiel:

Unteroffizier Huber wird zur Unterstützung von seiner Stammdienststelle in Idar-Oberstein für 18 Monate nach Zweibrücken kommandiert. Nach 16 Monaten wird die Kommandierung um 42 Monate verlängert.

Obwohl Unteroffizier Huber insgesamt 58 Monate in Zweibrücken tätig wird, hat er dort keine erste Tätigkeitsstätte. Die vom Gesetzgeber vorgegebene Prognosebetrachtung bedeutet, dass Unteroffizier Huber weder im Zeitpunkt der ersten Kommandierung noch im Zeitpunkt der Anschlusskommandierung für mehr als 48 Monate in Zweibrücken eingesetzt werden sollte.

Abwandlung:

Die Kommandierung von Unteroffizier Huber wird bereits nach drei Monaten um 55 Monate auf insgesamt 58 Monate verlängert. Ab dem Zeitpunkt der Anschlusskommandierung hat Unteroffizier Huber seine erste Tätigkeitsstätte in Zweibrücken, da er ab diesem Zeitpunkt noch 55 Monate und somit dauerhaft in Zweibrücken tätig werden soll. Dies gilt auch, wenn die Kommandierung bereits nach 12 Monaten aufgehoben wird.

Das BMVg vertritt grundsätzlich die Auffassung, dass bei befristeten Personalmaßnahmen von bis zu 48 Monaten keine erste Tätigkeitsstätte begründet wird. Das Finanzgericht Hessen sah dies nun anders.

Grundsätzlich geht die Finanzverwaltung wie folgt vor:

Bei Berufssoldaten geht die Finanzverwaltung davon aus, dass bei einer ausdrücklich ausgesprochenen oder prognostisch ermittelten zeitlichen Befristung von bis zu 48 Monaten keine erste Tätigkeitsstätte begründet wird. Demnach können die Aufwendungen nach Reisekostengrundsätzen steuerlich geltend gemacht werden.

Bei Zeitsoldaten ist für die Finanzverwaltung maßgeblich, ob der Zeitsoldat während der gesamten Dauer seiner befristeten Dienstzeit ausschließlich an einem Standort oder an verschiedenen Standorten tätig werden soll. Zeitsoldaten, die für die gesamte befristete Dienstzeit an nur einem Standort tätig werden, begründen dort eine erste Tätigkeitsstätte.

Wird ein Zeitsoldat während seines Dienstverhältnisses mehreren Dienstorten zugeordnet, fehlt es an der Dauerhaftigkeit, mit der Folge, dass keine erste Tätigkeitsstätte begründet wird. In der Konsequenz können auch hier die Aufwendungen nach Reisekostengrundsätzen von der Steuer abgesetzt werden.

Erste Tätigkeitsstätte bei Studium oder Bildungsmaßnahme in Vollzeit

Mit der Aufnahme und Definition der ersten Tätigkeitsstätte in das Einkommensteuergesetz fand folgender Passus zu den Werbungskosten Einzug:

3

§ **§ 9 Abs. 4 Satz 8 Halbsatz 1 EStG**

Als erste Tätigkeitsstätte gilt auch eine Bildungseinrichtung, die außerhalb eines Dienstverhältnisses zum Zwecke eines Vollzeitstudiums oder einer vollzeitigen Bildungsmaßnahme aufgesucht wird.

Laut BMF-Schreiben vom 30.09.2013 (Gz. IV C5 – S 2353/13/10004, DOK. 2013/0862915) findet eine Bildungsmaßnahme außerhalb eines Dienstverhältnisses statt, wenn

- die Maßnahme nicht Gegenstand des Dienstverhältnisses ist, selbst wenn diese durch den Dienstherrn gefördert wird, zum Beispiel durch Hingabe von Mitteln, wie durch die Förderung des Berufsförderungsdienstes, oder
- die Maßnahme ohne arbeitsvertragliche Verpflichtung durchgeführt wird und der Dienstherr das Studium oder die Bildungsmaßnahme lediglich ermöglicht.

Konsequenz:

- Die Entscheidung des BFH (Urteil vom 09.02.2012, Az. VI R 42/11) ist damit überholt.
- Die Bildungsstätte, die im Rahmen einer vollzeitigen BFD-Maßnahme aufgesucht wird, gilt aufgrund gesetzlicher Fiktion als erste Tätigkeitsstätte.
- Fahrtkosten können nur noch in Höhe der Entfernungspauschale in Höhe von 0,30 Euro je Entfernungskilometer geltend gemacht werden und nicht wie bisher mit 0,30 Euro je tatsächlich gefahrenem Kilometer.

Beispiel:

Oberfeldwebel Schreiner hat mit Ablauf des 31.12.2020 sein Dienstzeitende. Ab 01.01.2021 beginnt er im Rahmen einer Berufsförderungsdienst-Maßnahme einen Vollzeitmeisterkurs. Von Januar bis Dezember fährt er täglich mit dem eigenen Pkw nach Kaiserslautern zur Handwerkskammer, die Entfernung beträgt 60 km.

Die Weiterbildung zum Meister ist der Fortbildung und somit dem Bereich der Werbungskosten zuzuordnen. Kursgebühren, Arbeitsmittel usw. sind abzugsfähig. Die Fahrtkosten werden jedoch seit 2014 aufgrund der gesetzlichen Neuregelung nicht mehr nach (Dienst-)Reisegrundsätzen beurteilt:

Es liegt keine Auswärtstätigkeit vor, sondern die Meisterschule in Kaiserslautern stellt kraft gesetzlicher Fiktion eine erste Tätigkeitsstätte für die gesamte Dauer der Fortbildungsmaßnahme dar. Die Fahrten zur Bildungseinrichtung können nur in Höhe der Entfernungspauschale, also pro Tag mit 18 EUR (0,30 EUR × 60 km) berücksichtigt werden. Verpflegungsmehraufwendungen sind nicht abzugsfähig, auch wenn der Soldat länger als acht Stunden von zu Hause abwesend ist.

§ **Aktuelle Rechtsprechung zur ersten Tätigkeitsstätte**

Der **BFH** hat das steuerliche Reisekostenrecht, das seit dem Jahr 2014 gilt, als verfassungsgemäß bestätigt.

FG Berlin-Brandenburg (Urteil vom 23.05.2019, Az. 4 K 4259/17 – Revision beim BFH unter Az. VI 25/19)

Ordnet der Arbeitgeber den Arbeitnehmer einer ersten Tätigkeitsstätte zu, so ist der Tätigkeitsschwerpunkt unbedeutend. Eine Ausnahme könnte es diesbezüglich höchstens geben, wenn der Arbeitnehmer einer betrieblichen Einrichtung nur aus organisatorischen Gründen zugeordnet ist und dort überhaupt nicht tätig wird.

Versicherungskaufmann (FG Berlin-Brandenburg, Urteil vom 09.04.2019, Az. 5 K 5269/17)

Hier war einem angestellten Versicherungskaufmann durch seinen Arbeitgeber keine erste Tätigkeitsstätte zugeordnet. Der Vertreter wurde nur aus organisatorischen Gründen einer Geschäftsstelle zugeordnet,

3

wurde dort aber nie tätig. Nach dem Urteil stellt diese Geschäftsstelle keine erste Tätigkeitsstätte dar. Ebenfalls stellt das vom Versicherungsvertreter selbst angemietete Büro in dem Bezirk, in dem er tätig wurde, keine erste Tätigkeitsstätte dar. Denn der Arbeitgeber erstattete diese Kosten nicht und somit mangelt es an einer ortsfesten betrieblichen Einrichtung des Arbeitgebers. Es liegt auch kein weiträumiges Tätigkeitsgebiet vor. Ein solches liegt dann vor, wenn der Arbeitnehmer seine Arbeitsleistung auf einer festgelegten Fläche ausübt, wie zum Beispiel bei Postzustellern, Hafen- oder Forstarbeitern. Aber genau bei zum Beispiel Schornsteinfegern, Bezirksleitern und Vertriebsmitarbeitern, die verschiedene Niederlassungen betreuen, trifft dies nicht zu.

Elektromonteur (FG Münster, Urteil vom 25.03.2019, Az. 1 K 447/16 E)

Hier war ein Elektromonteur seit 2010 ununterbrochen auf einer Baustelle einer Auftraggeberin des Arbeitgebers tätig. Die Auftraggeberin hatte jeweils auf längstens 36 Monate befristete Aufträge an den Arbeitgeber vergeben. Das Finanzamt vertrat die Auffassung, dass diese Baustelle eine erste Tätigkeitsstätte sei und berücksichtigte bei den Fahrtkosten nur die Entfernungspauschale, nicht die Dienstreisepauschale. Das sah das FG Münster anders. Für die Beurteilung, ob eine dauerhafte Zuordnung vorliegt, ist eine auf die Zukunft gerichtete Prognose ausschlaggebend. Wird eine auf weniger als 48 Monate geplante Tätigkeit verlängert, so kommt es für die Frage, ob eine dauerhafte Zuordnung vorliegt, darauf an, ob der Arbeitnehmer ab dem Zeitpunkt der Verlängerung noch mehr als 48 Monate (hier) auf der Baustelle tätig werden soll. Es ist nicht darauf abzustellen, ob der Arbeitnehmer rückwirkend betrachtet, länger als 48 Monate auf der Baustelle tätig war.

Polizist (BFH, Urteil vom 04.04.2019, Az. VI R 27/17)

Ein Polizist, der immer zunächst zu seiner Dienststelle fährt und von dort seinen Einsatz- und Streifendienst antritt, hat keine erste Tätigkeitsstätte. Da sich seine Tätigkeiten in der Dienststelle im Wesentlichen auf die Vor- und Nachbereitung des Einsatz- und Streifendienstes beschränken, ist er schwerpunktmäßig außerhalb der Polizeidienststelle im Außendienst tätig.

Pilot/Luftsicherheitskontrollkraft (BFH, Urteile vom 11.04.2019, Az. VI R 40/16, Az. VI R 12/17)

Ein Pilot hat seine erste Tätigkeitsstätte an dem Flughafen, dem er arbeitsrechtlich dauerhaft zugeordnet ist und auf dessen Flughafengelände er zumindest in geringem Umfang tätig wird. Dies gilt genauso für anderes fliegendes Personal, wie zum Beispiel Flugbegleiter.

§ **Aktuelle Rechtsprechung zur ersten Tätigkeitsstätte bei Bildungsmaßnahmen**

Das **FG Nürnberg** hat mit Urteil vom 09.05.2018 entschieden, dass ein auf mehr als drei Monate angelegter, in Vollzeit außerhalb eines Arbeitsverhältnisses absolvierter Fortbildungslehrgang eine erste Tätigkeitsstätte am Ort der Bildungseinrichtung begründet (Az. 5 K 167/17).

Das **FG Münster** hat mit Urteil vom 24.01.2018 entschieden, dass eine an einer deutschen Hochschule eingeschriebene Studentin, welche bereits eine Erstausbildung abgeschlossen hat, für Zeiträume von Auslandssemestern und Auslandspraktika keine Aufwendungen für die dortige Unterkunft und Verpflegung geltend machen kann, wenn sie im Inland keinen eigenen Hausstand unterhält. Die erste Tätigkeitsstätte befindet sich während dieser Aufenthalte nach § 9 Abs. 4 Satz 8 EStG in der ausländischen Bildungseinrichtung und nicht mehr an der inländischen Hochschule (Az. 7 K 1007/17 E).

Praxis-Tipp:

*Liegt eine erste Tätigkeitsstätte am Ort der Bildungseinrichtung, können Werbungskosten nur noch unter den Voraussetzungen der **doppelten Haushaltsführung** geltend gemacht werden. Bei jungen Ledigen scheidet der Kostenabzug regelmäßig aus, weil kein eigener Haushalt neben der Wohnung am Bildungsort unterhalten wird.*

Fahrten („Wege“) zwischen Wohnung und erster Tätigkeitsstätte

Begriff der Wohnung

3 Die Wohnung steht steuerlich im Mittelpunkt der Lebensinteressen des Soldaten. Falls Sie verheiratet sind, ist das normalerweise der Wohnort der Familie. Bei ledigen Soldaten ist es der Ort der Wohnung, beispielsweise ein Zimmer in der Kaserne, bei den Eltern oder bei Freundin/Freund.

> ***Praxis-Tipp:***
>
> *Gerade bei ledigen Soldaten kommt es oft vor, dass der „Mittelpunkt der Lebensinteressen“ und der Ort, an dem sie polizeilich gemeldet sind, auseinanderfallen. Das hängt damit zusammen, dass ledige Soldaten laut § 9 Abs. 1 BGB ihren Wohnsitz am Standort haben.*

Da in diesen Fällen aber häufig täglich vom Wohnort der Eltern oder von Freund/Freundin zur Arbeit gefahren wird, ist die Entfernungspauschale für diese Wegstrecke anzuerkennen.

Nachgewiesen werden kann der „Mittelpunkt der Lebensinteressen“ beispielsweise durch den Wohnort des Partners oder durch Vereinsmitgliedschaften.

Anzahl der Fahrten

Steuerlich geltend machen können Sie die tatsächlich nachgewiesenen Fahrten. Pro Arbeitstag dürfen Sie nur eine Fahrt ansetzen, egal, ob Sie tatsächlich zum Beispiel in der Mittagspause nach Hause gefahren sind. Ohne gesonderten Nachweis erkennt das Finanzamt grundsätzlich bei einer Fünf-Tage-Woche 230 Fahrten und bei einer Sechs-Tage-Woche 280 Fahrten an. Die Berechnung setzt sich wie folgt zusammen: Das Jahr hat 52 Wochen abzüglich sechs Wochen für Urlaub, Krankheit und Feiertage, das heißt, es bleiben noch 46 Wochen. 46 Wochen multipliziert mit fünf bzw. sechs Tagen ergeben dann die 230 bzw. 276 Fahrten. 276 Fahrten werden auf 280 Fahrten aufgerundet. Sollten Sie mehr

Urlaubs- oder Krankheitstage gehabt haben, sind diese bei der Berechnung der Arbeitstage zu berücksichtigen.

Wichtig: Bitte beachten Sie, dass diese vereinfachte Berechnung auf der Grundlage beruht, dass Sie das ganze Jahr über zu Ihrer Dienststelle gefahren sind. Sollten Sie nicht das ganze Jahr zu Ihrer Dienststelle gefahren sein (z. B. aufgrund des Beginns Ihrer Beschäftigung erst ab 01.07.), können Sie Fahrten nur anteilig in Ihrer Steuererklärung geltend machen. Beachten Sie, dass Sie bei einer fälschlicherweise zu hoch angesetzten Anzahl der Fahrttage Steuerhinterziehung begehen und das Finanzamt hierin kein Kavaliersdelikt sieht.

Bei Soldaten trifft es jedoch häufig zu, dass durch Wochenenddienste, Bereitschaften, zusätzlichen Dienst oder dienstliche Veranstaltungen im Vergleich zu übrigen Arbeitnehmern wesentlich mehr Arbeitstage geleistet werden.

Praxis-Tipp:

Sie sollten daher anhand von Aufzeichnungen bzw. durch eine Bescheinigung der Dienststelle die tatsächlichen Arbeitstage nachweisen können. Nur so ist der maximale Abzugsbetrag erreichbar.

Höhe der Entfernungspauschale

Für die Wege zwischen Ihrer Wohnung und der ersten Tätigkeitsstätte kann wie bisher eine Entfernungspauschale, die unabhängig vom genutzten Verkehrsmittel gewährt wird, in Höhe von 0,30 Euro je Entfernungskilometer angesetzt werden. Grundsätzlich werden jedoch höchstens 4.500 Euro zum Abzug zugelassen.

Diese Deckelung greift jedoch nicht, wenn Sie Ihr eigenes oder ein Ihnen zur Nutzung zur Verfügung gestelltes Auto nutzen.

Wichtig: Die Entfernungspauschale erhöht sich ab 2021. Ab 01.01.2021 können Sie für die ersten 20 Kilometer unverändert 0,30 Euro geltend machen, ab dem 21. Kilometer wird die Pauschale auf **0,35 Euro** für die Jahre 2021 bis 2023 und **0,38 Euro** für die Jahre 2024 bis 2026 erhöht. Entfernungskilometer bedeutet, dass nur die einfache Strecke gerechnet wird, nicht wie bei einer Auswärtstätigkeit (folgende Kapitel), wo auch der Rückweg zählt.

Maßgebliche Strecke

Auszugehen ist dabei von der kürzesten benutzbaren Straßenverbindung, wobei angefangene Kilometer nicht berücksichtigt werden.

Beispiel:

Unteroffizier Müller fährt mit der U-Bahn zu seinem Dienstort. Einschließlich der Fußwege und der U-Bahn-Fahrt beträgt die zurückgelegte Entfernung 38 km. Die kürzeste Straßenverbindung beträgt 30 km.
Für die Entfernungspauschale sind die Straßenkilometer anzusetzen, hier 30 km.

Sollte die kürzeste Straßenverbindung länger sein als die Summe aus Fußweg und U-Bahn-Strecke, ist dies umgekehrt vorteilhaft, da auch hier die Straßenverbindung für die Entfernung entscheidend ist.

Eine andere als die kürzeste Verbindung kann angesetzt werden, wenn sie offensichtlich verkehrsgünstiger ist und tatsächlich genutzt wurde.

Beispiel:

Oberfeldwebel Lutz fährt mit seinem Pkw in die Kaserne. Die kürzeste Straßenverbindung beträgt 35 km. Da es auf dieser Strecke aufgrund länger andauernder Straßenbauarbeiten zu Staus kommt, fährt er einen Umweg von 10 km, wodurch er eine halbe Stunde an Fahrtzeit spart.
In diesem Fall können für die Ermittlung der Entfernungspauschale 45 km angesetzt werden.

Sollte auf der Fahrt zur ersten Tätigkeitsstätte eine Fähre benutzt werden, ist diese Strecke mit in die Entfernungsberechnung einzubeziehen.

Eine Ausnahme ist nur dann gegeben, wenn die Nutzung der Fähre nicht zumutbar und auch nicht wirtschaftlich wäre. In diesen Fällen darf die tatsächlich gefahrene längere Entfernung der Berechnung zugrunde gelegt werden. Nach der Rechtsprechung ist eine längere Entfernung dann „offensichtlich verkehrsgünstiger“, wenn die Vorteilhaftigkeit so auf der Hand liegt, dass sich auch ein anderer verständiger Verkehrsteilnehmer für diese Strecke entschieden hätte. Als Anhaltspunkt dafür, dass eine Strecke verkehrsgünstiger ist, kann eine Zeitersparnis von mindestens 10 Prozent gegenüber der kürzesten Strecke angenommen werden.

Unabhängig von der Zeitersparnis kann eine Strecke aber auch verkehrsgünstiger sein, wenn die längere Route bessere Straßen, weniger Ampeln, weniger Ortsdurchfahrten, weniger Verkehr usw. enthält. Insofern kann eine „offensichtlich verkehrsgünstigere“ Strecke auch ohne Zeitersparnis vorliegen, wenn sich die Strecke aufgrund anderer Umstände als verkehrsgünstiger erweist als die kürzeste Strecke.

Beispiel:

Kapitänleutnant Hanssen wohnt in einer Ortschaft an der Elbe und hat seinen Dienstort auf der anderen Elbseite. Über die nächstgelegene Brücke beträgt die Entfernung zwischen Wohnort und Arbeitsstätte 60 km, während die Entfernung bei Nutzung einer Fähre nur 25 km beträgt. Die Kosten für die Fähre betragen pro Jahr 400 EUR. Da die Nutzung der Fähre zumutbar und wirtschaftlich sinnvoll ist, errechnet sich die Entfernungspauschale aus 25 km. Die von der Fähre zurückgelegte Strecke ist bei der Berechnung der Pauschale nicht zu berücksichtigen, die Fährkosten können zusätzlich zur Entfernungspauschale angesetzt werden.

Praxis-Tipp:

Fahren Sie einen Umweg aus gesundheitlichen Gründen, muss das Finanzamt diesen akzeptieren. Beispielsweise wenn Sie einen Umweg fahren, weil Sie wegen Ihrer Höhenangst nicht über eine Hochbrücke fahren können. Lassen Sie sich in einem solchen Fall Ihre Höhenangst von einem Arzt bescheinigen.

Nutzung eines eigenen oder zur Nutzung überlassenen Pkw

Die Begrenzung auf 4.500 Euro greift nicht ein, wenn der Soldat mit seinem eigenen oder mit einem ihm, beispielsweise von seiner Ehefrau zur Nutzung überlassenen Pkw fährt.

> ***Praxis-Tipp:***
>
> *Übersteigt die Entfernungspauschale den Betrag von 4.500 Euro, weil Sie mit dem eigenen Auto zur Arbeit gefahren sind, kann das Finanzamt einen Nachweis über die konkrete Fahrleistung des Pkw verlangen. Zum Nachweis eignen sich Aufzeichnungen über die Kilometerstände zu Beginn und am Ende eines Jahres oder die Vorlage von Inspektions- und Reparaturrechnungen, aus denen die Kilometerstände ersichtlich sind.*

Nutzung verschiedener Verkehrsmittel

Werden öffentliche Verkehrsmittel genutzt, kann der Begrenzungsbetrag ebenfalls überschritten werden, sofern dies anhand von Belegen nachgewiesen wird. Für Flugstrecken und bei Sammelbeförderungen gilt die Entfernungspauschale nicht. Hier können nur die tatsächlich angefallenen Kosten geltend gemacht werden.

Sollten sowohl öffentliche Verkehrsmittel als auch der eigene Pkw genutzt werden (Park and Ride), gilt die Begrenzung auf 4.500 Euro nur für die auf die öffentlichen Verkehrsmittel entfallende Fahrtstrecke. Darüber hinaus kann die Entfernungspauschale, die auf die mit dem Pkw tatsächlich zurückgelegte Teilstrecke entfällt, in vollem Umfang berücksichtigt werden. Achten Sie bei der Berechnung darauf, dass zunächst diejenigen Aufwendungen berechnet werden, die der Begrenzung unterliegen. Der unbegrenzt anzusetzende Teil wird dann hinzuaddiert.

Beispiel:

Ein Soldat fährt an 230 Arbeitstagen im Jahr mit dem eigenen Pkw 10 km zur nächsten Bahnstation und von dort 100 km mit der Bahn zur ersten Tätigkeitsstätte. Die kürzeste Straßenverbindung beträgt 90 km. Die Aufwendungen für die Bahnfahrten betragen 1.500 EUR im Jahr. Die

Ermittlung der Entfernungspauschale für die Bahnfahrt ergibt zunächst einen Betrag von 80 km (= 90 km ./. 10 km) × 0,30 EUR × 230 Arbeitstage = 5.520 EUR zuzüglich 70 km × 0,05 EUR × 230 Arbeitstage (Erhöhung ab dem 21. Kilometer) = 805 EUR, in Summer also 5.820 EUR + 805 EUR = 6.625 EUR. Hier ist der Höchstbetrag von 4.500 EUR anzusetzen, die tatsächlichen Aufwendungen für die Bahnfahrten in Höhe von 1.500 EUR bleiben unberücksichtigt, da diese unter der anzusetzenden Entfernungspauschale liegen. Für die Fahrt von der Wohnung zum Bahnhof ist zusätzlich eine Entfernungspauschale von 10 km × 0,30 EUR × 230 Arbeitstage = 690 EUR anzusetzen, sodass sich insgesamt ein abziehbarer Betrag von 5.190 EUR ergibt.

Unfallkosten

Mit der Entfernungspauschale sind sämtliche mit der laufenden Nutzung des Kraftfahrzeugs zusammenhängenden Kraftfahrzeugaufwendungen abgegolten. Dazu zählt die Absetzung für Abnutzung, die Betriebskosten (Treibstoff, Öl, Inspektionen, TÜV), die üblichen auf Verschleiß beruhenden Reparaturen, die Kfz-Steuer sowie die Prämien für die Haftpflicht- und Vollkaskoversicherung. Des Weiteren sind die Aufwendungen für eine etwaige Rechtsschutzversicherung, die Kosten der Garagenmiete am Wohn- und Arbeitsort sowie die Zinsen für einen Kredit zur Anschaffung des Fahrzeugs abgegolten.

Der BFH hatte bisher für Unfallschäden auf einer dienstlich veranlassten Fahrt eine Ausnahme von der Abgeltungswirkung der Entfernungspauschale gemacht. Hierfür sieht der BFH (Urteil vom 20.03.2014, Az. VI R 29/13) inzwischen jedoch keine Rechtsgrundlage mehr, da aufgrund des Gesetzeswortlauts mit der Entfernungspauschale sämtliche Aufwendungen abgegolten sind. Insofern sind auch außergewöhnliche Fahrzeugkosten (z. B. die bei einem Unfall oder aufgrund eines Motorschadens wegen Falschbetankung wie im Urteilsfall) nicht neben der Entfernungspauschale als Werbungskosten abzugsfähig.

§ **Rechtsprechung:**

Der BFH zitiert den Wortlaut des Gesetzes, welcher wie folgt lautet: „Durch die Entfernungspauschale sind sämtliche Aufwendungen abgegolten" (§ 9 Abs. 2 Satz 1 EStG). Das Wort „sämtliche" sieht der BFH als eindeutig an.

Bisher hält die Finanzverwaltung noch an der älteren BFH-Rechtsprechung fest und lässt die Unfallkosten im Rahmen einer Dienstreise oder auf dem Weg zur Arbeit als Werbungskostenabzug zu. Wie lange sie daran festhält, ist jedoch fraglich. Sie sollten auf jeden Fall Unfallkosten angeben, auch auf die Gefahr hin, dass sie nicht mehr anerkannt werden. Aufgrund der geänderten BFH-Rechtsprechung könnte eine anschließende Klage vor den Finanzgerichten allerdings wenig erfolgversprechend sein.

Fahrgemeinschaften

Grundsätzlich kann bei Fahrgemeinschaften die Entfernungspauschale sowohl vom Fahrer als auch vom Mitfahrer angesetzt werden, auch an den Tagen, an denen sie „mitgenommen" werden. Bei wechselseitigen Fahrgemeinschaften wird der Höchstbetrag von 4.500 Euro zunächst durch die Fahrten an den Arbeitstagen ausgeschöpft, an denen der Steuerpflichtige mitgenommen wurde. Deshalb ist in einem ersten Schritt die Entfernungspauschale für die Tage anzusetzen, an denen er nicht selbst gefahren ist (begrenzt auf 4.500 Euro im Jahr). Anschließend ist die Entfernungspauschale für die Tage zu ermitteln, an denen der Steuerpflichtige seinen eigenen Pkw eingesetzt hat. Beide Beträge zusammen ergeben dann die insgesamt anzusetzende Entfernungspauschale.

Beispiel:

Bei einer aus drei Soldaten bestehenden wechselseitigen Fahrgemeinschaft beträgt die Entfernung zwischen Wohnung und Arbeitsstätte für jeden Soldaten 130 km. Bei 210 Arbeitstagen setzt jeder seinen eigenen Pkw an 70 Tagen für Fahrten zwischen Wohnung und Arbeitsstätte ein.

Zunächst ist die Entfernungspauschale für jeden Teilnehmer der Fahrgemeinschaft für die Fahrten an den Tagen zu ermitteln, an denen er mitgenommen wurde: 140 × 130 km × 0,30 EUR = 5.460 EUR zuzüglich 140 × 110 km × 0,05 EUR (Erhöhung ab dem 21. Kilometer) = 770 EUR, höchstens jedoch 4.500 EUR.
Anschließend ist die Entfernungspauschale für die Tage zu ermitteln, an denen der Soldat seinen eigenen Pkw eingesetzt hat: 70 × 130 km × 0,30 EUR = 2.730 EUR zuzüglich 70 × 110 km × 0,05 EUR = 385 EUR. Die anzusetzende Entfernungspauschale beträgt dann insgesamt 7.615 EUR.
Setzt hingegen bei einer Fahrgemeinschaft nur ein Teilnehmer seinen Pkw ein, kann er die Entfernungspauschale ohne Begrenzung auf den Höchstbetrag von 4.500 EUR für seine Entfernung zwischen Wohnung und Arbeitsstätte geltend machen, ohne dabei Umwege zum Abholen der Mitfahrer zu berücksichtigen. Den Mitfahrern wird ebenfalls die Entfernungspauschale gewährt, bei ihnen allerdings begrenzt auf den Höchstbetrag von 4.500 EUR im Jahr.

Diese Rechnung gilt unabhängig davon, ob die Soldaten mit dem Pkw oder mit dem Motorrad fahren. Es spielt zudem keine Rolle, ob immer ein anderes Mitglied der Fahrgemeinschaft die übrigen Mitfahrer abholt und wieder nach Hause bringt oder ob sich die Mitfahrer an einem zentralen Punkt treffen und abwechselnd ihren Pkw für die Weiterfahrt einsetzen. Es ist auch unerheblich, ob stets derselbe Soldat seinen Wagen zur Verfügung stellt und dafür Geld von seinen Mitfahrern bekommt.

Ansatz bei Menschen mit Behinderung

Die Begrenzung des Werbungskostenabzugs auf die Entfernungspauschale für Fahrten zwischen Wohnung und erster Tätigkeitsstätte mit dem eigenen oder zur Nutzung überlassenen Kraftfahrzeug ist nicht anzuwenden bei

- Menschen, deren Grad der Behinderung mindestens 70 beträgt,
- Menschen, deren Grad der Behinderung weniger als 70, aber mindestens 50 beträgt und die in ihrer Bewegungsfähigkeit im Straßenverkehr erheblich beeinträchtigt sind (Merkzeichen „G“ im Schwer-

behindertenausweis; vgl. hierzu in Kapitel 9 → Außergewöhnliche Belastungen die Ausführungen zum Behindertenpauschbetrag).

Menschen mit Behinderung im vorstehend genannten Sinne dürfen anstelle der Entfernungspauschalen die nachgewiesenen Aufwendungen für die Benutzung des eigenen Kraftfahrzeugs für Fahrten zwischen Wohnung und erster Tätigkeitsstätte in tatsächlicher Höhe als Werbungskosten absetzen.

Ohne Einzelnachweis der tatsächlichen Aufwendungen werden die Fahrtkosten mit den Reisekostenpauschalen berücksichtigt. Dies sind 0,30 Euro pro tatsächlich gefahrenen Kilometer (0,35 Euro ab dem 21. Kilometer), somit das Doppelte der „normalen" Entfernungspauschale.

Werden die Wege zwischen Wohnung und erster Tätigkeitsstätte mit verschiedenen Verkehrsmitteln zurückgelegt, kann das Wahlrecht zwischen Entfernungspauschale und tatsächlichen Kosten nur einheitlich ausgeübt werden.

Das folgende Beispiel verdeutlicht die Berechnungssystematik:

Beispiel:

Ein Soldat mit Behinderung fährt an 220 Tagen im Jahr mit dem eigenen Pkw 17 km zum Bahnhof und von dort 82 km mit der Bahn zur ersten Tätigkeitsstätte. Die tatsächlichen Bahnkosten betragen 240 EUR im Monat. Der Soldat wählt das günstigste Ergebnis: Da ab 2021 ab dem 21. Kilometer eine Entfernungspauschale von 0,35 EUR pro km gelten, ist zunächst der Durchschnittsbetrag pro km in EUR zu ermitteln (nach den 17 km mit dem Auto zum Bahnhof verbleiben noch 3 km × 0,30 EUR = 0,90 EUR + 79 km × 0,35 EUR = 27,65 EUR macht in Summe 28,55 EUR geteilt durch die Gesamtstrecke 82 km = 0,35 EUR).

Danach erfolgt die Berechnung des günstigsten Ergebnisses (4.500 EUR ./. 0,35 EUR ÷ 82 km pro Tag = 156,79 Tage. Somit wählt der Soldat für 157 Tage die Entfernungspauschale und für die restlichen 63 Tage den Ansatz der tatsächlichen Kosten.

a) Ermittlung der Entfernungspauschale

Für die Teilstrecke mit dem eigenen Pkw errechnet sich eine Entfernungspauschale von 157 Tagen × 17 km × 0,30 EUR = 800,70 EUR zuzüglich 157 Tage × 82 km × 0,30 EUR = 4.662,90 EUR, jedoch höchstens

4.500 EUR, sodass sich eine insgesamt anzusetzende Entfernungspauschale von 5.300,70 EUR ergibt (4.500 EUR + 800,70 EUR).

b) Ermittlung der tatsächlichen Kosten

Für die Teilstrecke mit dem eigenen Pkw sind 63 Tage x 17 km x 2 × 0,30 EUR = 642,60 EUR anzusetzen (tatsächliche Aufwendungen mit pauschalem Kilometersatz); für die verbleibende Bahnstrecke 824,73 EUR (tatsächliche Kosten für die Fahrkarte 240 EUR × 12 Monate = 2.880 EUR ./. 220 Tage × 63 Tage), sodass sich insgesamt also ein Betrag von 1.467,33 EUR (642,60 EUR + 824,73 EUR) ergibt.

Insgesamt kann somit ein Betrag von 6.768 EUR (157 Tage Entfernungspauschale und 63 Tage tatsächliche Kosten) abgezogen werden (vgl. BMF-Schreiben vom 31.10.2013, Gz. IV C5 – S 2351/09/10002:002, DOK. 2013/0981373).

3

Für den Fall, dass für die Fahrten zwischen Wohnung und erster Tätigkeitsstätte sowohl eigene Aufwendungen anfallen als auch eine Fahrgemeinschaft genutzt wird, ist eine Vergleichsberechnung durchzuführen. Dabei werden die zwischen den tatsächlichen Kosten für die Teilstrecke, die der Soldat selbst gefahren ist, sowie die Entfernungspauschale für die gesamte Strecke ermittelt. Das für den Soldaten günstigere Ergebnis ist anzusetzen.

Beispiel:

Ein Soldat mit Behinderung fährt an 120 Tagen im Jahr mit dem eigenen Pkw zur Arbeit. An weiteren 80 Tagen fährt er mit seinem eigenen Pkw zu einem 15 km entfernten Treffpunkt und wird von dort aus von einem Kameraden mitgenommen.

Die Entfernung zwischen Wohnung und erster Tätigkeitsstätte beträgt 25 km.

Der abziehbare Betrag ist wie folgt zu ermitteln:

Fahrten ausschließlich mit eigenem Pkw:

120 Tage × 25 km × 0,30 EUR × 2 (Hin- und Rückfahrt) + 120 Tage × 5 km (Erhöhung ab dem 21. km) × 0,05 EUR × 2 = 1.860 EUR

Vergleichsberechnung für die Tage, an denen der Soldat zum Treffpunkt fährt:
Entfernungspauschale: 80 Tage × 25 km × 0,30 EUR + 80 Tage × 5 km × 0,05 EUR (Erhöhung ab dem 21. km) = 620 EUR
Tatsächliche Kosten: 80 Tage × 15 km × 0,30 EUR × 2 = 720 EUR
3
Der Ansatz der tatsächlichen Kosten ist günstiger. Insgesamt sind als Werbungskosten 2.580 EUR abziehbar.

Werden die tatsächlichen Kraftfahrzeugkosten und nicht die Entfernungspauschale angesetzt, sind sämtliche Aufwendungen, die mit der Nutzung des Kraftfahrzeugs für die Fahrten zwischen Wohnung und Arbeitsstätte zusammenhängen, zu berücksichtigen. Hierunter fallen insbesondere auch die Parkgebühren für das Abstellen des Kraftfahrzeugs während der Arbeitszeit.

Berufliche Auswärtstätigkeit

Mit Einführung der Lohnsteuerrichtlinien 2008 wurden die bisherigen Reisekostenarten Dienstreise, Einsatzwechseltätigkeit und Fahrtätigkeit zum neuen Oberbegriff „Berufliche Auswärtstätigkeit" zusammengefasst. Reisekosten umfassen demnach Fahrtkosten, Verpflegungsmehraufwendungen, Übernachtungskosten und Reisenebenkosten.

Grundsätzlich wird dabei zwischen Soldaten mit erster Tätigkeitsstätte und Soldaten ohne erste Tätigkeitsstätte unterschieden.

Diese Unterscheidung ist insofern von Bedeutung, da der Soldat ohne erste Tätigkeitsstätte immer nach den folgenden Dienstreisegrundsätzen behandelt wird (sich sozusagen immer auf Dienstreise befindet) und der Soldat mit erster Tätigkeitsstätte sich erst dann auf Dienstreise befindet und dementsprechend nach den folgenden Dienstreisegrundsätzen behandelt wird, wenn er vorübergehend außerhalb seiner ersten Tätigkeitsstätte tätig wird.

> ***Praxis-Tipp:***
>
> *In der Anlage N finden sich die Zeilen hierzu unter „Reisekosten bei beruflich veranlassten Auswärtstätigkeiten".*

Soldaten mit erster Tätigkeitsstätte

Wer über eine erste Tätigkeitsstätte verfügt und nun außerhalb davon tätig wird, begründet eine vorübergehende berufliche Auswärtstätigkeit.

Unter dem seit 01.01.2014 geltenden Begriff „erste Tätigkeitsstätte" versteht sich die ortsfeste betriebliche Einrichtung des Arbeitgebers/Dienstherrn (Kaserne), eines verbundenen Unternehmens oder eines vom Arbeitgeber/Dienstherrn bestimmten Dritten, der ein Soldat dauerhaft zugeordnet ist.

Ebenso zur ersten Tätigkeitsstätte zählt ein weiträumiges Arbeitsgebiet. Dies kann beispielsweise ein Truppenübungsplatz sein, wenn Sie dort stationiert sind. Das bedeutet, dass die Bedingung selbst dann erfüllt wird, wenn Sie nur zur Dienststelle fahren, um dort den Pkw gegen ein Dienstfahrzeug zu tauschen.

Durch diese Regelung dürften die meisten Soldaten über eine erste Tätigkeitsstätte verfügen.

Wer über eine erste Tätigkeitsstätte verfügt und nun außerhalb von ihr tätig wird, begründet eine vorübergehende berufliche Auswärtstätigkeit.

Gründe für eine berufliche Auswärtstätigkeit

Gründe für eine berufliche Auswärtstätigkeit können sein: Besorgungsfahrten, angeordnete dienstliche Veranstaltungen (Feiern, Weiterbildungen etc.), Kommandierungen, Vorstellungstermine, Besprechungen oder Fahrten zu Lerngemeinschaften.

Somit können folgende Posten als Auslagen geltend gemacht werden:

- Fahrtkosten
- Verpflegungsmehraufwendungen
- Übernachtungskosten
- Reisenebenkosten

Fahrtkosten

Fahrtkosten können dann als Werbungskosten angesetzt werden, wenn Sie kein dienstliches Transportmittel für die Auswärtstätigkeit benutzen, allerdings nur soweit die Kosten nicht vom Dienstherrn erstattet werden. Falls Sie einen privaten Pkw nutzen, sind die tatsächlich gefahrenen Kilometer mit der Reisekostenpauschale von 0,30 Euro für die ersten 20 Kilometer und 0,35 Euro ab dem 21. Kilometer zu multiplizieren. Reisen Sie nicht mit dem Pkw, sondern mit anderen Verkehrsmitteln, wie beispielsweise Bahn oder Flugzeug, können die Kosten laut Belegen als Werbungskosten angesetzt werden. Für die Nutzung anderer motorisierter Verkehrsmittel (Motorrad, Motorroller, Moped, Mofa) können 0,20 Euro angesetzt werden.

Mit diesen Pauschbeträgen sind grundsätzlich sämtliche Kfz-Kosten abgegolten, also insbesondere Kraftfahrzeugsteuern, Haftpflichtversicherungsprämien, übliche Reparaturkosten, Aufwendungen für die Garage, Abschreibung sowie die Zinsen für einen Kredit zur Anschaffung eines Pkw.

Praxis-Tipp:

Die bei beruflichen Auswärtstätigkeiten entsprechenden Park- und Straßenbenutzungsgebühren lässt die Finanzverwaltung neben den Pauschbeträgen jedoch als Werbungskosten zum Abzug zu.

Von der ermittelten Pauschale sind die vom Dienstherrn erstatteten Beträge abzuziehen.

Beispiel:

Oberleutnant Meyer wird für eine Woche an die Offiziersschule des Heeres nach Dresden kommandiert. Zum Dienstantritt fährt er vom Wohnort Mainz mit seinem Pkw zum Flughafen nach Frankfurt/Main. Von dort fliegt er nach Dresden, um vom Flughafen in Dresden mit dem Taxi zur Offiziersschule weiterzureisen. Der Dienstherr erstattet insgesamt 225 EUR. An Werbungskosten sind absetzbar für Fahrtkosten mit dem Pkw von Mainz nach Frankfurt (50 km × 0,30 EUR + 30 km × 0,05 EUR) × 2 (Hin- und Rückfahrt) = 33 EUR, Flugkosten von 375 EUR, Parkgebühren am Flughafen in Frankfurt von 75 EUR sowie die Taxikosten in Dresden von 25 EUR. Von der Summe der Werbungskosten in Höhe von 508 EUR ist die Reisekostenerstattung von 225 EUR abzuziehen, sodass letztendlich 283 EUR an Werbungskosten geltend gemacht werden können.

Wichtig: Der auswärtige Einsatzort wird auch bei einer länger andauernden Dienstreise nicht automatisch zur neuen ersten Tätigkeitsstätte.

Beispiel:

Hauptfeldwebel Alt wird auf einen Lehrgang abkommandiert, der vier Monate dauert. Da diese Kommandierung weniger als 48 Monate dauert, begründet Hauptfeldwebel Alt am Lehrgangsort keine erste Tätigkeitsstätte. Alt hat nunmehr bei Nutzung seines eigenen Kfz die Möglichkeit, für jeden tatsächlich gefahrenen Kilometer 0,30 EUR (0,35 EUR ab dem 21. Kilometer) als Werbungskosten anzusetzen. Gegenzurechnen hat er die vom Dienstherrn erhaltenen Reisekostenerstattungen für die Fahrten.

Sofern Lehrgangsort und Unterbringungsort nicht identisch sind (Unterbringung in Kaserne A und Hörsaal in Kaserne B), können die notwendigen Fahrten ebenfalls mit 0,30 Euro/0,35 Euro pro tatsächlich gefahrenem Kilometer angesetzt werden.

Wird ein Sammeltransport von der Unterkunft zum Lehrgangsort bereitgestellt, sind keine Werbungskosten hierfür absetzbar.

Alternativ zum pauschalen Ansatz der Fahrzeugkosten mit 0,30 Euro/0,35 Euro pro gefahrenem Kilometer können bei Auswärtstätigkeiten die tatsächlichen Kosten für den eigenen Pkw angesetzt werden. Dies ist natürlich nur dann sinnvoll, wenn diese höher sind als die pauschalen Beträge.

Zum Nachweis der tatsächlichen Kosten sind sämtliche im Laufe eines Jahres anfallenden Kosten zu notieren und die Belege hierfür aufzubewahren. Gleichzeitig muss glaubhaft nachgewiesen werden, wie viele Kilometer beruflich und wie viele privat gefahren wurden, was am besten mit einem Fahrtenbuch gelingt. Eine Berufung auf die Kilometersätze der ADAC-Tabellen wird vom Fiskus nicht anerkannt.

3

Muster einer Vergleichsrechnung

	Kfz-Steuer	230 EUR
+	Kfz-Versicherung	695 EUR
+	Beitrag ADAC	75 EUR
+	Zinsen aus Anschaffungsdarlehen	700 EUR
+	Benzin	3.600 EUR
+	Reparaturen	1.200 EUR
+	Garagenmiete	300 EUR
+	Abschreibung	4.000 EUR
=	**Summe**	**10.800 EUR**

Sofern das Fahrzeug geleast ist, sind anstelle der Abschreibung die Leasingkosten anzusetzen.

Bei einer Jahresfahrleistung von 28.000 Kilometern ergibt sich ein durchschnittlicher Kostensatz pro Kilometer von 0,40 Euro. Bei entsprechendem Nachweis sind folglich statt dem pauschalen Ansatz von 0,30 Euro/0,35 Euro nunmehr 0,40 Euro anzusetzen.

Die pauschalen Kilometersätze von 0,30 Euro/0,35 Euro können nicht angesetzt werden, soweit sie zu einer unzutreffenden Besteuerung führen. Die Finanzämter prüfen diese Frage nach einer in den Lohnsteuerrichtlinien enthaltenen Nichtaufgriffsgrenze allerdings erst bei einer Jahresfahrleistung von mehr als 40.000 Kilometern. In diesem Fall müssen die tatsächlichen Kilometerkosten angesetzt werden, was ungünstiger sein kann als der Ansatz der Pauschale, wenn die tatsächlichen Kilometerkosten niedriger sind als 0,30 Euro/0,35 Euro.

Praxis-Tipp:

Zur Berechnung der Abschreibung ist bei Neufahrzeugen von einer Nutzungsdauer von sechs Jahren auszugehen. Betragen die Anschaffungskosten eines Fahrzeugs zum Beispiel 24.000 EUR, errechnet sich eine jährliche Abschreibung von 4.000 EUR.

Sofern das Fahrzeug im Laufe eines Jahres angeschafft wurde, ist der Jahresbetrag auf die Nutzungsmonate begrenzt.
Wird das Fahrzeug beispielsweise im Mai angeschafft, beträgt die Abschreibung 4.000 EUR ÷ 12 Monate × 8 Monate = 2.667 EUR.
Bei Gebrauchtwagen errechnet sich die Abschreibung, indem die Anschaffungskosten durch die Restnutzungsdauer geteilt werden.

Wichtig: Bei allen Auswärtstätigkeiten, bei denen kein Dokument in Form einer Kommandierung, eines schriftlichen Befehls oder Ähnliches vorliegt, sollten Sie sich zum Nachweis gegenüber dem Finanzamt die Fahrten mit Ihrem eigenen Pkw von Ihrem Disziplinarvorgesetzten bescheinigen lassen. Eine solche Bescheinigung könnte wie folgt aussehen:

Bescheinigung über Fahrten

Logistikbataillon
– Kompaniechef –
56665 Standort

Bescheinigung
Herrn Hauptfeldwebel Peter Müller wird bescheinigt, im Jahr 2021 im dienstlichen Auftrag ohne Ersatz der hierfür angefallenen Kosten folgende Dienstreisen mit seinem Pkw durchgeführt zu haben:
1.
2.
3.

56665 Standort, den 25.02.2022
Heinze
Hauptmann und Kompaniechef

Verpflegungsmehraufwendungen

Neben den Fahrtkosten können bei beruflichen Auswärtstätigkeiten, wenn die Abwesenheit mehr als acht Stunden beträgt, folgende (zweistufig gestaffelte) Pauschalen für Verpflegungsmehraufwendungen geltend gemacht werden:

- **bis** 8 Stunden 0 Euro
- **mehr** als 8 Stunden 14 Euro
- **mindestens** 24 Stunden 28 Euro

Praxis-Tipp:

Für den Pauschbetrag in Höhe von 14 Euro ist eine Abwesenheit von mehr als acht Stunden (also acht Stunden und eine Minute) erforderlich. Bitte beachten Sie das, wenn Sie sich Bescheinigungen von Ihrem Dienstherrn ausstellen lassen.

Verpflegungsmehraufwendungen bei mehrtägigen Auswärtstätigkeiten

Bei mehrtägigen Auswärtstätigkeiten mit Übernachtung kann sowohl für den An- als auch für den Abreisetag eine Verpflegungspauschale von jeweils 14 Euro als Werbungskosten angesetzt werden, ohne dass eine zeitliche Mindestabwesenheit an diesen Tagen erforderlich ist.

Beispiel:

Im eingangs genannten Beispiel kann Oberleutnant Meyer für seine Auswärtstätigkeit in Dresden zusätzlich folgende Verpflegungsmehraufwendungen geltend machen: 2 × 14 EUR (Reisetage) + 4 × 28 EUR = 140 EUR. Diese Berechnung setzt voraus, dass Oberleutnant Meyer vom Dienstherrn weder Verpflegung gestellt noch die Verpflegung erstattet bekommt. Inwiefern die Verpflegungsmehraufwendungen beim Bezug einer Aufwandsvergütung bzw. Trennungsgeld gekürzt werden, wird nachfolgend erläutert.

Beispiel:

Obergefreiter Müller unternimmt von Montag bis Mittwoch eine dreitägige Dienstreise. Die Reise beginnt am Montag um 22:00 Uhr und endet am Mittwoch um 06:00 Uhr in der Kaserne in Idar-Oberstein. Obergefreiter Müller kann für den Dienstag (Abwesenheit volle 24 Stunden) die volle

Pauschale von 28 EUR und für den An- bzw. Rückreisetag jeweils 14 EUR (also insgesamt 56 EUR) als Werbungskosten geltend machen.

Praxis-Tipp:

Für die An- und Abreisepauschale von jeweils 14 Euro ist es unerheblich, wo die Dienstreise beginnt bzw. endet. Auch muss für diese Tage die Abwesenheitsdauer nicht geprüft werden.

3

Wichtig: Die Verpflegungspauschale in Höhe von 14 Euro für jeweils den An- und Abreisetag fällt nur bei kalendertagübergreifenden Dienstreisen an. Bei Reisen, die sich **ohne** Übernachtung auf zwei Kalendertage erstrecken, werden die Abwesenheitsstunden der beiden Kalendertage zusammengezählt. Übersteigt die Gesamtabwesenheitsdauer acht Stunden, wird eine Verpflegungspauschale von 14 Euro für den Kalendertag gewährt, auf den die überwiegende Abwesenheitszeit fällt.

Beispiel:

Unteroffizier Fritz verlässt seine Stammdienststelle am Montag um 21:00 Uhr, um einen Kameraden nach einem Auslandseinsatz vom Flughafen abzuholen. Am Dienstag um 05:30 Uhr kehrt er in seine Stammdienststelle zurück.
Unteroffizier Fritz ist weder am Montag noch am Dienstag mehr als acht Stunden von seiner Dienststelle auswärts tätig. Da er aber in Summe mehr als acht Stunden abwesend war, kann er für den Dienstag (Tag mit der überwiegenden Abwesenheit) eine Verpflegungspauschale von 14 EUR geltend machen.

Auch ein Truppenübungsplatzaufenthalt ist eine Auswärtstätigkeit. Obwohl hier in der Regel keine Fahrtkosten anfallen, können die Verpflegungsmehraufwendungen dennoch geltend gemacht werden.

Zeitliche Begrenzung der Verpflegungsmehraufwendungen

Der Abzug der Verpflegungsmehraufwendungen bei Auswärtstätigkeiten ist pro Auswärtstätigkeit auf maximal drei Monate begrenzt, was besonders bei längeren Lehrgängen von Bedeutung ist. Eine Unterbrechung an derselben auswärtigen Tätigkeitsstätte, die mindestens vier Wochen dauert, führt zu einem Neubeginn der Dreimonatsfrist. Der Grund für die Unterbrechung ist unerheblich, es zählt nur die Unterbrechungsdauer. Für die über den Zeitraum von drei Monaten hinausgehende Zeit sind keine Verpflegungsmehraufwendungen anzusetzen.

Beispiel:

Hauptfeldwebel Maurer wird für die fachliche Unterstützung bei der Programmierung einer neuen Logistiksoftware für fünf Monate zu einem Softwareunternehmen kommandiert. Die Kommandierung dauert vom 01.04.2021 bis zum 31.08.2021. Vom 28.06.2021 bis 05.08.2021 wird die Tätigkeit von Hauptfeldwebel Maurer wegen Erkrankung unterbrochen. Da Hauptfeldwebel Maurer für fünf Monate kommandiert wurde, ist grundsätzlich die Dreimonatsfrist zu beachten. Da der Soldat die Auswärtstätigkeit um mehr als vier Wochen unterbricht, beginnt ab 06.08.2021 eine neue Dreimonatsfrist zu laufen, die am 05.11.2021 endet. Der Grund der Unterbrechung ist nach der gesetzlichen Neuregelung unerheblich.

Kürzung der Verpflegungspauschalen

Stellt der Dienstherr oder auf dessen Veranlassung ein Dritter bei einer Auswärtstätigkeit eine Mahlzeit zur Verfügung, wird die Verpflegungspauschale für die jeweilige Mahlzeit gekürzt. Die unentgeltliche bzw. teilentgeltliche Gestellung von Mahlzeiten durch den Dienstherrn muss nicht als Arbeitslohn besteuert werden, sofern der Soldat anlässlich einer beruflich veranlassten Auswärtstätigkeit eine Verpflegungspauschale steuerlich geltend machen kann.

Im Umkehrschluss muss der Soldat jedoch die Kürzung der Verpflegungspauschalen für die unentgeltlich/teilentgeltlich zur Verfügung gestellten Mahlzeiten hinnehmen. Die Kürzung beträgt jeweils für eine Abwesenheit von 24 Stunden:

- 20 Prozent für ein Frühstück
- 40 Prozent jeweils für ein Mittag- oder Abendessen

Bei Dienstreisen im Inland bedeutet dies bei der derzeitigen Verpflegungspauschale von 28 Euro bei einer Abwesenheit von 24 Stunden, eine Kürzung von 5,60 Euro für ein Frühstück und von 11,20 Euro für ein Mittag- oder Abendessen.

Für die Kürzung genügt, dass die Gemeinschaftsverpflegung bereitgestellt wird.

Praxis-Tipp:

Die Kürzung erfolgt nur, wenn die Bundeswehr die Gemeinschaftsverpflegung bereitstellt. Notieren Sie sich daher, an welchen Tagen der Auswärtstätigkeit dies tatsächlich der Fall war. So retten Sie zumindest einen Teil der Mehraufwendungen für Verpflegung. Eine Bereitstellung der Gemeinschaftsverpflegung genügt für die Kürzung; auf die tatsächliche Inanspruchnahme kommt es nicht an. Ihre Aufstellung muss der Dienstherr bestätigen.

Im Einzelnen gilt:

- Die Kürzung darf die ermittelte Verpflegungspauschale nicht übersteigen.
- Die Kürzungsregelung gilt auch, wenn Reisekostenvergütungen aufgrund dieser Mahlzeiten einbehalten oder gekürzt werden.
- Zahlt der Soldat ein Entgelt für die Mahlzeit, erfolgt insoweit eine Kürzung. Eventuelle Überzahlungen des Soldaten zur Mahlzeit (Mahlzeit kostet mehr als 5,60 Euro/11,20 Euro) dürfen nicht bei anderen Mahlzeiten verrechnet werden.
- Erhält der Soldat steuerfreie Erstattungen für Verpflegung (Reisekostenerstattung) vom Dienstherrn, ist ein Werbungskostenabzug **insoweit** ausgeschlossen.

Die folgenden Beispiele sind dem BMF-Schreiben vom 30.09.2013 entnommen und an die Gegebenheiten der Soldaten angepasst.

Beispiel:

Hauptfeldwebel Mohr wird für drei Tage zu einer Weiterbildungsveranstaltung kommandiert. Er hat in einem Hotel zwei Übernachtungen jeweils mit Frühstück sowie am Zwischentag ein Mittag- und ein Abendessen gebucht und bezahlt. Auf der Hotelrechnung wird nur die Ge-

3

samtsumme für zwei Übernachtungen inkl. 2 × Frühstück und je 1 × Mittag- und Abendessen ausgewiesen. Hauptfeldwebel Mohr erhält im Rahmen seiner Reisekostenerstattung vom Dienstherrn die Kosten für Übernachtung und Verpflegung (die in der Hotelrechnung ausgewiesenen Kosten) erstattet. Hauptfeldwebel Mohr kann für die Auswärtstätigkeit folgende Verpflegungspauschalen als Werbungskosten geltend machen:

Anreisetag			**14,00 EUR**
Zwischentag		28,00 EUR	
Kürzung	Frühstück	./. 5,60 EUR	
	Mittagessen	./. 11,20 EUR	
	Abendessen	./. 11,20 EUR	
Verbleiben für Zwischentag			**0,00 EUR**
Abreisetag		14,00 EUR	
Kürzung	Frühstück	./. 5,60 EUR	
Verbleiben für Abreisetag			**8,40 EUR**
Insgesamt als Werbungskosten abzugsfähig			**22,20 EUR**

Die Kürzung der Verpflegungsmehraufwendungen erfolgt kalendertagbezogen. Übersteigt der Kürzungsbetrag der einzelnen Mahlzeiten die Tagespauschale, erfolgt maximal eine Kürzung bis auf 0,00 EUR. Eine Verrechnung mit den Verpflegungspauschalen anderer Kalendertage ist nicht zulässig.

Abwandlung:

Hauptfeldwebel Mohr reist am dritten Tag erst um 14:00 Uhr ab. In der Gesamtsumme der Hotelrechnung ist noch ein weiteres Mittagessen enthalten, dieses wird ebenfalls nicht gesondert ausgewiesen.

Anreisetag			**14,00 EUR**
Zwischentag		28,00 EUR	
Kürzung	Frühstück	./. 5,60 EUR	
	Mittagessen	./. 11,20 EUR	
	Abendessen	./. 11,20 EUR	
Verbleiben für Zwischentag			**0,00 EUR**
Abreisetag		14,00 EUR	
Kürzung	Frühstück	./. 5,60 EUR	
	Mittagessen	./. 11,20 EUR	
Verbleiben für Abreisetag			**0,00 EUR**
Insgesamt als Werbungskosten abzugsfähig			**14,00 EUR**

3

Beispiel:

Oberfeldwebel Schön nimmt an einem Truppenübungsplatzaufenthalt vom 01. bis 13.07. in Baumholder teil. Abfahrt ist am 01.07. um 6:00 Uhr an seiner Dienststelle in Idar-Oberstein, Rückkehr am 13.07. um 8:30 Uhr. Für die berufliche Auswärtstätigkeit kann er für den An- und Abreisetag jeweils 14 EUR, für die übrigen Tage 28 EUR ansetzen. Für den Truppenübungsplatzaufenthalt wird Oberfeldwebel Schön zur Truppenverpflegung gemeldet. Die Truppenverpflegung muss er zahlen, im Gegenzug erhält er in Höhe der tatsächlich geleisteten Verpflegungskosten eine Aufwandsvergütung (AVG). Die Verpflegungsmehraufwendungen berechnen sich seit 2014 wie folgt:

Anreisetag		14,00 EUR	
Kürzung	Frühstück	./. 5,60 EUR	
	Mittagessen	./. 11,20 EUR	
	Abendessen	./. 11,20 EUR	
Verbleiben für Anreisetag			**0,00 EUR**

Zwischentage		28,00 EUR	
Kürzung	Frühstück	./. 5,60 EUR	
	Mittagessen	./. 11,20 EUR	
	Abendessen	./. 11,20 EUR	
Verbleiben für Zwischentage			**0,00 EUR**
Abreisetag		14,00 EUR	
Kürzung	Frühstück	./. 5,60 EUR	
Verbleiben für Abreisetag			**8,40 EUR**
Insgesamt als Werbungskosten abzugsfähig			**8,40 EUR**

3

Seit 2014 müssen Verpflegungsmehraufwendungen um die vom Dienstherrn steuerfrei erstatteten Verpflegungsgelder gekürzt werden. Würde Herr Schön am Rückreisetag erst um 14:30 Uhr in die Kaserne zurückkehren und somit zusätzlich zum Frühstück noch ein Mittagessen zur Verfügung gestellt bekommen, würde die Verpflegungspauschale am Rückreisetag in Höhe von 14 Euro um weitere 11,20 Euro gekürzt werden. Oberfeldwebel Schön könnte somit für den gesamten Truppenübungsplatzaufenthalt aufgrund der Kürzungen keine Verpflegungsmehraufwendungen geltend machen.

Beispiel:

Feldwebel Kunz wird für drei Tage zu einem Lehrgang kommandiert. Am Anreisetag erhält er in der Kaserne Mittag- und Abendverpflegung, am Abreisetag nur ein Frühstück. Feldwebel Kunz erhält für die Dauer des Lehrgangs eine Stube in der Kaserne und nimmt am Zwischentag an der Truppenverpflegung (Früh, Mittag und Abend) teil. Für die Truppenverpflegung zahlt Kunz je für ein Frühstück 1,83 EUR, für ein Mittagessen 3,47 EUR und für ein Abendessen 3,47 EUR. Kunz beantragt Trennungsgeld und erhält für den An- und Abreisetag je 14 EUR sowie für den Zwischentag 8,60 EUR (analog zu den entsprechenden Verpflegungssätzen), da er kein Selbstverpfleger ist. Feldwebel Kunz kann für die

Auswärtstätigkeit folgende Verpflegungspauschalen als Werbungskosten geltend machen:

Anreisetag			**14,00 EUR**
Kürzung	Mittagessen	./. 11,20 EUR + 3,47 EUR	./. 7,73 EUR
	Abendessen	./. 11,20 EUR + 3,47 EUR	./. 7,73 EUR
Verbleiben für Anreisetag			**0,00 EUR**
Zwischentage			**28,00 EUR**
Kürzung	Frühstück	./. 5,60 EUR + 1,83 EUR	./. 3,77 EUR
	Mittagessen	./. 11,20 EUR + 3,47 EUR	./. 7,73 EUR
	Abendessen	./. 11,20 EUR + 3,47 EUR	./. 7,73 EUR
Verbleiben für Zwischentage			**8,77 EUR**
Abreisetag			**14,00 EUR**
Kürzung	Frühstück	./. 5,60 EUR + 1,83 EUR	./. 3,77 EUR
Verbleiben für Abreisetag			**10,23 EUR**
Insgesamt als Werbungskosten abzugsfähig			19,00 **EUR**
Abzüglich Trennungsreise-/Trennungstagegeld			36,60 EUR
Verbleiben als Werbungskosten abzugsfähig			**0,00 EUR**

Im Ergebnis kann festgehalten werden, dass Verpflegungsmehraufwendungen nur noch äußerst eingeschränkt geltend gemacht werden können.

Dienstreisen ins Ausland

Für Dienstreisen ins Ausland gelten besondere Pauschbeträge. Das Gleiche gilt für Übernachtungskosten.

3

> ***Praxis-Tipp:***
>
> *Eine Übersicht über die Ländersätze findet sich im BMF-Schreiben vom 03.12.2020, Gz. IV C 5 – S 2353/19/10010:002, DOK. 2020/1163533, abrufbar unter: www.bundesfinanzministerium.de*
> *Für in der Aufstellung nicht enthaltene Länder gelten die Sätze für Luxemburg. Ausgewählte Ländersätze finden sich in der* ***Anlage*** *am Ende dieses Kapitels.*

Bei Auslandsreisen sind folgende Grundsätze zu beachten:

Bei eintägigen Auslandsreisen, bei denen mehrere Länder bereist werden, gilt der Pauschbetrag für das Land, in dem Sie zuletzt tätig waren. Kehren Sie am gleichen Tag nach Deutschland zurück, gilt der Pauschbetrag des zuletzt bereisten ausländischen Landes.

Umfasst die Auslandsreise mehrere Tage, ist der Betrag anzusetzen, der für das Land gilt, welches vor 24 Uhr Ortszeit zuletzt erreicht wird. Liegt am Rückreisetag der vor 24 Uhr zuletzt erreichte Ort im Inland, gilt der Pauschbetrag für das Land, welches zuletzt bereist wurde.

Laut Urteilen der Finanzgerichte Mecklenburg-Vorpommern und Düsseldorf sind abweichend von den Lohnsteuerrichtlinien bei Schiffen, die unter deutscher Flagge fahren, auch nur die für Deutschland geltenden Sätze anzusetzen. Hier sollte in der Einkommensteuererklärung auf die Regelung der Lohnsteuerrichtlinie verwiesen werden (R 9.6 Abs. 3 Nr. 2 LStR).

Eine Schiffsreise mit einem ausländischen Schiff erlaubt den für Luxemburg festgelegten Pauschbetrag. Für Ein- und Ausschiffung richtet sich der Pauschbetrag nach dem Ländersatz für den jeweiligen Hafenort. Übernachtungsgelder werden bei einer Schiffsreise nicht anerkannt.

Soldaten der Marine können für jeden Monat eines jeden vorübergehenden Einsatzes an Bord eines Schiffes Verpflegungsmehraufwendungen wegen einer Auswärtstätigkeit geltend machen, wenn der Stützpunkt an Land den Tätigkeitsmittelpunkt bildet. Das ist der Fall, wenn der Soldat dem Stützpunkt dauerhaft zugeordnet und zwischen den Einsätzen auf See dort tätig ist.

Bei Flugreisen gilt ein Land in dem Zeitpunkt als erreicht, in dem das Flugzeug dort landet. Zwischenlandungen bleiben dabei unberücksichtigt, es sei denn, dass durch sie Übernachtungen notwendig werden. Erstreckt sich eine Flugreise über mehr als zwei Kalendertage, ist für die Tage, die zwischen dem Tag des Abflugs und dem Tag der Landung liegen, das für Österreich geltende Tagegeld maßgebend.

Sollten neben den Heimfahrten am Wochenende Zwischenheimfahrten erfolgen, sind die hierfür anfallenden Fahrtkosten ebenfalls nach den beschriebenen Grundsätzen, somit 0,30 Euro pro tatsächlich gefahrenen Kilometer, absetzbar.

Wichtig: Im Fall von Zwischenheimfahrten ändert sich die Berechnung der Verpflegungsmehraufwendungen, da die Abwesenheitszeiten nun anders als im Beispiel sind.

Doppelte Haushaltsführung

Eine doppelte Haushaltsführung liegt bei Soldaten regelmäßig dann vor, wenn bei einer Versetzung der Familienwohnsitz am alten Standort beibehalten wird und sie am neuen Standort einen weiteren Wohnsitz begründen.

Als Leitsatz gilt, dass eine doppelte Haushaltsführung immer dann begründet werden kann, wenn keine berufliche Auswärtstätigkeit vorliegt.

Erforderlich ist somit eine Aufsplittung der ansonsten üblichen einheitlichen Haushaltsführung auf zwei verschiedene Wohnungen.

Die notwendigen Mehraufwendungen, welche durch die zusätzliche auswärtige Wohnung zwangsläufig entstehen, dürfen bis zu bestimmten Beträgen als Werbungskosten abgesetzt werden, wenn gerade die Berufsausübung der entscheidende Anlass für die Begründung dieses zweiten Haushalts ist.

Das Einkommensteuergesetz macht die steuerliche Anerkennung einer „echten“ doppelten Haushaltsführung von folgenden vier Voraussetzungen abhängig:

- Unterhalten eines eigenen Hausstands
- Lebensmittelpunkt am Ort des eigenen Hausstands
- zusätzliche Wohnung am auswärtigen Beschäftigungsort
- berufliche Veranlassung der doppelten Haushaltsführung

Sind die drei ersten Kriterien erfüllt, liegt zwar eine doppelte Haushaltsführung vor. Steuerliche Auswirkungen ergeben sich aber erst dann, wenn auch das vierte Kriterium, nämlich eine berufliche Veranlassung, vorliegt, in der Regel eine Versetzung. Die Kasernenunterkunft gilt dabei als Wohnung am auswärtigen Beschäftigungsort.

> ***Praxis-Tipp:***
>
> *Es ist unerheblich, aus welchen Gründen der erste Wohnsitz nicht aufgegeben wird. Sowohl bei verheirateten als auch bei ledigen Soldaten sind es häufig private Gründe, wie beispielsweise der Lebensmittelpunkt am Wohnort, die Schulausbildung der Kinder etc., welche zur Entscheidung führen, den Erstwohnsitz nicht zu verlegen. In jedem Fall sind die notwendigen Mehraufwendungen – falls die oben genannten Kriterien erfüllt sind – als Werbungskosten abzuziehen.*

Unterhalten eines eigenen Hausstands

Zur Anerkennung der doppelten Haushaltsführung muss zunächst ein eigener Hausstand am Mittelpunkt der Lebensinteressen vorhanden sein. Eine Unterscheidung zwischen ledigen und verheirateten Soldaten gibt es hier nicht.

Ein eigener Hausstand erfordert, dass Sie eine Ihren Lebensbedürfnissen entsprechende Wohnung bewohnen. Während dies bei verheirateten Soldaten in der Regel der Familienwohnort ist, kann der Nachweis eines eigenen Hausstands bei ledigen Soldaten schwieriger sein.

Immer dann, wenn Sie als Mieter oder Eigentümer in einer Wohnung einen eigenen Haushalt führen und diese Wohnung den Mittelpunkt Ihrer Lebensinteressen darstellt, liegt ein eigener Hausstand vor. Wohnen Sie hingegen bei den Eltern und nutzen dort lediglich ein Zimmer, liegt grundsätzlich kein eigener Hausstand vor.

§ **§ 9 Abs. 1 Satz 3 Nr. 5 Satz 3 EStG**

Das Vorliegen eines eigenen Hausstandes setzt das Innehaben einer Wohnung sowie eine finanzielle Beteiligung an den Kosten der Lebensführung voraus.

Eine Wohnung besitzt ein Soldat aus eigenem Recht als Mieter oder Eigentümer oder aber aus abgeleitetem Recht als Ehepartner, Lebenspartner, Lebensgefährte oder Mitbewohner. Mitbewohner kann der Soldat auch in der Wohnung seiner Eltern sein.

Die finanzielle Beteiligung an den laufenden Kosten der Haushaltsführung muss dem Finanzamt laut des BMF-Schreibens vom 30.09.2013, Rz. 100, erläutert werden.

Bagatellbeträge reichen nach diesem Schreiben nicht aus, um eine finanzielle Beteiligung nachzuweisen. Die finanzielle Beteiligung muss mehr als 10 Prozent der regelmäßig anfallenden Kosten der Haushaltsführung (Miete, Nebenkosten, Kosten für Lebensmittel, etc.) betragen, damit das Finanzamt den eigenen Hausstand anerkennt.

Bei verheirateten bzw. eingetragenen Lebenspartnern mit der Steuerklasse III, IV oder V wird eine finanzielle Beteiligung an den Kosten der Haushaltsführung ohne entsprechenden Nachweis unterstellt.

Bei nichtehelichen Lebensgemeinschaften wird ein eigener Hausstand anerkannt, wenn zwar der andere Lebenspartner die Wohnung alleine angemietet hat, Sie aber mit Duldung des Partners in dieser Wohnung leben und sich an den Aufwendungen finanziell beteiligen.

Praxis-Tipp:

Die Varianten, wie man im elterlichen Haus wohnen kann, sind sehr vielfältig und es gibt zahlreiche Fälle, wo es zu Abgrenzungsschwierigkeiten kommt. Entscheidend sind die tatsächlichen Umstände im Einzelfall. Legen Sie gegenüber dem Finanzamt plausibel dar, aus welchen Gründen in Ihrem Fall ein eigener Hausstand vorliegt.

Bei längerer Dauer einer doppelten Haushaltsführung besteht bei Ledigen ein verstärktes Interesse seitens der Finanzverwaltung, zu prüfen, wo sich der tatsächliche Mittelpunkt der Lebensinteressen befindet. Der Nachweis muss dann über Zeugen und Belege über Fahrtkosten, Wasser- und Stromrechnungen etc. erbracht werden.

Lebensmittelpunkt am Ort des eigenen Hausstands

Als zweites Kriterium zur Anerkennung einer doppelten Haushaltsführung muss sich Ihr Lebensmittelpunkt am Ort des eigenen Hausstands befinden.

Bei verheirateten Soldaten ist das regelmäßig der Familienwohnort. Bei ledigen Soldaten ist das der Ort, zu dem die „engeren persönlichen Beziehungen" bestehen. Anhaltspunkte hierfür sind Vereinszugehörigkeiten, Bindungen an Personen (Eltern, Partner/Partnerin, Freundeskreis) etc.

Wegen der praktischen Schwierigkeiten, die sich bei der Prüfung solcher Sachverhalte ergeben können, enthalten die Lohnsteuer-Richtlinien eine Vereinfachungsregelung. Danach ist ohne weitere Prüfung der vom Arbeitnehmer geltend gemachte Ort als Lebensmittelpunkt anzuerkennen, wenn er diesen im Durchschnitt wenigstens zweimal monatlich aufsucht. Befindet sich der zweite Wohnsitz am Dienstort in einer größeren Entfernung zum Ort der Lebensinteressen, beispielsweise im Ausland, kann der Ort der Lebensinteressen am Erstwohnsitz selbst dann begründet werden, wenn die Wohnung aufgrund der großen Entfernung nur ein- oder zweimal im Jahr aufgesucht werden wird. Vor allem, wenn die Tätigkeit am ausländischen Standort zeitlich befristet ist, sollte bei einer Nichtanerkennung der doppelten Haushaltsführung durch das Finanzamt so argumentiert werden.

Zusätzliche Wohnung am auswärtigen Beschäftigungsort

Die Anerkennung der doppelten Haushaltsführung setzt als drittes Kriterium eine Zweitwohnung am auswärtigen Beschäftigungsort voraus. Als Zweitwohnung kommt dabei jede entgeltlich oder unentgeltlich zur Verfügung gestellte Unterkunft in Betracht. Das kann eine

Mietwohnung, eine Eigentumswohnung, ein möbliertes Zimmer, ein Hotelzimmer, ein Container, eine Kaserne oder bei Angehörigen der Marine ein Schiff sein.

§ **Tägliches Pendeln muss unzumutbar sein (BFH, Urteil vom 16.11.2017, Az. VI R 31/16)**

Der BFH lehnte die doppelte Haushaltsführung eines Steuerpflichtigen ab, der eine Wohnung 6 km vom Arbeitsplatz mietete. In diesem Urteil lag die Erstwohnung 36 km vom Arbeitsplatz entfernt. Die Wohnung lag in einer Großstadt und der Steuerpflichtige benötigte sowohl per Auto als auch mit öffentlichen Verkehrsmitteln gut eine Stunde, um zur Arbeit bzw. nach Hause zu kommen. Daher mietete er die 6 km entfernte Zweitwohnung. Das Finanzamt lehnte diese doppelte Haushaltsführung ab. Dies wurde durch den BFH bestätigt. Der Arbeitsplatz liegt zwar gut eine Stunde von der Hauptwohnung entfernt, dennoch urteilte der BFH, dass das tägliche Pendeln von der Hauptwohnung zumutbar sei, und lehnte die Anerkennung einer doppelten Haushaltsführung ab. Gemäß BFH liegt auch die Hauptwohnung am Arbeitsort.

Berufliche Veranlassung der doppelten Haushaltsführung

Damit eine doppelte Haushaltsführung anerkannt wird, muss sie als viertes Kriterium beruflich veranlasst sein. Dies ist bei Soldaten regelmäßig der Fall, wenn sie an einen neuen Standort versetzt werden.

§ **Wichtige Urteile des BFH**

2009 hat es zwei bemerkenswerte Urteile des BFH zur doppelten Haushaltsführung gegeben, welche die bisherige restriktive Sichtweise bei grundsätzlich privater Veranlassung der Verlegung des Hauptwohnsitzes aufgeben. Demnach liegt eine steuerlich anzuerkennende doppelte Haushaltsführung auch dann vor, wenn der Haupthausstand aus privaten Gründen vom Beschäftigungsort wegverlegt und die bisherige Wohnung als Zweitwohnung beibehalten wird. Begründet wird dies vonseiten des BFH damit, dass es letztendlich berufliche Gründe sind, welche zur Beibehaltung einer Wohnung am Dienstort führen.

Beispiel 1:

Oberstleutnant Schön wohnt mit seiner Familie am Standort in Hamburg. Da sich Familie Schön bereits auf den Ruhestand des Vaters vorbereitet, erwerben sie am Geburtsort der Ehefrau in der Nähe von Bremen ein Einfamilienhaus und verlegen den Familienwohnsitz dorthin. Oberstleutnant Schön bezieht am Standort in Hamburg eine Einzimmerwohnung und pendelt an den Wochenenden zwischen Bremen und Hamburg. Entgegen der früheren Rechtsauffassung können nun Werbungskosten geltend gemacht werden.

Ein Jahr später wird Oberstleutnant Schön nach Hannover versetzt. Auch hier mietet er sich eine kleine Wohnung und pendelt weiterhin zwischen Familienwohnort und Beschäftigungsort. Auch in diesem Fall können die anfallenden Mehraufwendungen als Werbungskosten geltend gemacht werden.

Beispiel 2:

Der in Mainz stationierte Oberfeldwebel Klug zieht zu seiner Freundin nach Trier und verlegt somit seinen Lebensmittelpunkt zu seiner Partnerin. Die Wohnung in Mainz behält er bei, da er dort während der Woche wohnt. Auch jetzt können die Aufwendungen für die Wohnung in Mainz als Werbungskosten im Rahmen der doppelten Haushaltsführung geltend gemacht werden.

Führen beide Ehegatten/Lebenspartner einen Zweithaushalt an verschiedenen Beschäftigungsorten und nutzen sie verschiedene Zweitwohnungen, haben beide Ehegatten das Recht, die abzugsfähigen Aufwendungen als Werbungskosten geltend zu machen.

Auch die Umzugskosten, die bei Beendigung einer beruflich veranlassten doppelten Haushaltsführung entstehen, können als Werbungskosten geltend gemacht werden. Dies gilt sogar, wenn die Auflösung einer Zweitwohnung nicht aus beruflichen, sondern aus privaten Gründen erfolgt.

Welche Werbungskosten können bei der doppelten Haushaltsführung angesetzt werden?

Liegt nach den dargestellten Grundsätzen eine beruflich veranlasste doppelte Haushaltsführung vor, können die folgenden Aufwendungen als Werbungskosten angesetzt werden:

- Fahrtkosten
- Mehraufwand für Verpflegung
- Übernachtungskosten/Unterkunftskosten

Fahrtkosten

Bei Benutzung eines Pkw können an Fahrtkosten für die erste und letzte Fahrt der doppelten Haushaltsführung 0,30 Euro/0,35 Euro pro tatsächlich gefahrenen Kilometer angesetzt werden. Fallen Kosten für den Transport von Möbeln und Hausrat an, sind diese zusätzlich zu berücksichtigen.

Nach der ersten Fahrt wird bei den Fahrtkosten nur **eine** Familienheimfahrt pro Woche nach den gleichen Grundsätzen wie bei der Entfernungspauschale für Fahrten zwischen Wohnung und erster Tätigkeitsstätte anerkannt. Unabhängig davon, ob der Soldat öffentliche Verkehrsmittel oder einen eigenen Pkw für die Heimfahrten vom auswärtigen Beschäftigungsort nutzt, kann er nur die Entfernungspauschale von 0,30 Euro/0,35 Euro pro Entfernungskilometer ansetzen.

Eine weitere Besonderheit gegenüber der Entfernungspauschale bei Fahrten zwischen Wohnung und erster Tätigkeitsstätte besteht darin, dass die Begrenzung des Werbungskostenabzugs auf 4.500 Euro pro Jahr bei der doppelten Haushaltsführung **nicht** zu beachten ist.

Wie bei den Fahrten zwischen Wohnung und erster Tätigkeitsstätte sind mit dem Ansatz der Entfernungspauschalen im Rahmen einer doppelten Haushaltsführung alle Kosten abgedeckt. Der Ansatz der tatsächlichen Kosten bei Benutzung öffentlicher Verkehrsmittel ist nicht zulässig.

Sind Sie selbst verhindert, die wöchentliche Familienheimfahrt durchzuführen, beispielsweise aufgrund einer dienstlichen Veranstaltung, können die Fahrtkosten Ihres/r Sie besuchenden Ehe-/Lebenspartners/in oder des/r in der gleichen Wohnung am Erstwohnsitz lebenden Freundes/in nicht mehr berücksichtigt werden.

3

Praxis-Tipp:

Unternimmt ein Soldat während der Woche mehrere Familienheimfahrten, hat er ein Wahlrecht zwischen doppelter Haushaltsführung und Fahrten zwischen Wohnung und Arbeitsstätte. Dieses Wahlrecht kann er für jede doppelte Haushaltsführung und für jedes Kalenderjahr neu ausüben. Es steht ihm frei, sämtliche Fahrten als Fahrten zwischen Wohnung und Arbeitsstätte oder aber die notwendigen Mehraufwendungen, aus Anlass der doppelten Haushaltsführung mit nur einer Familienheimfahrt pro Woche sowie den Unterkunftskosten und Verpflegungsmehraufwendungen, als Werbungskosten geltend zu machen.

Beispiel:

Die Entfernung zwischen Erstwohnung und Zweitwohnung beträgt 250 km. Die Kosten der Unterkunft betragen 250 EUR im Monat. Es werden zwei Familienheimfahrten pro Woche durchgeführt.
Doppelte Haushaltsführung: 250 km × 46 Familienheimfahrten × 0,30 EUR + 230 km x 46 Familienheimfahrten x 0,05 EUR (Erhöhung ab dem 21. Kilometer) = 3.979 EUR + 12 × 250 EUR (= 3.000 EUR) = 6.979 EUR.
Alternativ: Fahrten zwischen Wohnung und erster Tätigkeitsstätte: 92 Fahrten × 250 km × 0,30 EUR + 230 km × 46 × 2 × 0,05 EUR (Erhöhung ab dem 21. Kilometer) = 7.958 EUR.

Der Ansatz der Fahrten zwischen Wohnung und erster Tätigkeitsstätte ist im Beispiel günstiger als der Ansatz der Mehraufwendungen bei doppelter Haushaltsführung.

Mehraufwand für Verpflegung

Außer Fahrtkosten können für die ersten drei Monate einer doppelten Haushaltsführung die Mehraufwendungen für Verpflegung geltend gemacht werden. Hierfür gelten die gleichen Grundsätze wie bei den beruflichen Auswärtstätigkeiten, sodass bei einer Abwesenheit von mehr als acht Stunden folgende Pauschalen geltend gemacht werden können:

- von mehr als acht Stunden 14 Euro
- ab 24 Stunden 28 Euro

An An- und Abreisetagen können 14 Euro angesetzt werden. Für die übrigen Tage kommt der Ansatz des Maximalbetrags von 28 Euro/Tag zum Zuge. Geht einer Versetzung an einen neuen Standort eine Kommandierung und somit eine dienstliche Auswärtstätigkeit voraus, verkürzt sich hierdurch die Dreimonatsfrist für den Ansatz der Verpflegungspauschalen im Rahmen der doppelten Haushaltsführung. Wird allerdings während eines Jahres aufgrund einer weiteren Versetzung eine neue doppelte Haushaltsführung begründet, beginnt die Dreimonatsfrist von neuem zu laufen. Auch bei einer Unterbrechung der beruflichen Tätigkeit für mindestens vier Wochen beginnt die Dreimonatsfrist neu zu laufen. Dabei muss es sich nicht um eine dienstlich veranlasste Unterbrechung handeln, der Soldat kann auch aus privaten Gründen (Urlaub, Krankheit, etc.) seine Tätigkeit unterbrechen. Maßgeblich ist nur die Dauer der Unterbrechung. Beträgt diese mindestens vier Wochen, beginnt die Dreimonatsfrist von neuem.

Beispiel:

Unteroffizier Müller wird am 01.01.2021 von Zweibrücken nach Idar-Oberstein versetzt. Er behält seine Wohnung in Zweibrücken bei und mietet sich in Idar-Oberstein ein möbliertes Zimmer. Vom 28.02.2021 bis 02.03.2021 ist Unteroffizier Müller krank zu Hause und hat im Anschluss vom 03.03.2021 bis 30.03.2021 Urlaub. Da die Dreimonatsfrist für vier Wochen und zwei Tage unterbrochen ist, beginnt sie am 31.03.2021 neu zu laufen. Unteroffizier Müller kann also bis einschließlich 30.06.2021 Verpflegungsmehraufwendungen geltend machen.

Die Dreimonatsfrist findet nur Anwendung bei Tätigkeiten an einer Tätigkeitsstätte, also an ortsfesten betrieblichen Einrichtungen. Für Tätigkeiten auf Fahrzeugen (Lkw, Schiff, Flugzeug) oder in weiträumigen Tätigkeitsgebieten findet die Dreimonatsfrist keine Anwendung.

3

Beispiel:

Korvettenkapitän Schimpf befindet sich für 20 Wochen auf See. Für diese Zeit kann Schimpf die Verpflegungspauschale geltend machen. Er ist auswärts tätig, das Schiff ist keine Tätigkeitsstätte. Somit beginnt die Dreimonatsfrist nicht zu laufen.

Die Verpflegungsmehraufwendungen bei doppelter Haushaltsführung sind analog zur beruflichen Auswärtstätigkeit zu kürzen.

Übernachtungskosten/Unterkunftskosten

Neben Fahrtkosten und Mehraufwendungen für Verpflegung sind bei der doppelten Haushaltsführung die Übernachtungkosten/Unterkunftskosten abzugsfähig. Hierbei ist zu beachten, dass diese nur gegen Einzelnachweis der tatsächlichen Aufwendungen anerkannt werden. Das gilt auch, wenn die Zweitwohnung vom Ehegatten zu fremdüblichen Bedingungen angemietet wird. Der Ansatz von Pauschalen ist für Übernachtungsaufwendungen nicht möglich.

Begünstigt sind nur die Aufwendungen für die Zweitwohnung am auswärtigen Beschäftigungsort, wovon die tatsächlichen Kosten bis maximal 1.000 Euro monatlich umfasst sind. Gleiches gilt, wenn der Dienstherr eine unentgeltliche Unterkunft zur Verfügung stellt, die der Soldat aber nicht in Anspruch nimmt, sondern eine eigene Zweitwohnung wählt.

Der Höchstbetrag von 1.000 Euro umfasst alle für die Unterkunft entstandenen Aufwendungen, wie Kaltmiete, Neben- oder Betriebskosten, Miete für Parkplätze oder Garage, Reinigungskosten, Rundfunkbeitrag, Zweitwohnungssteuer. Befindet sich die Wohnung im Eigentum des Soldaten, fallen auch Schuldzinsen, Abschreibung und Grundsteuer unter die Kosten. Werden möblierte Zimmer angemietet, können die Aufwendungen für die Möbel bzw. Abschreibung ebenfalls bis zu dem Höchstbetrag geltend gemacht werden.

Nebenkostenerstattungen werden auf die Unterkunftskosten angerechnet. Nicht aufgebrauchte Beträge können im gleichen Jahr auf die anderen Monate übertragen werden. Das ist vorteilhaft, wenn die Nebenkostenabrechnung zu einer hohen Nachzahlung führt.

Kosten für Einrichtung der Zweitwohnung

Zusätzlich zu den nur begrenzt abziehbaren Unterkunftskosten können die Aufwendungen für die notwendige Einrichtung steuerlich geltend gemacht werden. Die nachgewiesenen Kosten für die Wohnungseinrichtung sind gemäß BFH (Urteil vom 04.04.2019, Az. VI R 18/17) als sonstige Mehraufwendungen unbegrenzt abziehbar.

Dieses Urteil wurde im August 2019 im Bundessteuerblatt veröffentlicht. Das bedeutet, die Finanzämter müssen sich an dieses Urteil halten. Sollte Ihr Finanzamt die Kosten für Hausrat und Einrichtungsgegenstände nicht als sonstige Mehraufwendungen der doppelten Haushaltsführung anerkennen, sondern den nur beschränkt abziehbaren Unterkunftskosten zurechnen, legen Sie hiergegen mit Verweis auf das BFH-Urteil Einspruch ein.

Betragen die Anschaffungskosten für den einzelnen Einrichtungsgegenstand weniger als 800 Euro ohne Umsatzsteuer, können sie im Jahr der Anschaffung mit dem Bruttobetrag als Werbungskosten angesetzt werden. Liegt der Anschaffungspreis für den einzelnen Gegenstand über 800 Euro netto, ist eine Abschreibung über die voraussichtliche Nutzungsdauer vorzunehmen.

Als notwendige Einrichtungsgegenstände gelten beispielsweise Küche, Kühlschrank, Waschmaschine, Bett, Nachttisch, Schrank, Tisch, Stühle, Badezimmereinrichtung, Gardinen, Lampen, Geschirr und andere Haushaltsartikel. Befindet sich die Zweitwohnung im Eigentum, sind Aufwendungen für Reparaturen, Finanzierungszinsen und die Abschreibungen (2 Prozent der Anschaffungskosten des Gebäudes) abzugsfähig.

Beispiel:

Hauptfeldwebel Kunz hat seinen Lebensmittelpunkt in Augsburg und verrichtet seinen Dienst in Zweibrücken. In Zweibrücken hat er eine Zweitwohnung, die ihn monatlich insgesamt 800 EUR kostet. Im Juni erhält er die Nebenkostenabrechnung für das Vorjahr und muss 500 EUR nachzahlen. Im Juni betragen die Kosten für die Unterkunft somit 1.300 EUR. Der Höchstbetrag wäre somit überschritten und HF Kunz könnte maximal 1.000 EUR geltend machen. Da er jedoch in den Vormonaten jeweils 200 EUR vortragen konnte, kann er auch die Nachzahlung in voller Höhe als Kosten der doppelten Haushaltsführung in seiner Einkommensteuererklärung geltend machen.

Die Soldaten, die in der Kaserne wohnen und dort ihren Zweitwohnsitz begründen, müssen den geldwerten Vorteil aus der Nutzung der Unterkunft versteuern. Bei diesem Personenkreis kommt daher der Sachbezugswert für die Wohnung als Werbungskostenabzug infrage. Den Betrag entnehmen Sie der Gehaltsabrechnung.

Kosten für eine Unterkunft im Rahmen einer doppelten Haushaltsführung während einer Auslandstätigkeit fallen nicht unter die 1.000-Euro-Grenze. Hier bleibt es bei der bisherigen Regelung, dass die angemessenen Kosten für eine durchschnittliche Wohnung nach Größe und Ausstattung am Tätigkeitsort als Werbungskosten geltend gemacht werden können. Des Weiteren bleiben die Kosten für eine Wohnung im Ausland auf maximal 60 Quadratmeter begrenzt.

Erstattung durch den Dienstherrn

Sollten Sie vom Dienstherrn eine Erstattung für die Ihnen aufgrund der Versetzung und der damit begründeten doppelten Haushaltsführung entstehenden Aufwendungen erhalten, ist diese vom ermittelten Werbungskostenbetrag abzuziehen. Nur der Differenzbetrag ist dann in der Einkommensteuererklärung zu berücksichtigen.

Zweitwohnsitz im Ausland

Eine beruflich veranlasste doppelte Haushaltsführung wird bei Soldaten auch begründet, wenn der Zweitwohnsitz im Ausland liegt, da die unbeschränkte Einkommensteuerpflicht im Inland weiter fortbesteht.

Bezüglich der Verpflegungs- und Übernachtungspauschalen gelten folgende Besonderheiten:

Bei den Verpflegungsmehraufwendungen sind die Pauschbeträge für den jeweiligen ausländischen Staat anzusetzen (vgl. **Anlage Pauschbeträge**).

Liegen sowohl Zweitwohnsitz als auch Beschäftigungsort im Ausland, können bei den Übernachtungsaufwendungen alternativ zum Ansatz der tatsächlichen Kosten die Pauschbeträge für Übernachtungsaufwendungen des jeweiligen Landes angesetzt werden (vgl. **Anlage Pauschbeträge**). Für die ersten drei Monate können die Pauschbeträge voll angesetzt werden, während sie für die Zeit danach auf 40 Prozent begrenzt werden. Ein jährlicher Wechsel des Verfahrens (Ansatz tatsächlicher Kosten oder Pauschbeträge) ist möglich.

Erstattungen durch den Dienstherrn

Die steuerliche Behandlung der Zahlungen, die ein Soldat auf Grundlage des Bundesreisekostengesetzes (BRKG) bzw. der Trennungsgeldverordnung (TGV) erhält, gestaltet sich in der Praxis oft unübersichtlich. Unsere Erfahrung zeigt, dass auch die steuerliche Behandlung durch die Dienstleistungszentren/Rechnungsführer oft nicht richtig ist.

Das Bundesamt für zentrale Dienste und offene Vermögensfragen (BADV) hat am 16.05.2014 und am 08.12.2015 jeweils ein Schreiben erlassen, welches die „lohnsteuerliche Behandlung von Reisekostenvergütungen, Umzugskostenvergütungen und Trennungsgeldern aus öffentlichen Kassen“ regelt. Anbei erhalten Sie einen zusammengefassten Auszug dieser Schreiben (Auszug aus Schreiben vom 16.05.2014, Gz. K2.94-O 1959-08/14, Seite 10, ab Tz. 3.1, und Schreiben vom 08.12.2015, Gz. K2.94-O 1959-28/15).

Die bisher vom BADV wahrgenommenen Dienstleistungsaufgaben sind zum 01.06.2017 auf das BVA übergegangen. Die oben aufgeführten Schreiben finden Sie in Gänze unter https://www.bva.bund.de, geben Sie oben rechts im Suchfeld das jeweilige Geschäftszeichen ein.

Trennungsgeld beim auswärtigen Verbleiben (§§ 3, 4, 5 TGV)

Maßnahme ist bis zu 48 Monate befristet (keine erste Tätigkeitsstätte):

Trennungsgeld vor Ablauf von drei Monaten

Steuerfrei nach § 3 Nr. 13 EStG sind:

- das Trennungsreisegeld gemäß § 3 Abs. 1 TGV
- das Trennungstagegeld gemäß § 3 Abs. 3 TGV
- das Trennungsübernachtungsgeld gemäß § 3 Abs. 4 TGV
- die Fahrtkostenerstattungen gemäß § 3 Abs. 4 Satz 4 TGV bis zur steuerlichen Entfernungspauschale in Höhe von 0,30 Euro pro Kilometer
- die Reisebeihilfen gemäß § 5 TGV

Trennungsgeld nach Ablauf von drei Monaten

Steuerfrei nach § 3 Nr. 13 EStG sind:

- das Trennungsübernachtungsgeld gemäß § 3 Abs. 4 TGV
- die Fahrtkostenerstattungen gemäß § 3 Abs. 4 Satz 4 TGV bis zur steuerlichen Entfernungspauschale in Höhe von 0,30 Euro pro Kilometer
- die Reisebeihilfen gemäß § 5 TGV

Das Trennungstagegeld gemäß § 3 Abs. 3 TGV ist nach Ablauf von drei Monaten steuerpflichtiger Arbeitslohn.

Maßnahme ist nicht zeitlich befristet oder die zeitliche Befristung beträgt mehr als 48 Monate (erste Tätigkeitsstätte) sowie Vorliegen einer doppelten Haushaltsführung:

Trennungsgeld vor Ablauf von drei Monaten

Steuerfrei nach § 3 Nr. 13 EStG sind:

- das Trennungsreisegeld gemäß § 3 Abs. 1 TGV
- das Trennungstagegeld gemäß § 3 Abs. 3 TGV
- das Trennungsübernachtungsgeld gemäß § 3 Abs. 4 TGV

- die Fahrtkostenerstattungen gemäß § 3 Abs. 4 Satz 4 TGV bis zur steuerlichen Entfernungspauschale in Höhe von 0,30 Euro pro Kilometer
- die Reisebeihilfen gemäß § 5 TGV

Trennungsgeld nach Ablauf von drei Monaten

Steuerfrei nach § 3 Nr. 13 EStG sind:

- das Trennungsübernachtungsgeld gemäß § 3 Abs. 4 TGV (bei einer doppelten Haushaltsführung darf die Zahlung die Höhe von 1.000 Euro pro Monat nicht übersteigen)
- die Fahrtkostenerstattungen gemäß § 3 Abs. 4 Satz 4 TGV bis zur steuerlichen Entfernungspauschale in Höhe von 0,30 Euro pro Kilometer
- die Reisebeihilfen gemäß § 5 TGV

Maßnahme ist nicht zeitlich befristet oder die zeitliche Befristung beträgt mehr als 48 Monate (erste Tätigkeitsstätte) sowie kein Vorliegen einer doppelten Haushaltsführung:

Alle Zahlungen nach der TGV sind ab dem ersten Tag der Maßnahme steuerpflichtiger Arbeitslohn.

Trennungsgeld bei täglicher Rückkehr an den Wohnort (§ 6 TGV)

Maßnahme ist bis zu 48 Monate befristet:

Trennungsgeld vor Ablauf von drei Monaten

Alle Zahlungen nach § 6 TGV sind gemäß § 3 Nr. 13 EStG **steuerfrei** mit einer Ausnahme: Der Zuschuss nach § 6 Abs. 2 TGV ist steuerpflichtiger Arbeitslohn.

Trennungsgeld nach Ablauf von drei Monaten

Alle Zahlungen nach § 6 TGV sind gemäß § 3 Nr. 13 EStG **steuerfrei**.

Maßnahme ist zeitlich nicht befristet oder die zeitliche Befristung beträgt mehr als 48 Monate:

Alle Zahlungen nach § 6 TGV sind ab dem ersten Tag der Maßnahme **steuerpflichtiger Arbeitslohn**.

Auslandseinsatz

Einen besonderen Stellenwert nimmt nach wie vor der Einsatz von Soldaten im Ausland ein. Zu dieser Thematik wurden verschiedene Erlasse herausgegeben, mit denen die steuerliche Handhabung geregelt wird.

Neben den normalen Bezügen werden für die Dauer des Auslandseinsatzes ein steuerfreier Auslandsverwendungszuschlag sowie eine für die ersten drei Monate steuerfreie Aufwandsvergütung gezahlt. Die abzugsfähigen Werbungskosten sind nach den Grundsätzen der beruflichen Auswärtstätigkeit und der doppelten Haushaltsführung zu berechnen. Das bedeutet, dass für die ersten drei Monate Verpflegungsmehraufwendungen nach den für das Einsatzland geltenden Pauschbeträgen anzusetzen sind, hiervon müssen Sie die steuerfrei erhaltenen Aufwandsvergütungen abziehen. Da in der Regel die Unterkunft vom Dienstherrn kostenlos zur Verfügung gestellt wird, ist für Übernachtungskosten kein Ansatz von Werbungskosten möglich.

Da während des Auslandseinsatzes sowohl steuerpflichtige Einnahmen (Gehalt) als auch steuerfreie Einnahmen (Auslandsverwendungszuschlag) zufließen, müssen Sie auch die Ihnen entstehenden Werbungskosten aufteilen. Sie sind nur insoweit abziehbar, als sie prozentual auf die steuerpflichtigen Einnahmen entfallen. Bestehen Ihre Einnahmen beispielsweise während des Auslandseinsatzes zu 40 Prozent aus steuerpflichtigem Sold und zu 60 Prozent aus steuerfreiem Auslandsverwendungszuschlag, können Sie Ihre Werbungskosten nur in Höhe von 40 Prozent geltend machen.

Als Werbungskosten können die Aufwendungen für zusätzliche Arbeitsmittel wie beispielsweise Ausrüstungsgegenstände angesetzt werden. Sofern keine kostenlose Telefonverbindung vorhanden ist, können die Telefonkosten für maximal 15 Minuten wöchentlich geltend gemacht werden. Hierzu ist es erforderlich, die Aufwendungen durch

Belege nachzuweisen. Sollte das private Telefon zu dienstlichen Zwecken verwandt werden, ohne dass der Dienstherr die Kosten erstattet, sind diese Beträge ebenfalls anzusetzen. Hierzu benötigen Sie eine entsprechende Bescheinigung der Dienststelle.

Die Erhöhung des Auslandsverwendungszuschlags (AVZ) wurde schon lange gefordert und war längst überfällig. Mit dem Besoldungsstrukturmodernisierungsgesetz (BesStMG) wurde der AVZ ab 2020 wie folgt geändert:

Stufe	alte Besoldung	neue Besoldung seit 2020
1	30 EUR	44 EUR
2	46 EUR	69 EUR
3	62 EUR	85 EUR
4	78 EUR	98 EUR
5	94 EUR	123 EUR
6	110 EUR	145 EUR

Beispiel:

Für den Zeitraum 01.01. bis 31.03. wird Oberleutnant Seifert nach Afghanistan kommandiert. Während seines 90-tägigen Auslandsaufenthalts erhält er einen Auslandsverwendungszuschlag in Höhe von 90 × 145 EUR = 13.050 EUR sowie eine steuerfreie Aufwandsvergütung in Höhe der von ihm gezahlten Verpflegung. Im Rahmen eines Auslandseinsatzes erhält Oberleutnant Seifert grundsätzlich Vollverpflegung und muss demnach pro Tag 8,60 EUR Verpflegungsgeld zahlen. In gleicher Höhe erhält er eine steuerfreie Aufwandsvergütung. In der Praxis werden die Verpflegungsgelder mit dem AVG verrechnet.

Unter der Prämisse, dass Seifert am 01.01. Mittag- und Abendverpflegung, am 31.03. nur Frühstück und an den Zwischentagen Vollverpflegung erhält, ergibt sich folgende Berechnung:

3

Aufwandsvergütung:

Anreisetag	Mittags- und Abendverpflegung	3,47 EUR + 3,47 EUR	**6,94 EUR**
Zwischentage	Vollverpflegung	8,77 EUR × 88 Tage	**771,76 EUR**
Abreisetag	Frühstück	1,83 EUR	**1,83 EUR**
Aufwandsvergütung gesamt			**780,53 EUR**

Oberleutnant Seifert muss in gleicher Höhe Verpflegungsgeld zahlen, dies wird im Einsatz jedoch direkt mit dem AVG verrechnet.
Sein steuerpflichtiger Bruttolohn beträgt monatlich 2.900 EUR, für die drei Monate somit 8.700 EUR.
Das Auslandstagegeld für Afghanistan beträgt für die Reisetage und bei einer Abwesenheit von mehr als acht bis 24 Stunden (erster und letzter Tag) 20 EUR und für Abwesenheiten ab 24 Stunden 30 EUR. Insgesamt konnten bis 31.12.2013 2 × 20 EUR + 88 × 30 EUR = 2.680 EUR abzüglich der erhaltenen Pauschale in Höhe von 780,53 EUR, das heißt 1.899,47 EUR, in die Berechnung einbezogen werden.
Aufgrund der Reisekostenreform sind seit 01.01.2014 die pauschalen Verpflegungssätze pro unentgeltlich/teilentgeltlich vom Dienstherrn zur Verfügung gestellten Mahlzeit zu kürzen. Die Kürzung beträgt 20 % für ein Frühstück und je 40 % für ein Mittag- und Abendessen. Für die Kürzung ist auf die volle Verpflegungspauschale abzustellen, die für den jeweiligen Ort bei einer 24-stündigen Abwesenheit gilt.
Unterstellt, dass er an sonstigen Werbungskosten für den Auslandseinsatz 450 EUR geltend machen kann, sind die Werbungskosten wie folgt zu berechnen:

Anreisetag		**20,00 EUR**	
Kürzung:	Mittagessen	./. 12,00 EUR + 3,47 EUR	
	Abendessen	./. 12,00 EUR + 3,47 EUR	
Verbleiben für Anreisetag			**2,94 EUR**

Zwischentage		**30,00 EUR**	
Kürzung:	Frühstück	./. 6,00 EUR + 1,83 EUR	
	Mittag-essen	./. 12,00 EUR + 3,47 EUR	
	Abend-essen	./. 12,00 EUR + 3,47 EUR	
Verbleiben für Zwischentage			**8,77 EUR**
Abreisetag		**20,00 EUR**	
Kürzung	Frühstück	./. 6,00 EUR + 1,83 EUR	
Verbleiben für Abreisetag			**15,83 EUR**
Insgesamt als Werbungskosten abzugsfähig			
An- und Abreisetag			18,77 EUR
88 Zwischentage à 8,60 EUR			771,76 EUR
			790,53 EUR
Abzüglich erhaltene Aufwandsvergütung			./. 780,53 EUR
Verbleiben als Werbungskosten abzugsfähig			10,00 EUR
+ sonstige Werbungskosten			+ 450,00 EUR
Summe abzugsfähige Werbungskosten für den gesamten Auslandseinsatz			**460,00 EUR**

Die berücksichtigungsfähigen Werbungskosten errechnen sich dann wie folgt:

8.700 EUR (steuerpflichtige Einnahmen) + 9.900 EUR (steuerfreie Einnahmen) = 18.600 EUR (Gesamteinnahmen)

abzugsfähige Werbungskosten:

steuerpflichtige Einnahmen × 100 ÷ Gesamteinnahmen,

8.700 × 100 ÷ 18.600 = 46,78 %, das heißt

46,78 % × 460,00 EUR = 215,19 EUR

Dauert der Einsatz länger als drei Monate, sind im Rahmen der doppelten Haushaltsführung mangels eigener Aufwendungen ab dem vierten Monat nur noch die Kosten für ein 15-minütiges Telefongespräch pro Woche in die Berechnung mit einzubeziehen.

Finden während des Einsatzes Zwischenheimfahrten statt, werden die Kosten hierfür in der Regel ebenfalls vom Dienstherrn übernommen, sodass hierfür kein Werbungskostenabzug möglich ist.

Sonstige Fahrtkosten

Unabhängig von den eigentlichen Auswärtstätigkeiten gibt es weiterhin eine Vielzahl kleinerer Fahrten, die beruflich veranlasst sind, die aber dennoch keine Fahrten zwischen Wohnung und erster Tätigkeitsstätte sind, beispielsweise

- Fahrten zum Kauf von Arbeitsmitteln oder Fachliteratur
- Fahrten eines Stellenbewerbers zu Vorstellungsgesprächen (R 9.4 LStR 2019)
- Fahrten zu Seminaren oder zu Lerngemeinschaften (z. B. bei einem Fernstudium)
- Arztfahrten bei einem Arbeitsunfall (hierunter zählen bei Ihnen als Soldat auch Fahrten mit Ihrem Privatfahrzeug in ein Bundeswehrzentralkrankenhaus oder zu einem zivilen Arzt)

Sollten Sie bei einer Fahrt zwischen Ihrer Wohnung und Ihrer ersten Tätigkeitsstätte eine betrieblich veranlasste Besorgungsfahrt unternehmen, ist der dafür aufgewandte Umweg als Auswärtstätigkeit zu werten (H 9.10 LStH 2019 „Dienstliche Verrichtungen auf der Fahrt").

Die sonstigen beruflich veranlassten Fahrten können Sie mit der Reisekostenpauschale steuerlich geltend machen. Verpflegungsmehraufwendungen und Übernachtungskosten sind bei diesen Fahrten grundsätzlich nicht anzusetzen.

> ***Praxis-Tipp:***
>
> *Notieren Sie sich sämtliche sonstigen beruflich veranlassten Fahrten bereits während des Jahres, sobald sie anfallen. Nur so können Sie gewährleisten, dass keine Fahrten vergessen werden. Sammeln Sie auch Belege zum Nachweis dieser Fahrten. In Ihrer Steuererklärung tragen Sie die Summe dieser*

Fahrtkosten dann in der Anlage N bei „weitere Werbungskosten", „Sonstiges" ein und legen dem Finanzamt auf Nachfrage Ihre Einzelaufstellung als Nachweis bei. Diese Einzelaufstellung muss folgende Angaben enthalten: Datum, beruflicher Anlass und benutztes Verkehrsmittel.

ABC der wichtigsten Werbungskosten

Neben den Werbungskosten aufgrund von beruflicher Auswärtstätigkeit und doppelter Haushaltsführung gibt es viele weitere wichtige Werbungskosten, die zu einer Reduzierung des zu versteuernden Einkommens beitragen können:

Arbeitsmittel

Alle Aufwendungen für Arbeitsmittel sind Werbungskosten, sofern der Soldat die Kosten hierfür selbst getragen hat. Arbeitsmittel sind dabei alle Gegenstände, die Sie zur Erledigung Ihrer beruflichen Tätigkeit einsetzen. Der Begriff der Arbeitsmittel ist weit auszulegen, eine abschließende Aufzählung ist dabei nicht möglich.

Beim Ansatz von Arbeitsmitteln als Werbungskosten sind einige Grundsätze zu beachten. So ist es bei Fachliteratur wichtig, dass auf dem Beleg sowohl Autor als auch Titel vermerkt sind und die Verwendung für berufliche Zwecke glaubhaft gemacht werden kann. Werden „größere" Gegenstände angeschafft, wie beispielsweise ein Schreibtisch oder ein PC, kann der Ansatz mit dem vollen Betrag im Jahr der Anschaffung nur dann erfolgen, wenn die Kosten 952 Euro (800 Euro + 19 Prozent Umsatzsteuer) nicht übersteigen. Wird der Betrag überschritten, ist er im Rahmen der Abschreibung auf den Zeitraum der voraussichtlichen Nutzungsdauer aufzuteilen. Bei Büromöbeln ist von einer Nutzungsdauer von 13 Jahren auszugehen.

Sollten Sie bislang privat genutzte Gegenstände, wie beispielsweise ein Bücherregal, nunmehr beruflich nutzen, so sind die Kosten hierfür ebenfalls anzusetzen. Das folgende Beispiel zeigt auf, wie der Abzugsbetrag berechnet wird.

Beispiel:

Ein bislang privat genutztes Bücherregal, welches vor vier Jahren zum Preis von 1.300 EUR angeschafft wurde, wird nunmehr beruflich genutzt. Der absetzbare Betrag errechnet sich wie folgt:

Nutzungsdauer bei Büromöbeln: 13 Jahre, also Abschreibung 100 EUR/ Jahr

Restwert: 1.300 EUR ./. 400 EUR = 900 EUR. Dieser Betrag ist mit jährlich 100 EUR bei den Werbungskosten zu berücksichtigen.

Sollte der Restwert eines Gegenstands unter 800 Euro liegen, ist er im Jahr der sogenannten „Umwidmung“ des Gegenstands von privat zu dienstlich voll anzusetzen.

Bei der beruflichen Nutzung eines Computers und der dazugehörenden Peripheriegeräte wird ein voller Ansatz der Kosten nur dann akzeptiert, wenn glaubhaft gemacht werden kann, dass die private Nutzung nicht mehr als 10 Prozent beträgt. In diesem Fall können die Kosten über die Nutzungsdauer von drei Jahren abgeschrieben werden, wenn die Anschaffungskosten der gesamten Anlage, also einschließlich Drucker und Scanner etc., höher als 952 Euro sind. Ist es schwierig, die Aufteilung zwischen privater und beruflicher Nutzung exakt nachzuweisen, kann pauschal ein Ansatz von bis zu 50 Prozent der Kosten vorgenommen werden.

Arbeitszimmer

Grundsätzlich sind Kosten für ein häusliches Arbeitszimmer einschließlich der Kosten für die Ausstattung nicht abzugsfähig. Das gilt jedoch nicht, wenn für die Tätigkeit entweder kein anderer Arbeitsplatz zur Verfügung steht oder aber das Arbeitszimmer den Mittelpunkt der gesamten beruflichen Tätigkeit bildet. Im erstgenannten Fall sind die abzugsfähigen Kosten auf 1.250 Euro beschränkt, im zweiten Fall können sie unbegrenzt abgezogen werden.

Damit überhaupt von einem häuslichen Arbeitszimmer gesprochen werden kann, ist es erforderlich, dass eine räumliche Trennung vom Rest der Wohnung gegeben ist. Es muss sich folglich um einen separaten

Raum handeln. Dabei kommen auch Zimmer im Keller oder Dachboden infrage, wenn Lage und Ausstattung eine Nutzung als Arbeitszimmer gestatten. Nicht infrage kommen Arbeitsecken, die lediglich von einem Raum abgetrennt sind (vgl. BFH, Urteil vom 17.02.2016, Az. X R 32/11), oder solche Räume, die einen Durchgang zu anderen Räumen bilden.

Praxis-Tipp:

Bei Soldaten dürfte der Fall, dass das Arbeitszimmer den Mittelpunkt der gesamten beruflichen Tätigkeiten bildet, nicht vorkommen. Der Fall, dass kein anderer Arbeitsplatz zur Verfügung gestellt wird, ist allerdings durchaus denkbar.

Typischerweise steht Studenten der Bundeswehruniversitäten, die außerhalb des Campus eine Wohnung bewohnen und dort ein Arbeitszimmer haben, kein anderer Arbeitsplatz zur Verfügung. Für sie sind die abziehbaren Kosten auf 1.250 Euro begrenzt.

Aber auch dann, wenn ein Soldat beispielsweise nebenberuflich eine selbstständige Tätigkeit ausübt, steht ihm hierfür regelmäßig kein anderer Arbeitsplatz zur Verfügung, sodass die Kosten bis zu 1.250 Euro abzugsfähig sind.

Im Jahr 2016 hat der BFH seine Rechtsprechung zum häuslichen Arbeitszimmer geändert: Die Grenze für Aufwendungen für das häusliche Arbeitszimmer galt bislang immer nur pro Objekt bis zu einer Obergrenze von 1.250 Euro. Seit 2016 kann jeder Steuerpflichtige, der das Zimmer nutzt, den Höchstbetrag in Anspruch nehmen (Urteil vom 15.12.2016, Az. VI R 53/12 und VI R 86/13). Der BFH hob damit zwei Entscheidungen auf. Jeweils mehrere Steuerpflichtige hatten sich ein Arbeitszimmer geteilt und höhere Aufwendungen geltend gemacht. In Anlehnung an die bisherige Rechtsprechung hatten die Finanzämter aber nur den Höchstbetrag gemäß § 4 Abs. 5 Satz 1 Nr. 6b Satz 2 EStG anerkannt. Dies hatten die Finanzgerichte bestätigt.

Zugunsten aller betroffenen Steuerpflichtigen geht der BFH inzwischen davon aus, dass die getätigten Aufwendungen für ein häusliches Arbeitszimmer nicht mehr unabhängig von der Anzahl der nutzenden Personen in der Höhe begrenzt sind. Jede steuerpflichtige Person, die für sich genommen die Voraussetzungen des Einkommensteuergesetzes erfüllt, müsse den Höchstbetrag in voller Höhe in Anspruch nehmen dürfen, so der BFH.

Der maximale Abzugsbetrag von 1.250 Euro errechnet sich aus den auf das Arbeitszimmer anteilig entfallenden Kosten für die Wohnung. Hierzu zählen neben der Miete alle Aufwendungen für Nebenkosten (Strom, Wasser, Müll, Versicherung, Reinigungskosten, etc.) und für die Ausstattung. Während Schreibtisch, Bücherregal und Computer zu den Arbeitsmitteln zählen, besteht die Ausstattung aus Teppich, Tapeten, Vorhängen oder Lampen.

Befindet sich das Arbeitszimmer in der Eigentumswohnung oder dem eigenen Haus, sind anstatt der Miete die anteilige Abschreibung (2 Prozent der anteiligen Gebäudeanschaffungs- oder Gebäudeherstellungskosten pro Jahr) sowie die anteiligen Schuldzinsen absetzbar.

Das Finanzgericht Rheinland-Pfalz entschied, dass ein Steuerpflichtiger, auch wenn er aus beruflichen Gründen tatsächlich zwei Wohnungen hat, keine zwei Arbeitszimmer in der Steuererklärung ansetzen kann (Az. 2 K 1595/13).

Praxis-Tipp:

In Corona-Zeiten wurden, um die Einsatzbereitschaft der Truppe aufrechtzuerhalten, viele Soldaten aufgefordert, von zu Hause aus zu arbeiten. Hat der Dienstherr Ihnen Homeoffice angeordnet und Sie durften nicht in der Dienststelle arbeiten? Lassen Sie sich das vom Dienstherrn schriftlich bestätigen. In der Bescheinigung sollten der Zeitraum und die Arbeitstage pro Woche genannt werden. So können Sie dann ein Arbeitszimmer anteilig der Tage, an denen Homeoffice angeordnet war, steuerlich geltend machen.

Beispiel:

Leutnant Klaus, der an der Universität der Bundeswehr in München studiert, bezieht gemeinsam mit seiner Ehefrau am 01.01. eine Wohnung (75 qm), in welcher ein Zimmer als Arbeitszimmer (15 qm) genutzt wird. Die monatliche Miete beträgt 900 EUR zuzüglich 150 EUR für Nebenkosten. Die jährlichen Gesamtkosten betragen demnach 12.600 EUR. Die auf das Arbeitszimmer entfallenden Kosten betragen 20 % (15 qm/75 qm),

also 2.520 EUR. Aufgrund der Begrenzung des Werbungskostenabzugs sind als Werbungskosten 1.250 EUR anzusetzen.
Würde auch die Ehefrau das Arbeitszimmer als solches nutzen, könnte diese ebenfalls 1.250 EUR geltend machen. Lediglich der Betrag, der die 2.500 EUR übersteigt, könnte in diesem Fall nicht geltend gemacht werden.

Werden innerhalb eines Jahres mehrere Arbeitszimmer in verschiedenen Wohnungen genutzt, beispielsweise infolge Umzugs, so dürfen insgesamt nicht 2.500 Euro, sondern nur 1.250 Euro angesetzt werden.

Wird das Arbeitszimmer sowohl für Tätigkeiten genutzt, für die ein anderer Arbeitsplatz zur Verfügung steht, als auch für Tätigkeiten, für die kein anderer Arbeitsplatz zur Verfügung steht, ist eine Aufteilung vorzunehmen.

Beispiel:

Herr Klaus, zwischenzeitlich mit dem Studium fertig und zum Oberleutnant befördert, bleibt als wissenschaftlicher Mitarbeiter an der Universität der Bundeswehr in München. Gleichzeitig wird ihm ein eigener Arbeitsplatz an der Uni zur Verfügung gestellt. Sein häusliches Arbeitszimmer nutzt er nun zu 40 % für die Vorbereitung von Vorlesungen und zu 60 % für die Vorbereitung von Vorträgen, welche er nebenberuflich für ein privates Weiterbildungsinstitut hält. Sein Werbungskostenabzug für das Arbeitszimmer beträgt somit fortan 60 % × 1.250 EUR = 750 EUR.

BahnCard

Haben Sie eine BahnCard gekauft, um Ihre beruflich veranlassten Reisekosten zu senken, können Sie den Preis in voller Höhe als Werbungskosten geltend machen.

Beiträge zu Berufsverbänden

In voller Höhe können Beiträge zu Berufsverbänden und berufsständischen Einrichtungen als Werbungskosten angesetzt werden. Hierzu zählen vor allem die Beiträge zum Deutschen Bundeswehrverband e.V. sowie Mitgliedsbeiträge zu Gewerkschaften.

Berufsausbildung

Kosten, welche Ihnen für Ihre erstmalige Berufsausbildung oder Ihr Erststudium entstehen, können Sie nur bis zu einem Betrag von 6.000 Euro pro Jahr als **Sonderausgaben** geltend machen. Als **Werbungskosten** in unbegrenzter Höhe können Sie Ihre Ausgaben steuerlich geltend machen, wenn diese entstanden sind

- für eine weitere Berufsausbildung,
- für ein Zweit- oder weiteres Studium,
- für ein Erststudium nach einer bereits abgeschlossenen, nicht akademischen Berufsausbildung oder
- im Rahmen eines Ausbildungsdienstverhältnisses.

Details hierzu finden Sie unter „Fortbildung“.

Berufskleidung

Aufwendungen für Kleidung sind Werbungskosten, wenn es sich um Ausgaben für typische, wegen der Eigenheit des Berufs angeschaffte Kleidung handelt. Es muss offensichtlich sein, dass die Kleidung im Wesentlichen nur für die berufliche Verwendung geeignet ist, eine Kollision zur privaten Lebensführung muss von vornherein ausgeschlossen sein. Das ist beispielsweise der Fall bei uniformartiger Beschaffenheit von Bekleidungsstücken, etwa bei Uniformen von Soldaten.

Neben den reinen Anschaffungskosten für Kleidungsstücke können die damit verbundenen Kosten, wie Reinigung oder Instandhaltung, angesetzt werden.

Zur Berufskleidung gehören diejenigen Kleidungsstücke, die durch den Dienstherrn vorgeschrieben sind. Unerheblich ist es dabei, ob es sich um originale Bundeswehrteile oder zivil beschaffte Kleidungsstücke handelt, wie beispielsweise die Hose zum Dienstanzug. Ausschlaggebend ist allein die Typisierung als Berufskleidung. Ebenfalls zur Dienstkleidung zählt die Gesellschaftsuniform.

Wichtig: Zur Feststellung der Höhe der abzugsfähigen Werbungskosten gibt es nur einen anerkannten Weg: den Nachweis der Aufwendungen durch Belege. Der Vorschlag, auf Basis der vorgeschriebenen Aufwendungen pauschal einen Durchschnittsbetrag in Ansatz zu bringen, ist weder sachgerecht noch wird er von den Finanzämtern anerkannt.

Beim Belegnachweis werden die Werbungskosten für die Anschaffung typischer Dienstkleidung durch die Vorlage der Belege nachgewiesen. Abzuziehen sind sämtliche Zuzahlungen durch den Dienstherrn, wie beispielsweise der einmalige Bekleidungszuschuss bei Selbsteinkleidern. Sollten Anschaffungen getätigt werden, deren Kosten über 952 Euro (inkl. Umsatzsteuer) für einzelne Kleidungsstücke liegen, sind diese über die Nutzungsdauer zu verteilen.

Wird Offizieren für die selbst beschaffte Dienstkleidung eine monatliche Abnutzungsentschädigung gewährt, müssen die nachgewiesenen Kosten höher sein als die Entschädigung, damit noch ein als Werbungskosten abzugsfähiger Betrag verbleibt.

Weitere absetzbare Kosten im Zusammenhang mit der Berufskleidung sind Reparatur- und Reinigungskosten. Der Abzug von Reinigungskosten ist dem Grunde nach zwar unstrittig, bei der Frage, in welcher Höhe diese Kosten anzusetzen sind, gibt es jedoch häufig Diskussionen mit dem Finanzamt, da es an eindeutigen Regelungen hierzu fehlt.

Falls Sie die Wäsche in einer Wäscherei reinigen lassen, dienen die Belege als Nachweis der Kosten. Wenn allerdings die Reinigung in der privaten Waschmaschine vorgenommen wird, ist die Sache komplizierter. In der Literatur und auch an zahlreichen Standorten kursieren die unterschiedlichsten Berechnungslisten, wie der Aufwand für die Reinigung ermittelt wird.

Tatsache ist, dass von Fall zu Fall unterschieden werden muss. Der Reinigungsaufwand für einen Stabsoffizier im BMVg wird nicht so hoch sein wie der eines Fallschirmjägerunteroffiziers in einer Einsatzkompanie.

Sinnvoll ist es daher, zu notieren, wie viele Maschinen voll Dienstbekleidungswäsche tatsächlich im Laufe eines Jahres gewaschen werden. Die Beratungspraxis hat gezeigt, dass durchschnittlich eine

Waschmaschine pro Woche zu einem Kostensatz von 3 Euro ohne Probleme anerkannt wird. Was darüber hinausgeht, bedarf einer genaueren Begründung. Unter Berücksichtigung von Urlaub und anderen freien Tagen ist der Ansatz von 46 Wochen à 3 Euro = 138 Euro ohne Weiteres möglich.

Das Finanzgericht Nürnberg hat am 24.10.2014 (Az. 7 K 1704/13) geurteilt, dass die Reinigungskosten auch anhand repräsentativer Daten der Verbraucherschutzverbände geschätzt werden können. Die Erhebung der Verbraucherzentrale Bundesverband e.V. (Stand Dezember 2002) ermittelte folgende Werte pro Kilogramm Wäsche. Auf diesen Werten basiert die Schätzung im o. g. Urteil.

	1-Personen-Haushalt	**2-Personen-Haushalt**	**3-Personen-Haushalt**	**ab 4-Personen-Haushalt**
		Wäsche waschen:		
Kochwäsche 95 Grad	0,77 EUR	0,50 EUR	0,43 EUR	0,37 EUR
Buntwäsche 60 Grad	0,76 EUR	0,48 EUR	0,41 EUR	0,35 EUR
Pflegeleicht-Wäsche	0,88 EUR	0,60 EUR	0,53 EUR	0,47 EUR
		Wäsche trocknen:		
Ablufttrockner	0,41 EUR	0,26 EUR	0,23 EUR	0,19 EUR
Kondenstrockner	0,55 EUR	0,34 EUR	0,29 EUR	0,24 EUR
		Bügeln:		
Bügeleisen	0,07 EUR	0,05 EUR	0,05 EUR	0,05 EUR

Unsere Erfahrung hat gezeigt, dass die Finanzämter mittlerweile die anhand der Daten der Verbraucherzentrale Bundesverband e.V. geschätzten Aufwendungen für die Reinigung von Berufsbekleidung anerkennen. Abweichungen gibt es zwischen den Finanzämtern hinsichtlich der Anerkennung, wie viel Kilogramm Berufsbekleidung wöchentlich anfallen. Je nach Finanzamt werden hier zwischen 2 kg und 15 kg pro Woche anerkannt.

Um anhand der Daten der Verbraucherzentrale Bundesverband e.V. Ihre Aufwendungen für die Reinigung von Dienstkleidung zu ermitteln, gehen Sie wie folgt vor:

Sie wählen die Spalte, die für Ihren Haushalt zutrifft; in dieser addieren Sie die für Sie zutreffenden Werte für Waschen, Trocknen und Bügeln. Die Summe dieser Werte multiplizieren Sie mit 46 bis 48 Wochen und mit dem Gewicht der Dienstkleidung, welche Sie wöchentlich reinigen.

Bewerbungskosten

Vor allem Zeit-, aber auch Berufssoldaten bewerben sich vor dem Ende ihrer Dienstzeit um einen neuen Arbeitsplatz. Die Kosten für die Bewerbung können als Werbungskosten angesetzt werden. Das gilt unabhängig davon, ob die Arbeitsplatzsuche erfolgreich war. Angesetzt werden können Kosten für

- Inserate
- Porto
- Telefon
- Bewerbungsmappen
- Kopien
- Passbilder
- Fahrtkosten zu Vorstellungsgesprächen (wie bei Dienstreisen anzusetzen)
- Übernachtung
- Verpflegungsmehraufwand (14 Euro oder 28 Euro)
- Literatur

Da bei bestimmten Kosten keine Belege vorliegen (z. B. bei Telefonaten), sollten hierfür plausible Pauschalen angesetzt werden. Das Finanzgericht Köln hat die Kosten für Bewerbungen wie folgt geschätzt: eine Bewerbung mit Bewerbungsmappe 8,50 Euro, eine Bewerbung ohne Mappe (E-Mail, Kurz- oder Initiativbewerbung) 2,50 Euro (FG Köln, Urteil vom 07.07.2014, Az. K 932/03).

Nicht anerkannt werden Aufwendungen, um das Umfeld des künftigen Arbeitsplatzes kennenzulernen, etwa zur Besichtigung des Arbeitsorts und der Umgebung.

Ehrenamt

Entstehen Ihnen Aufwendungen für die Wahrnehmung einer ehrenamtlichen Tätigkeit, sind diese grundsätzlich als Werbungskosten abzugsfähig, sofern Ihnen diese Aufwendungen nicht erstattet wurden. Als Werbungskosten können angesetzt werden:

- Fahrtkosten (wie bei Dienstreisen anzusetzen)
- Verpflegungsmehraufwendungen (14 Euro oder 28 Euro)
- Übernachtungsaufwendungen
- Arbeitsmittel
- Literatur
- Fortbildungskosten
- Telefonkosten
- Bewirtungsaufwendungen (begrenzt auf 70 Prozent der Aufwendungen)

Auch bei den Werbungskosten für eine ehrenamtliche Tätigkeit ist zu beachten, dass Erstattungsbeträge von den Kosten abgezogen werden müssen.

Seit 2021 dürfen Sie für Ihre freiwillige Mitarbeit **840 Euro im Jahr als Aufwandspauschale** annehmen, ohne dass hierfür Sozialabgaben oder Steuern fällig werden (bis zum 31.12.2020 waren es noch 720 Euro im Jahr).

Der Werbungskostenabzug ist in eingeschränktem Umfang möglich. Grundsätzlich dürfen Ausgaben, soweit sie mit steuerfreien Einnahmen in unmittelbaren wirtschaftlichen Zusammenhang stehen, nicht als Werbungskosten abgezogen werden (§ 3c EStG).

Von diesem Grundsatz gibt es jedoch eine Ausnahmeregelung (§ 3 Nr. 26a Satz 3 EStG): Überschreiten die Einnahmen den steuerfreien Betrag, dürfen die mit dem Ehrenamt in unmittelbarem wirtschaftlichem Zusammenhang stehenden Ausgaben nur insoweit als Werbungskosten abgezogen werden, als sie den Betrag der steuerfreien Einnahmen übersteigen.

§ **Steuerbefreiung nach § 3 Nr. 26a EStG**

Nach dieser Regelung bleiben Vergütungen, die für nebenberufliche Tätigkeiten im Dienst oder im Auftrag einer öffentlich-rechtlichen oder einer gemeinnützigen Körperschaft (z. B. Sportverein) gezahlt werden, bis zu einem Betrag von 840 Euro jährlich steuerfrei. Zu beachten ist allerdings, dass dieser Betrag nicht zusätzlich zum sogenannten Übungsleiterfreibetrag (3.000 Euro) gewährt wird.

Weitere Ehrenämter, die mit Einnahmen verbunden sind, können die Mitgliedschaft im Aufsichtsrat einer Bank oder aber die Tätigkeit als nicht hauptberuflicher Ortsvorsteher einer Gemeinde sein.

Die für die Aufsichtsratstätigkeit zufließenden Einnahmen sind als Einkünfte aus selbstständiger Arbeit steuerpflichtig. Abzuziehen sind von den Einnahmen die im Zusammenhang mit der Tätigkeit anfallenden Werbungskosten. Zahlreiche Finanzämter akzeptieren es, wenn von den Einnahmen pauschal 20 Prozent als Werbungskosten abgezogen werden. Der „Ehrenamts-Freibetrag" in Höhe von 840 Euro kommt hier nicht zum Zuge, da es sich bei der Bank weder um eine öffentlich-rechtliche noch um eine gemeinnützige Körperschaft handelt.

Für eine Tätigkeit als Ortsvorsteher erhalten Sie ein monatliches Gehalt, das als Einnahmen aus nichtselbstständiger Tätigkeit über Steuerklasse VI abgerechnet wird. Daneben wird eine steuerfreie Aufwandsentschädigung gezahlt. Nur dann, wenn die tatsächlich nachgewiesenen Werbungskosten höher als die Aufwandsentschädigung sind, kann der übersteigende Betrag zusätzlich geltend gemacht werden.

Praxis-Tipp:

Häufig entstehen durch die Ausübung eines Ehrenamts Kosten, die nichts mit der beruflichen Tätigkeit zu tun haben und somit auch steuerlich unbeachtlich sind. Einen Vorteil können Sie jedoch dann erzielen, wenn Sie sich die Aufwendungen (z. B. vom Sportverein) erstatten lassen und den Betrag dem Verein wieder spenden. In diesem Fall hat der Verein keinen finanziellen Nachteil. Sie können jedoch die Spenden als Sonderausgaben absetzen, was die Steuerlast mindern kann.

3

Fortbildung

Begrifflich zu unterscheiden ist zwischen Berufs**ausbildungs**kosten und Berufs**fortbildungs**kosten. Während Ausbildungskosten den Sonderausgaben zuzuordnen sind und in Kapitel 9 → Sonderausgaben behandelt werden, gelten Fortbildungskosten als Werbungskosten.

Der Unterschied zwischen Ausbildungs- und Fortbildungskosten besteht darin, dass unter Ausbildung all das zu verstehen ist, was der erstmaligen Berufsausbildung dient, so auch ein Erststudium. Fortbildungskosten sind dagegen all diejenigen Kosten, welche im Rahmen einer beruflichen Fortbildung entstehen und der Erzielung künftiger bzw. der Sicherung oder Erhöhung von bereits zufließenden steuerbaren Einnahmen dienen sollen und vom Arbeitnehmer getragen werden. Sie beziehen sich folglich auf einen bereits ausgeübten Beruf.

Zu den Fortbildungskosten zählen sämtliche Kosten, welche im Rahmen eines Ausbildungsdienstverhältnisses entstehen. So sind beispielsweise diejenigen Kosten, welche vom Soldaten im Rahmen eines Studiums an einer Bundeswehruniversität selbst getragen werden, Werbungskosten, unabhängig davon, ob es sich um ein Erststudium handelt. In diesem Fall ist das Ausbildungsdienstverhältnis maßgebend.

Das Gleiche gilt für Aufwendungen im Rahmen eines Fachschulbesuchs, Maßnahmen des Berufsförderungsdienstes oder sonstige berufsbezogene Lehrgänge an Schulen der Bundeswehr.

Abzugsfähige Kosten

Zu den grundsätzlich unbeschränkt abzugsfähigen Kosten gehören Aufwendungen für:

- Lehrgänge
- Sprachreisen
- Kurse
- Repetitorien
- Prüfungen
- Fachliteratur und Fachzeitschriften
- Büromaterial

- Arbeitsmittel wie PC, Drucker etc.
- Fahrtkosten für Fahrten zur Ausbildungsstätte, Bibliothek, Lerngemeinschaft etc.
- Arbeitszimmer
- Übernachtungskosten
- Verpflegungsmehraufwendungen

Häufig haben die Sachbearbeiter bei den Finanzämtern keine Vorstellungen von Ihrem Arbeitsalltag und sehen keine Vergleichbarkeit mit Zivilberufen. Falls Argumentationen gegenüber dem Finanzamt erforderlich sind, sollten Sie Ihr Tätigkeitsfeld möglichst mit zivilen Begriffen umschreiben. So ist beispielsweise die Tätigkeit eines S1-Unteroffiziers durchaus mit der eines Bürokaufmanns zu vergleichen; diesbezügliche Fortbildungen müssen anerkannt werden. Das Fernstudium Pädagogik eines Kompaniechefs dient der Fortbildung in seinem aktuell ausgeübten Beruf, auch wenn es zur Vorbereitung für eine andere Tätigkeit in einem Zivilberuf aufgenommen wurde. Die Promotion dient grundsätzlich der Fortbildung im ausgeübten Beruf, weswegen Promotionskosten ebenfalls von der Steuer abgesetzt werden können.

> ***Praxis-Tipp:***
>
> *Es ist daher wichtig, bei allen Fortbildungskosten den Bezug zum bereits ausgeübten Beruf herzustellen und dies gegenüber dem Finanzamt deutlich zu machen, um den Werbungskostenabzug nicht zu gefährden. Gerade bei der Vorbereitung auf einen Zivilberuf kann dies zu Problemen führen.*
> *Es lassen sich viele Beispiele finden, wie der Bezug zwischen der militärischen Tätigkeit und der Fortbildungsnotwendigkeit hergestellt werden kann. Überprüfen Sie daher genau, wo Aufwendungen entstehen, welche hierunter fallen könnten und so zu echten Steuerersparnissen führen. Lassen Sie sich, wenn möglich, die Anwendung der zu erwerbenden Kenntnisse im ausgeübten Beruf bestätigen. Das erleichtert den Nachweis.*

Grundsätzlich lassen sich Werbungskosten für Fahrtkosten und Verpflegungsmehraufwendungen auch bei Fortbildungen nach den Grundsätzen für berufliche Auswärtstätigkeiten ermitteln. Seit dem 01.01.2014 gilt auch eine Bildungseinrichtung, die außerhalb eines

Dienstverhältnisses zum Zweck eines Vollzeitstudiums oder einer vollzeitigen Bildungsmaßnahme aufgesucht wird, als erste Tätigkeitsstätte, siehe dazu oben den Abschnitt „Erste Tätigkeitsstätte“.

Praxis-Tipp:

Als Soldat werden Sie zu zahlreichen Weiterbildungsmaßnahmen versetzt. Typisch hierfür sind längerfristig angelegte Ausbildungen an den Fachschulen oder Universitäten. In diesen Fällen war es bisher unstrittig, dass bei den Fahrtkosten nur die Beträge für Fahrten zwischen Wohnung und regelmäßiger Arbeitsstätte anerkannt wurden. Verpflegungsmehraufwendungen konnten nicht geltend gemacht werden. Seit 01.01.2014 begründet der ohne zeitliche Befristung versetzte Soldat eine neue erste Tätigkeitsstätte.

Wird ein Soldat jedoch mit einer zeitlichen Befristung bis 48 Monate versetzt, mangelt es an der dauerhaften Zuordnung, mit der Folge, dass keine neue erste Tätigkeitsstätte begründet wird. Die erste Tätigkeitsstätte ist in diesem Fall weiterhin seine Stammeinheit, von der aus er versetzt wird. Wird ein Soldat also für 36 Monate zum Studium an eine Bundeswehruniversität versetzt, kann er seit 01.01.2014 die Fahrtkosten in tatsächlicher Höhe steuerlich geltend machen. In den ersten drei Monaten kann er zusätzlich Verpflegungsmehraufwendungen in Höhe von 14 bzw. 28 Euro geltend machen. Gleiches gilt bei einer Kommandierung mit einer zeitlichen Befristung bis 48 Monate.

Zu beachten ist auch hier, dass sämtliche Erstattungen von den errechneten Werbungskosten abzuziehen sind.

Kontoführungsgebühren

Kontoführungsgebühren sind Werbungskosten, soweit sie durch Gutschriften von Einnahmen aus dem Dienstverhältnis und durch beruflich veranlasste Überweisungen entstehen. Pauschale Kontoführungsgebühren sind ggf. nach dem Verhältnis der beruflich und privat veranlassten Kontobewegungen aufzuteilen. Ohne Einzelnachweis werden pauschal pro Jahr 16 Euro anerkannt. Die meisten Finanzämter akzeptieren diesen Betrag auch bei kostenlosen Girokonten.

Kreditkarte

Sofern Sie Ihre Kreditkarte auch für berufliche Ausgaben verwenden, sollten Sie anhand der beruflich bedingten Transaktionen einen Nutzungsanteil in Prozent ermitteln. Die Kosten, die auf die berufliche Nutzung entfallen, können Sie als Werbungskosten abziehen.

Prozesskosten

Prozesskosten, die unmittelbar mit Ihrer beruflichen Tätigkeit in Zusammenhang stehen, können als Werbungskosten abgezogen werden. Infrage kommen beispielsweise Prozesskosten im Zusammenhang mit Verfahren über:

- Lohnstreitigkeiten
- Dienststrafverfahren
- Unfälle mit Dienstfahrzeugen, soweit nicht Vorsatz oder grobe Fahrlässigkeit vorliegt
- Rechtsberatungskosten und Prozesskosten können Sie steuerlich geltend machen, wenn sie berufsbedingt entstanden sind. Das ist regelmäßig bei einem Prozess vor dem Arbeitsgericht der Fall.
- Beruflich bedingt ist auch ein Streit vor dem Finanzgericht, sofern es sich um die Nichtanerkennung von Werbungskosten handelt. Aufwendungen für einen Prozess vor dem Finanzgericht oder dem BFH sind als Werbungskosten im Rahmen derjenigen Einkunftsart abziehbar, um die gestritten wird. Sollte das Finanzamt beispielsweise die Reinigung Ihrer Berufsbekleidung nicht anerkennen und Sie ziehen nach erfolglosem Einspruch vor Gericht, sind diese Prozesskosten als Werbungskosten bei Ihren Einkünften aus nichtselbstständiger Tätigkeit abziehbar.

Im Einzelnen kommen in Betracht:

- Anwaltskosten
- Gerichtskosten
- Telefonkosten
- Schreibauslagen
- Fahrtkosten (wie bei Dienstreisen anzusetzen)
- Übernachtungsaufwendungen

- Verpflegungsmehraufwendungen (14 Euro oder 28 Euro)
- Literatur

> **Wichtig:** Als Werbungskosten können Sie Ihre Aufwendungen ansetzen, soweit diese nicht von einer Versicherung getragen werden.

3

Gemäß BFH-Urteil vom 13.12.1994, Az. VIII R 34/93, sind Aufwendungen eines Beamten im Zusammenhang mit einem Disziplinarverfahren immer beruflich veranlasst und damit Werbungskosten. Nicht abziehbar sind Geldbußen, Geldstrafen, Ordnungsgelder oder Verwarnungsgelder.

Schadensersatz

Während Bußgelder (auch Disziplinarbußen) oder Verwarnungsgelder nicht als Werbungskosten geltend gemacht werden können, sind Schadensersatzleistungen aufgrund beruflicher Veranlassung abzugsfähig. Wird ein Soldat für einen von ihm zu verantwortenden Schaden regresspflichtig gemacht und dieser Schaden nicht von der Berufshaftpflichtversicherung reguliert, sind die Aufwendungen Werbungskosten. Das Gleiche gilt für eine etwaige Selbstbeteiligung.

Sprachkurs

Besuchen Sie einen Sprachkurs, der direkt mit Ihrer Berufstätigkeit in Zusammenhang steht, sind die Ihnen dadurch entstehenden Kosten als Werbungskosten abziehbar.

Steuerberatungskosten

Steuerberatungskosten sind alle Kosten, die Ihnen im Zusammenhang mit der Erstellung von Steuererklärungen entstehen. Das können neben Rechnungen von Steuerberatern oder Lohnsteuerhilfevereinen auch Kosten für Fahrten zum Berater oder zum Finanzamt, für entsprechende Weiterbildungen oder für Fachliteratur sein.

Steuerberatungskosten sind entweder als Werbungskosten oder Betriebsausgaben abzugsfähig. Werbungskosten oder Betriebsausgaben liegen vor, wenn eine unmittelbare Verbindung zu einer Einkunftsart besteht. Ist das nicht der Fall, liegen nicht abzugsfähige Kosten der privaten Lebensführung vor.

Beispiel:

Stabsfeldwebel Pfeiffer lässt seine Steuererklärung durch einen Steuerberater erstellen. Die Kosten belaufen sich auf 150 EUR für die Einkommensteuererklärung, 50 EUR für die Ermittlung der Einkünfte aus nichtselbstständiger Arbeit und 250 EUR für die Erstellung der Einnahmenüberschussrechnung zur Feststellung der Einkünfte aus selbstständiger Arbeit aus seiner nebenberuflichen Tätigkeit als Sportlehrer. Von den Gesamtkosten in Höhe von 450 EUR sind 150 EUR als Kosten der privaten Lebensführung nicht abzugsfähig, 50 EUR sind als Werbungskosten bei den Einkünften aus nichtselbstständiger Arbeit und 250 EUR als Betriebsausgaben bei den Einkünften aus selbstständiger Arbeit abzugsfähig.

Praxis-Tipp:

Lassen Sie Ihre Steuererklärung durch einen Steuerberater anfertigen, ist derjenige Teil der Kosten steuerlich abziehbar, der nicht auf Ihren privaten Bereich entfällt. Auf dem privaten Bereich der Steuererklärung entfällt zum Beispiel das Ausfüllen des Mantelbogens oder der Anlage Kind. Auch die Kosten für diesen Steuerratgeber können Sie als Steuerberatungskosten geltend machen.

Telefonkosten

Oft müssen Soldaten in Abhängigkeit von der jeweiligen Verwendung auch außerhalb des Dienstes telefonisch erreichbar sein oder erledigen dienstliche Angelegenheiten vom privaten Telefon aus. Gerade bei Soldaten in höheren Positionen ist dies anzunehmen. Eine Entschädigung durch den Dienstherrn wird hierfür in aller Regel nicht gewährt.

Sie führen einen Nachweis der anteiligen tatsächlichen Kosten der beruflichen Nutzung, indem Sie für einen repräsentativen Zeitraum von drei Monaten die für den privaten und beruflichen Bereich ermittelten Anteile für den gesamten Veranlagungszeitraum zugrunde legen. Wenn erfahrungsgemäß wesentliche berufliche Anteile anfallen, können Sie ohne Einzelnachweis bis zu 20 Prozent der monatlichen Rechnungsbeträge als Werbungskosten abziehen, jedoch höchstens 20 Euro monatlich.

Zu den Werbungskosten zählt auch der beruflich veranlasste Anteil der Absetzungen für Abnutzung eines Handys. Bemessungsgrundlage für die Abschreibung sind die Aufwendungen für Anschaffung und Anschlussgebühren. Als Nutzungsdauer ist ein Zeitraum von fünf Jahren zugrunde zu legen. Dabei kann für die Aufteilung der Abschreibung derselbe Aufteilungsmaßstab angewandt werden, der bei der Aufteilung der laufenden Telefongebühren zugrunde gelegt wird. Betragen die Anschaffungskosten einschließlich Umsatzsteuer bis zu 952 Euro (800 Euro netto + 19 Prozent Umsatzsteuer), kann der beruflich veranlasste Anteil in voller Höhe im Jahr der Anschaffung als Werbungskosten berücksichtigt werden.

Umschulung

Nehmen Sie an einer beruflich bedingten Umschulungsmaßnahme teil, sind sämtliche Kosten, die Ihnen dadurch entstehen, Werbungskosten.

Zu einer Umschulungsmaßnahme können auch Maßnahmen zählen, welche Ihnen durch den Berufsförderungsdienst bewilligt wurden. Hierbei müssen Sie allerdings beachten, dass Sie die durch den Berufsförderungsdienst erstatteten Aufwendungen von den Werbungskosten abziehen müssen.

Umzugskosten

In gleicher Weise wie Wohnungskosten zählen auch Umzugskosten grundsätzlich zu den nicht abzugsfähigen Kosten der allgemeinen Lebensführung. Etwas anderes gilt jedoch, wenn der Umzug beruflich veranlasst ist. In diesem Fall sind die entstandenen Aufwendungen Werbungskosten. Eine berufliche Veranlassung liegt vor, wenn die berufliche Tätigkeit im Vordergrund steht. Private Gründe dürfen eine nur untergeordnete Rolle spielen, was bei Soldaten regelmäßig bei Versetzungen der Fall ist.

Wenn zwar private Gründe, wie Einzug ins Eigenheim oder Scheidung, eine nicht nur untergeordnete Rolle spielen, die tägliche Zeitersparnis für die Fahrten zum Dienstort aber mindestens eine Stunde beträgt, ist auch ohne einen Wechsel des Standorts ein Umzug als beruflich anzusehen.

Umzugskosten sind selbst dann beruflich veranlasst, wenn durch den Umzug der Familie in die Umgebung des Standorts eine seit Jahren bestehende doppelte Haushaltsführung beendet wird.

Welche Kosten im Zusammenhang mit einem beruflich veranlassten Umzug abziehbar sind, hängt davon ab, ob die einzelnen Aufwendungen – jeweils für sich betrachtet – nahezu ausschließlich beruflich veranlasst sind und nicht die private Lebensführung betreffen. In diesem Sinne hat die Rechtsprechung zum Beispiel Transportkosten, Kosten der Wohnungsbeschaffung und pauschale Umzugsnebenkosten als Werbungskosten anerkannt.

Bei der Berechnung der Werbungskosten sind jedoch zwei grundsätzliche Fälle zu unterscheiden:

- Der Dienstherr übernimmt die Kosten für den Umzug: Abzugsfähig sind nur die Kosten, die selbst getragen werden müssen und nicht aus privaten Gründen heraus entstehen.
- Der Dienstherr erstattet die Kosten nicht, weil keine Zusage der Umzugskostenvergütung vorliegt: Die entstandenen Kosten müssen durch Belege nachgewiesen werden. Die Finanzämter erkennen die Kosten dann ohne weitergehende Prüfung bis zu der Höhe an, die nach dem Bundesumzugskostengesetz (BUKG) für den öffentlichen Dienst höchstens gezahlt werden können.

Nicht anerkannt werden die Aufwendungen für diejenigen Sachverhalte, bei denen der Bezug zum allgemeinen Werbungskostenbegriff nicht mehr hergestellt werden kann. Dies betrifft beispielsweise Erstattungsbeträge nach dem Bundesumzugskostengesetz für die Ersatzbeschaffung von Herden oder Öfen, da diese die private Lebensführung betreffen und aus der Fürsorgeverpflichtung des Staats gegenüber seinen Bediensteten heraus entstanden sind. Ebenfalls nicht abzugsfähig sind Kosten für die Renovierung der neuen Wohnung, Anschaffungskosten für neue Einrichtungsgegenstände oder Kosten für neue

Kleidung, welche aufgrund eines mit dem Umzug verbundenen Klimawechsels entstehen.

> ***Praxis-Tipp:***
>
> *Es ist nicht immer erkennbar, ob Kosten der allgemeinen Lebensführung oder der beruflichen Veranlassung zuzuordnen sind. In diesen Fällen sollten Sie dennoch den Ansatz als Werbungskosten vornehmen und mit einer plausiblen Begründung versehen.*

Als Werbungskosten kommen in Betracht:

- Maklerkosten
- Kosten für Inserate
- Auslagen für das Verpacken des Umzugsguts
- Beförderungsauslagen für das Umzugsgut
- Kosten für die Umzugsreise (wie bei Dienstreisen anzusetzen)
- doppelte Mietzahlungen für bis zu sechs Monate, falls die alte Wohnung nicht sofort gekündigt werden kann
- Verpflegungsmehraufwendungen (14 oder 28 Euro)
- eventuelle Übernachtungsaufwendungen
- notwendige Ersatzbeschaffungen bei Verlust von Umzugsgut
- Kosten für die Wohnungssuche (entweder für zwei Personen eine Reise oder für eine Person zwei Reisen); Tage- und Übernachtungsgeld werden je Reise für höchstens zwei Reise- und Aufenthaltstage anerkannt
- Mietaufwendungen für die bisherige Wohnung bis maximal zu dem Zeitpunkt, zu dem das Mietverhältnis frühestens gelöst werden konnte und wenn für die neue Wohnung in diesem Zeitraum Miete gezahlt werden muss
- Miete für die neue Wohnung, wenn diese nach Lage des Wohnungsmarkts für eine Zeit bezahlt werden muss, während der die Wohnung noch nicht benutzt werden kann; jedoch längstens für sechs Monate, wenn für dieselbe Zeit noch die Miete für die alte Wohnung bezahlt werden muss
- Kosten bis zu 1.146 Euro für einen umzugsbedingt notwendig gewordenen Ergänzungsunterricht der Kinder bei Beendigung des

Umzugs ab 01.06.2020, Kosten bis zu 1.160 Euro bei einer Beendigung des Umzugs ab 01.04.2021; Kosten bis zu 1.181 Euro bei einer Beendigung des Umzugs ab 01.04.2022; dabei muss die Notwendigkeit des Ergänzungsunterrichts durch eine Schulbescheinigung nachgewiesen werden. Aufwendungen für den regulären Unterricht von Kindern, die dem Steuerpflichtigen umzugsbedingt für den Unterricht an einer Privatschule erwachsen, sind nicht abziehbar.

- Pauschalen für sonstigen Umzugsaufwand: bei Beendigung des Umzugs ab 01.06.2020 860 Euro für ledige Soldaten, 1.433 Euro für Verheiratete (eingetragene Lebenspartner) oder Alleinerziehende. Der Zuschlag für jede weitere im Haushalt lebende Person beträgt 573 Euro. Bei einer Beendigung des Umzugs ab 01.04.2021 betragen die Pauschalen für Ledige 870 Euro und für Verheiratete oder Alleinerziehende, eingetragene Lebenspartner und Gleichgestellte 1.450 Euro. Der Zuschlag für jede weitere im Haushalt lebende Person beträgt dann 580 Euro. Bei einem weiteren Umzug innerhalb von fünf Jahren erhöhen sich die Pauschalen um 50 Prozent, vorausgesetzt bei diesem und dem vorangegangenen Umzug bezogen Sie jeweils vorher und nachher eine eigene Wohnung.

Der Tag der Beendigung des Umzugs bestimmt die zu berücksichtigende Höhe der Pauschalbeträge. Wurden die Möbel am 31.03.2021 ein- und am 01.04.2021 ausgeladen, sind die jeweils höheren Pauschbeträge zu berücksichtigen.

Sofern der sonstige Aufwand durch höhere Einzelnachweise dargelegt werden kann, fallen hierunter Kosten für doppelten Schulbuchbedarf bei Wohnortwechsel während des laufenden Schuljahres, Meldegebühren, Mehraufwand für Telefon, Porto- und Schreibauslagen, Trinkgelder für das Personal der Spedition (bis zu 5 Euro je Möbelwagenmeter), Beseitigung umzugsbedingter Beschädigungen am Umzugsgut, Schönheitsreparaturen in der alten Wohnung, Änderungen von Gardinen und Installationen etc.

Umzugspauschalen werden seit 01.06.2020 neu berechnet

Das neueste BMF-Schreiben vom 20.05.2020 ändert zum einen die Höhe der Umzugskostenpauschalen und zum anderen die Berechnung. Die neuen Regeln gelten für alle Umzüge ab dem 01.06.2020. Die alte Regelung ist ab diesem Tag nicht mehr anzuwenden. Für die Pauschale ist nun der Tag vor dem Einladen des Umzugsguts maßgebend.

3

Ziehen Sie ab dem 01.06.2020 aus beruflichen Gründen um, können Sie 860 Euro (870 Euro ab dem 01.04.2021) ansetzen. Für jede andere Person (Ehegatte, Lebenspartner sowie die ledigen Kinder, Stief- und Pflegekinder), die auch nach dem Umzug noch mit Ihnen in häuslicher Gemeinschaft lebt, kommen 573 Euro (580 Euro ab dem 01.04.2021) hinzu. Somit werden Kinder genauso behandelt wie Ehe-/Lebenspartner.

Weiterhin gibt es nun eine neue Pauschale für Steuerpflichtige, die vor oder nach dem Umzug keine eigene Wohnung eingerichtet haben. Das wäre der Fall, wenn Sie bei Ihren Eltern ausziehen und erstmals Ihre eigene Wohnung beziehen. Hierfür können Sie ab dem 01.06.2020 eine Pauschale von 172 Euro (174 Euro ab dem 01.04.2021) geltend machen.

Praxis-Tipp:

Wird vor dem Umzug der Familie vom Soldaten am neuen Dienstort kurzfristig eine Zweitwohnung angemietet, können die notwendigen und angemessenen Aufwendungen für deren Ausstattung, Einrichtung sowie Hausrat unter dem Gesichtspunkt der doppelten Haushaltsführung als Werbungskosten abziehbar sein. Die Umzugskosten sowie die Pauschalen für sonstige Umzugsauslagen können nach dem erfolgten Umzug der Familie dann zusätzlich als Werbungskosten geltend gemacht werden.

Bei einem Umzug nach dem Ausscheiden aus dem Dienst können die bei Zusage der Umzugskostenvergütung selbst zu tragenden Kosten bis zu zwei Jahre nach dem Dienstzeitende noch steuerlich geltend gemacht werden. Danach wird ein Umzug als privat veranlasst angesehen.

Bei einem Auslandsumzug sind einige Besonderheiten zu beachten und die nachfolgenden Kosten zusätzlich absetzbar:

- Kosten für das Packen, Transportieren, Versichern und Unterstellen der nicht mitgenommenen Einrichtungsgegenstände
- Kosten für die Beschaffung neuer Gegenstände wie Klimageräte, Luftbefeuchter, etc.

Zu beachten ist, dass bei Auslandsumzügen die Pauschalen teilweise erheblich von den Pauschalen bei Inlandsumzügen abweichen. Einzelheiten hierzu sind in der Verordnung über die Umzugskostenvergütung bei Auslandsumzügen (AUV) geregelt. Bei einem Rückumzug sind diese Pauschalen um 20 Prozent zu kürzen.

> ***Praxis-Tipp:***
>
> *Sollten die Umzugskosten aufgrund mangelnder beruflicher Veranlassung nicht als Werbungskosten abzugsfähig sein, so kommt nach einer Verfügung der Oberfinanzdirektion Koblenz ein Ansatz bei den begünstigten haushaltsnahen Dienstleistungen (siehe Kapitel 10 → Steuerermäßigungen) infrage, wenn der Umzug durch einen Spediteur durchgeführt wurde.*
> *Ähnlich wie etwa die Kosten für Malerarbeiten in der eigen genutzten Wohnung werden vom Finanzamt bis zu 3.000 Euro im Jahr für Umzugskosten anerkannt. Hiervon werden 20 Prozent, zusammen mit den anderen Abzugsbeträgen bis zu maximal 4.000 Euro, von der Einkommensteuerschuld abgezogen. Berücksichtigungsfähig sind allerdings nur die reinen Arbeitskosten. Außerdem ist ein Nachweis der Aufwendungen durch Rechnung des Speditionsunternehmens und Nachweis der Zahlung auf ein Konto des Spediteurs durch Bankbeleg erforderlich. Die Rechnung darf also nicht bar beglichen werden.*

Versicherungen

Soweit Beiträge zu Versicherungen beruflich veranlasst sind, können diese als Werbungskosten angesetzt werden. Das ist grundsätzlich der Fall bei der Berufshaftpflichtversicherung. Aber auch Beiträge zu einer Rechtsschutzversicherung können mit dem Betrag angesetzt werden, welcher auf die berufliche Sphäre entfällt. Hierzu ist es erforderlich, dass vom Versicherungsunternehmen bescheinigt wird, welcher Anteil der Prämie auf die berufliche und welcher auf die private Sphäre entfällt.

Ebenfalls als Werbungskosten abziehbar sind Beiträge zu einer Unfallversicherung, wenn diese aufgrund vorhandener beruflicher Gefährdungen zur ausschließlichen Deckung der beruflichen Risiken abgeschlossen wurde. Deckt die Unfallversicherung sowohl berufliche als auch private Risiken ab, sind entsprechend der Bescheinigung des Versicherers nur die auf die beruflichen Risiken entfallenden Beitragsteile als Werbungskosten abzugsfähig. Fehlt eine Aufteilungsbestätigung, wird eine Aufteilung 50/50 in der Regel anerkannt.

Zinsen

Für Einkünfte aus Kapitalvermögen (auch Dividenden) führte der Gesetzgeber seit 2009 ein Werbungskostenabzugsverbot ein. Seither gibt es die Abgeltungsteuer in Höhe von pauschal 25 Prozent für sämtliche Kapitalerträge. Werbungskosten können in diesem Zusammenhang nicht mehr geltend gemacht werden. Abziehbar ist lediglich der sogenannte Sparer-Pauschbetrag in Höhe von 801 Euro (bei zusammenveranlagten Ehepaaren oder eingetragenen Lebenspartnern in Höhe von 1.602 Euro).

Anlage: Ausgewählte Pauschbeträge 2021

Die folgende Tabelle gibt einen Überblick über besonders bedeutende, ab 01.01.2021 geltende Pauschbeträge für Verpflegungsmehraufwendungen und Übernachtungskosten im **Ausland**.

Land	Pauschbeträge für Verpflegungsmehraufwendungen		
	bei einer Abwesenheitsdauer von mindestens 24 Stunden je Kalendertag	für den An- und Abreisetag sowie bei einer Abwesenheitsdauer von mehr als 8 Stunden je Kalendertag	Pauschbetrag für Übernachtungskosten
	EUR	EUR	EUR
Afghanistan	30	20	95
Belgien	42	28	135
Frankreich			
– Lyon	53	36	115
– Marseille	46	31	101
– Paris und die Departements 92, 93 und 94	58	39	152
– Straßburg	51	34	96
– im Übrigen	44	29	115
Griechenland	-	-	-
– Athen	46	31	132
– im Übrigen	36	24	135
Italien			
– Mailand	45	30	158
– Rom	40	27	135
– im Übrigen	40	27	135
Jemen	24	16	95

Land	Pauschbeträge für Verpflegungsmehraufwendungen		
	bei einer Abwesenheitsdauer von mindestens 24 Stunden je Kalendertag	für den An- und Abreisetag sowie bei einer Abwesenheitsdauer von mehr als 8 Stunden je Kalendertag	Pauschbetrag für Übernachtungskosten
	EUR	EUR	EUR
Kosovo	23	16	57
Libanon	59	40	123
Libyen	63	42	135
Luxemburg	47	32	130
Mali	38	25	120
Marokko	42	28	129
Mauretanien	39	26	105
Portugal	36	24	102
Spanien			
– Barcelona	32	21	118
– Kanarische Inseln	32	21	98
– Madrid	41	28	113
– Palma de Mallorca	32	21	110
– im Übrigen	29	20	88
Südafrika			
– Kapstadt	27	18	112
– Johannesburg	29	20	124
– im Übrigen	22	15	94
Sudan	33	22	195
Südsudan	34	23	150
Türkei			

Land	Pauschbeträge für Verpflegungsmehraufwendungen		
	bei einer Abwesenheitsdauer von mindestens 24 Stunden je Kalendertag	für den An- und Abreisetag sowie bei einer Abwesenheitsdauer von mehr als 8 Stunden je Kalendertag	Pauschbetrag für Übernachtungskosten
	EUR	EUR	EUR
– Istanbul	26	17	120
– Izmir	29	20	55
– im Übrigen	17	12	95
Ukraine	26	17	98
Vereinigte Staaten von Amerika			
– Atlanta	62	41	175
– Boston	58	39	265
– Chicago	54	36	209
– Houston	63	42	138
– Los Angeles	56	37	274
– Miami	64	43	151
– New York City	58	39	282
– San Francisco	51	34	314
– Washington D. C.	62	41	276
– im Übrigen	51	34	138
Vereinigtes Königreich von Großbritannien und Nordirland			
– London	62	41	224
– im Übrigen	45	30	115

3

Land	Pauschbeträge für Verpflegungsmehraufwendungen		
	bei einer Abwesenheitsdauer von mindestens 24 Stunden je Kalendertag	für den An- und Abreisetag sowie bei einer Abwesenheitsdauer von mehr als 8 Stunden je Kalendertag	Pauschbetrag für Übernachtungskosten
	EUR	EUR	EUR
Zypern	45	30	116

Dies ist nur ein Auszug. Die vollständige Länderübersicht findet sich im BMF-Schreiben vom 03.12.2020, Gz. IV C 5 – S 2353/19/10010:002, DOK. 2020/1163533, abrufbar unter:

https://www.bundesfinanzministerium.de/Content/DE/Downloads/BMF_Schreiben/Steuerarten/Lohnsteuer/2020-12-03-steuerliche-behandlung-reisekosten-reisekostenverguetungen-2021.pdf

4.

Einkünfte aus einer Nebentätigkeit

Grundsätzliches 130
Die nichtselbstständige Nebentätigkeit 130
Die selbstständige Nebentätigkeit 133
Exkurs: Umsatzsteuer 137

Grundsätzliches

Zahlreiche Soldaten üben neben ihrem Hauptberuf eine nebenberufliche Tätigkeit aus. Diese kann ebenfalls eine nichtselbstständige Tätigkeit sein, es ist aber auch möglich, eine Nebentätigkeit als selbstständig Beschäftigter auszuüben. Für die steuerliche Behandlung ist die Unterscheidung von wesentlicher Bedeutung.

Von einer nichtselbstständigen Tätigkeit als Arbeitnehmer ist auszugehen, wenn Sie weisungsgebunden hinsichtlich Ort, Zeit und Inhalt Ihrer Tätigkeit sind, feste Arbeitszeiten haben und in die betriebliche Organisation eingegliedert sind. Weitere Indizien sind überwiegend erfolgsunabhängige Bezüge, Lohnfortzahlung im Krankheitsfall, Anspruch auf Urlaub, Schulden Ihrer Arbeitskraft (nicht eines Arbeitserfolgs) und fehlendes Unternehmerrisiko.

Für eine selbstständige Tätigkeit spricht, wenn Sie zeitlich nur kurze Berührung mit dem Betrieb haben, Zeit, Ort und Umfang Ihrer Tätigkeit im Wesentlichen selbst bestimmen können, selbst bezahlte Mitarbeiter angestellt haben, Ihre geschuldete Tätigkeit delegieren können oder ein eigenes Unternehmerrisiko auf sich nehmen.

Die nichtselbstständige Nebentätigkeit

Bei Ausübung einer Nebentätigkeit in nichtselbstständiger Form ist zu unterscheiden, ob es sich um eine geringfügige Beschäftigung mit Lohnsteuerpauschalierung handelt oder um eine Tätigkeit, die anhand der ELStAM abgerechnet wird.

Geringfügige Beschäftigung

Eine geringfügige Beschäftigung liegt vor, wenn das Arbeitsentgelt aus der Tätigkeit regelmäßig nicht mehr als 450 Euro pro Monat beträgt.

In diesem Fall hat der Arbeitgeber pauschale Abgaben an die Minijob-Zentrale zu zahlen, welche von der Deutschen Rentenversicherung Knappschaft-Bahn-See getragen wird.

Durch diese Pauschalbesteuerung ist die Steuer bereits abgegolten. Sie müssen die Einnahmen in der Einkommensteuererklärung nicht angeben. Die Einnahmen sind für Sie steuerfrei.

Die Pauschale beträgt:

- bei einer „normalen“ geringfügigen Beschäftigung (z. B. in einem Unternehmen) 30 Prozent. Davon entfallen 15 Prozent auf die gesetzliche Rentenversicherung, 13 Prozent auf die gesetzliche Krankenversicherung und 2 Prozent auf die einheitliche Pauschalsteuer, die neben der Lohnsteuer auch den Solidaritätszuschlag und die Kirchensteuer umfasst.
- bei einer geringfügigen Beschäftigung in einem Privathaushalt 12 Prozent: Davon entfallen auf die gesetzliche Rentenversicherung sowie auf die gesetzliche Krankenversicherung jeweils 5 Prozent und 2 Prozent auf die einheitliche Pauschalsteuer.

Der Pauschbetrag zur Krankenversicherung entfällt, wenn die geringfügig beschäftigte Person nicht gesetzlich krankenversichert ist. Da dies bei Soldaten der Fall ist, sind die Arbeitskosten für den Arbeitgeber bei Beschäftigung eines Soldaten somit niedriger als bei Beschäftigung von gesetzlich krankenversicherten Personen.

Wichtig: Üben Sie mehrere geringfügige Beschäftigungen nebeneinander aus, werden die Einnahmen zusammengerechnet. Übersteigt die Summe der Einnahmen 450 Euro pro Monat, entsteht eine „normale“ Steuer- und Sozialversicherungspflicht.

Unabhängig davon, wie viele geringfügige Beschäftigungen Sie ausüben, bleibt bei einer Tätigkeit als Soldat **eine** geringfügige Tätigkeit anrechnungsfrei. Das bedeutet, dass Sie in einem der Beschäftigungsverhältnisse bis zu 450 Euro monatlich steuerfrei hinzuverdienen können. Erst jede weitere geringfügige Beschäftigung, die dazu führt, dass Sie die Geringfügigkeitsgrenze überschreiten, ist dann steuer- und sozialversicherungspflichtig.

Nebentätigkeit mit Lohnsteuerabzug gemäß ELStAM

Wenn Sie eine Nebentätigkeit in nichtselbstständiger Form ausüben und Ihr Arbeitslohn dabei die 450-Euro-Grenze überschreitet, werden die Einnahmen von Ihrem Arbeitgeber im Rahmen der Steuerklasse VI abgerechnet.

Die einbehaltene Lohnsteuer wird im Rahmen der Veranlagung zur Einkommensteuer angerechnet. Da bei einer Besteuerung der laufenden Einnahmen nach Steuerklasse VI in der Regel hohe Lohnsteuerbeträge einbehalten werden, führt dies häufig im Folgejahr zu erheblichen Erstattungen.

Da die Einkünfte aus der Tätigkeit als Soldat und aus der Nebenbeschäftigung beide der Einkunftsart nichtselbstständige Arbeit zuzurechnen sind, werden sie im Rahmen der Erstellung der Einkommensteuererklärung zusammengefasst.

Werbungskosten

Für den Ansatz von Werbungskosten, die bei Ausübung der Tätigkeit anfallen, gelten die gleichen Regelungen wie bei den Einkünften aus der Tätigkeit als Soldat.

Steuerbegünstigte Nebentätigkeit/Freibetrag

Bei bestimmten Nebentätigkeiten bleibt ein Betrag von 3.000 Euro pro Jahr steuerfrei. Dazu zählen Tätigkeiten als

- Übungsleiter, Ausbilder, Erzieher und Betreuer (Trainer, Sport- und Jugendwart, Mannschaftsbetreuer, Skilehrer, Kinderbetreuer, Jugendleiter, Schulweghelfer, Busbegleiter, Ferienbetreuer, Arzt im Behindertensport, Chorleiter, Orchesterdirigent, Vortrags- und Lehrtätigkeiten in der Berufsbildung, Ausbildungstätigkeiten für Vereine und Verbände, etc.)
- Pfleger alter, kranker oder behinderter Menschen
- Künstler (Kirchenmusiker, Darsteller am Theater, Pianist in Pflegeheimen, etc.)

Der Freibetrag wird allerdings nur gewährt, wenn

- es sich entsprechend der vorstehenden Aufzählung um eine begünstigte Tätigkeit im Rahmen der Ausbildung, Erziehung, Betreuung, Kunst oder Pflege handelt
- die Tätigkeit nebenberuflich ausgeübt wird
- die Tätigkeit im Dienst oder Auftrag einer öffentlich-rechtlichen oder gemeinnützigen Körperschaft (z. B. Sportverein) ausgeübt wird und

- die Tätigkeit der Förderung gemeinnütziger, mildtätiger oder kirchlicher Zwecke dient

Der Freibetrag wird auch gewährt, wenn die begünstigte Tätigkeit im Rahmen einer geringfügigen Beschäftigung ausgeübt wird. Das führt dazu, dass pro Monat 450 Euro + 250 Euro (3.000 Euro/12 Monate) = 700 Euro steuerfrei vereinnahmt werden können.

Sollten die tatsächlichen Werbungskosten, die mit den begünstigten Einnahmen verbunden sind, höher als der Freibetrag von 3.000 Euro sein, sind nur die den Freibetrag übersteigenden Werbungskosten zusätzlich absetzbar. Sollte jedoch die Summe der Werbungskosten aus dem Hauptberuf und die den Freibetrag übersteigenden Werbungskosten insgesamt den Arbeitnehmerpauschbetrag von 1.000 Euro nicht übersteigen, ist nur der Arbeitnehmerpauschbetrag abzugsfähig.

Betragen die Einkünfte (= Einnahmen minus Werbungskosten) aus der nebenberuflichen Tätigkeit jährlich höchstens 410 Euro, ist auch dieser Betrag steuerfrei – immer vorausgesetzt, es werden keine weiteren Einkünfte aus anderen Einkunftsarten erzielt. Eine Erklärungspflicht im Rahmen der Einkommensteuererklärung besteht allerdings dennoch.

Wie bereits in Kapitel 3 → ABC der wichtigsten Werbungskosten → Ehrenamt dargestellt wurde, gibt es darüber hinaus den sogenannten Ehrenamtsfreibetrag. Erhalten Sie für Ihre ehrenamtliche Tätigkeit für eine öffentlich-rechtliche oder für eine gemeinnützige Körperschaft ein Entgelt, sind diese Einnahmen bis zur Höhe von 840 Euro pro Jahr steuerfrei.

Die selbstständige Nebentätigkeit

Wird die Nebentätigkeit selbstständig ausgeübt, unterliegt der Gewinn hieraus entweder als Einkünfte aus Gewerbebetrieb oder freiberuflicher Tätigkeit der Einkommensbesteuerung. Eine weitere mögliche Einkunftsart ist diejenige aus Land- und Forstwirtschaft, die jedoch besonderen Regelungen unterworfen ist und im Rahmen dieses Buches nicht behandelt wird.

Während beispielsweise Tätigkeiten im Handel oder als Versicherungsmakler gewerbliche Tätigkeiten darstellen, werden wissenschaftliche, künstlerische, schriftstellerische, unterrichtende oder erzieherische Tätigkeiten dagegen als freiberufliche Tätigkeiten qualifiziert. Im ersten Fall werden Einkünfte aus Gewerbebetrieb, im zweiten Fall solche aus selbstständiger Arbeit bezogen.

Die Unterscheidung hat bei Ausübung einer selbstständigen Tätigkeit im Rahmen eines Nebenerwerbs normalerweise keine Auswirkungen für Sie. Nur wenn der Umfang der Tätigkeit erheblich wird und die Gewinne eine Grenze jenseits der 20.000 Euro erreichen, kann es aufgrund einer möglichen Gewerbesteuerpflicht zu Unterschieden kommen.

Praxis-Tipp:

Die Gewinnermittlungsvorschriften bei den sogenannten Gewinneinkünften sind sehr komplex. Im Rahmen dieser Darstellung ist es unmöglich, hierüber einen allumfassenden Überblick zu geben.

Die Ausführungen sind jedoch sehr gut geeignet, bei selbstständigen Nebentätigkeiten von relativ geringem Umfang zur Erstellung der Gewinnermittlung herangezogen zu werden. Sollte Ihr Unternehmen allerdings wachsen, ist es sinnvoll, weiterführende Literatur zu studieren und die professionelle Hilfe eines Steuerberaters in Anspruch zu nehmen.

Zur Ermittlung des steuerpflichtigen Gewinns wird eine sogenannte Einnahmenüberschussrechnung erstellt, in der die Einnahmen den Betriebsausgaben nach dem Zufluss-/Abfluss-Prinzip gegenübergestellt werden.

Das bedeutet, dass nur diejenigen Einnahmen und Ausgaben in der Einnahmenüberschussrechnung erfasst werden, welche im betreffenden Kalenderjahr zu- bzw. abgeflossen sind. Betriebseinnahmen sind also in dem Veranlagungszeitraum anzusetzen, in dem sie eingegangen sind, Betriebsausgaben müssen in dem Veranlagungszeitraum abgesetzt werden, in dem sie geleistet worden sind. Von Bedeutung ist nur das tatsächliche Zahlungsdatum, nicht das Rechnungsdatum.

Betriebsausgaben sind dabei alle Aufwendungen, welche durch den Betrieb veranlasst sind. Bei den Einkünften aus nichtselbstständiger Arbeit entsprechen die Werbungskosten den Betriebsausgaben, sodass Sie sich dort orientieren können, was abzugsfähig ist und was nicht.

Besteht die selbstständig ausgeübte Nebentätigkeit aus einer begünstigten Übungsleitertätigkeit, ist die Erstellung der Einnahmenüberschussrechnung relativ einfach. In diesem Fall wird von der Summe der Einnahmen der Freibetrag in Höhe von 3.000 Euro abgezogen, sofern die tatsächlichen Betriebsausgaben geringer sind als der Freibetrag.

Wenn Sie für Ihre Nebentätigkeit bereits den Freibetrag in Höhe von 3.000 Euro in Anspruch nehmen, ist der pauschale Betriebsausgabenabzug nicht mehr möglich.

Praxis-Tipp:

Um die Einkunftsermittlung bei selbstständig ausgeübten Nebentätigkeiten zu vereinfachen, lässt die Finanzverwaltung für bestimmte Tätigkeiten den Abzug pauschaler Betriebsausgaben zu, ohne dass die tatsächlichen Betriebsausgaben nachgewiesen werden müssen (z. B. bei Hebammen, Tagesmüttern, Schriftstellern oder Journalisten).
Am wichtigsten ist die Betriebsausgaben-Pauschale für wissenschaftliche, künstlerische oder schriftstellerische Nebentätigkeiten. Dazu gehören auch Vortrags- oder nebenberufliche Lehr- und Prüfungstätigkeiten. Bei diesen Nebentätigkeiten dürfen 25 Prozent der Betriebseinnahmen, höchstens jedoch 614 Euro, jährlich als pauschale Betriebsausgaben abgezogen werden. Der Höchstbetrag von 614 Euro kann für alle begünstigten Nebentätigkeiten zusammen nur einmal gewährt werden.

In allen anderen Fällen sind die Betriebsausgaben nach Kostenarten aufzuführen und den Einnahmen gegenüberzustellen. Das Ergebnis ist der Gewinn (positiver Betrag) oder der Verlust (negativer Betrag), welcher in die Anlage G (gewerbliche Tätigkeit) bzw. S (freiberufliche Tätigkeit) einzutragen ist.

Wichtig: Der Gewinn aus Ihrer selbstständigen Tätigkeit wird im Rahmen der Ermittlung der Summe Ihrer Einkünfte mit Ihren Arbeitnehmereinkünften addiert und gemeinsam mit diesen versteuert. Sollte sich ein Verlust ergeben, wird dieser von den anderen Einkünften abgezogen und mindert somit die Steuerlast.

Denken Sie daran, dass sämtliche Einnahmen- und Ausgabenbelege zu Nachweiszwecken übersichtlich abgeheftet werden müssen und zehn Jahre aufzubewahren sind.

Bitte beachten Sie auch, dass die Vereinfachungsregelung, nach der Sie als Kleinunternehmer mit weniger als 17.500 Euro Umsatz im Jahr eine formlose Einnahmenüberschussrechnung erstellen durften, gestrichen wurde. Seit dem Jahr 2017 müssen Sie zwingend den Vordruck „Anlage EÜR" elektronisch mit Ihrer Steuererklärung an das Finanzamt übermitteln.

Bespielermittlung Werte Anlage EÜR

Einnahmen	
Einnahmen aus ...	7.800,00 EUR
Betriebsausgaben	
IHK-Beitrag	51,00 EUR
Fahrtkosten (4.500 km × 0,30 EUR)	1.275,00 EUR
Porto	58,00 EUR
Telefonkosten pauschal	240,00 EUR
Bewirtungsaufwendungen (70 %)	87,99 EUR
Bürobedarf	47,50 EUR
Abschreibung PC	412,00 EUR
Gewinn	**5.628,51 EUR**

Achtung: Sollten Sie mit Ihrer selbstständigen Nebentätigkeit über Jahre hinweg nur Verluste machen, besteht die Gefahr, dass diese vom Finanzamt nicht anerkannt werden (sog. „Liebhaberei"). Hierdurch wird vermieden, dass Scheintätigkeiten, deren Verluste steuerlich geltend gemacht werden sollen, die Steuerlast mindern und möglicherweise private Hobbys vom Staat mitfinanziert werden.

Exkurs: Umsatzsteuer

Umsätze aus einer gewerblichen oder freiberuflichen Tätigkeit unterliegen grundsätzlich der Umsatzsteuer (USt). Ausnahmen hiervon gelten beispielsweise für Ärzte oder Versicherungsmakler, da deren Umsätze von der Umsatzsteuer befreit sind.

Im Einzelnen sind umsatzsteuerpflichtig:

- Lieferungen und sonstige Leistungen
- Einfuhren aus Ländern außerhalb der EU
- innergemeinschaftliche Erwerbe, das heißt Einfuhren aus EU-Ländern

Bemessungsgrundlage für die Umsatzsteuer ist das „Entgelt". Es umfasst alles, was ein Leistungsempfänger für den Erhalt der Leistung aufwenden muss, jedoch abzüglich der Umsatzsteuer. Das Entgelt ist somit der Betrag, auf welchen die Umsatzsteuer zu rechnen ist. Der Umsatzsteuersatz beträgt 19 Prozent. Für einige Waren, insbesondere Grundnahrungsmittel oder Bücher, beträgt der Steuersatz 7 Prozent.

Das System der Umsatzsteuer stellt sicher, dass bei gleichem Steuersatz alle Waren und Dienstleistungen beim Endverbraucher in gleicher Höhe belastet sind. Erreicht wird dies durch den sogenannten Vorsteuerabzug. Er berechtigt einen Unternehmer, von der Umsatzsteuer, die er für getätigte Umsätze schuldet, diejenige Steuer abzuziehen (Vorsteuer), welche ihm in Rechnung gestellt wurde.

Damit eine Berechtigung zum Abzug von Vorsteuer besteht, werden an den Inhalt der Rechnungen bestimmte Anforderungen (§ 14 UStG) gestellt.

§

§ 14 Abs. 4 UStG

Eine Rechnung muss folgende Angaben enthalten:

1. den vollständigen Namen und die vollständige Anschrift des leistenden Unternehmers und des Leistungsempfängers,
2. die dem leistenden Unternehmer vom Finanzamt erteilte Steuernummer oder die ihm vom Bundeszentralamt für Steuern erteilte Umsatzsteuer-Identifikationsnummer,
3. das Ausstellungsdatum,

4. eine fortlaufende Nummer mit einer oder mehreren Zahlenreihen, die zur Identifizierung der Rechnung vom Rechnungsaussteller einmalig vergeben wird (Rechnungsnummer),
5. die Menge und die Art (handelsübliche Bezeichnung) der gelieferten Gegenstände oder den Umfang und die Art der sonstigen Leistung,
6. den Zeitpunkt der Lieferung oder sonstigen Leistung; in den Fällen des Absatzes 5 Satz 1 den Zeitpunkt der Vereinnahmung des Entgelts oder eines Teils des Entgelts, sofern der Zeitpunkt der Vereinnahmung feststeht und nicht mit dem Ausstellungsdatum der Rechnung übereinstimmt,
7. das nach Steuersätzen und einzelnen Steuerbefreiungen aufgeschlüsselte Entgelt für die Lieferung oder sonstige Leistung (§ 10) sowie jede im Voraus vereinbarte Minderung des Entgelts, sofern sie nicht bereits im Entgelt berücksichtigt ist,
8. den anzuwendenden Steuersatz sowie den auf das Entgelt entfallenden Steuerbetrag oder im Fall einer Steuerbefreiung einen Hinweis darauf, dass für die Lieferung oder sonstige Leistung eine Steuerbefreiung gilt,
9. in den Fällen des § 14b Abs. 1 Satz 5 einen Hinweis auf die Aufbewahrungspflicht des Leistungsempfängers und
10. in den Fällen der Ausstellung der Rechnung durch den Leistungsempfänger oder durch einen von ihm beauftragten Dritten gemäß Absatz 2 Satz 2 die Angabe „Gutschrift".

Da in der Praxis jeder Unternehmer zahlreiche Umsätze tätigt, denen eine Vielzahl verschiedener Eingangsrechnungen mit enthaltener Vorsteuer gegenüberstehen, wird eine Verrechnung mit der Abgabe von Umsatzsteuer-Voranmeldungen vorgenommen.

Die Abgabe der Voranmeldungen erfolgt grundsätzlich vierteljährlich. Beträgt die Umsatzsteuerschuld des Vorjahres mehr als 7.500 Euro, ist die Voranmeldung monatlich einzureichen, beträgt sie weniger als 1.000 Euro, wird nur eine Jahreserklärung abgegeben. Für das Jahr der Betriebseröffnung und das folgende Jahr gilt eine monatliche Verpflichtung zur Abgabe der Umsatzsteuer-Voranmeldungen.

Nach Ablauf eines Kalenderjahres hat der Unternehmer eine Umsatzsteuer-Jahreserklärung beim Finanzamt abzugeben. In dieser werden die Zahlungen des abgelaufenen Jahres und sich möglicherweise durch Abschlussbuchungen und Korrekturen ergebende Änderungen abgerechnet. In der Regel wird die Umsatzsteuererklärung zusammen mit der Gewinnermittlung und der Einkommensteuererklärung abgegeben.

Gerade bei nebenberuflich ausgeübten selbstständigen Tätigkeiten ist die sogenannte Kleinunternehmerregelung wichtig. Diese besagt, dass derjenige Unternehmer, dessen Umsatz im vergangenen Jahr nicht mehr als 22.000 Euro (2019: 17.500 Euro) betragen hat und im laufenden Jahr 50.000 Euro voraussichtlich nicht übersteigt, keine Umsatzsteuer zu zahlen hat. Diese Regelung ist vor allem interessant, wenn die Lieferung oder Leistungserbringung direkt an den Endkunden erfolgt, weil diese selbst keinen Vorsteuerabzug haben. Da keine Umsatzsteuer gezahlt werden muss, ist nämlich entweder die Ware um den Umsatzsteuerbetrag günstiger, was die Konkurrenzfähigkeit erhöht, oder der Gewinn ist entsprechend höher. Gleichzeitig ist allerdings der Vorsteuerabzug nicht möglich.

Zu beachten ist bei der Kleinunternehmerregelung, dass in von diesen Unternehmern ausgestellten Rechnungen keine Umsatzsteuer ausgewiesen werden darf. Geschieht dies dennoch, tritt automatisch und für alle getätigten Umsätze des entsprechenden Kalenderjahres Steuerpflicht ein.

Wichtig: Sollten Sie die Kleinunternehmerregelung in Anspruch nehmen, können Situationen eintreten, in denen Sie dennoch verpflichtet sind, Umsatzsteuer an das Finanzamt abzuführen. Beispielsweise, wenn Sie Leistungen einkaufen, die dem sogenannten Reverse-Charge-Verfahren unterliegen. Das Reverse-Charge-Verfahren bedeutet, dass der Leistungsempfänger die Umsatzsteuer schuldet (und an das Finanzamt abführen muss). Bei einem Unternehmer, der die Kleinunternehmerregelung nicht in Anspruch nimmt, ist dies ein Nullsummenspiel, da er die Umsatzsteuer schuldet und an das Finanzamt abführen muss, aber da er zum Vorsteuerabzug berechtigt ist, die Umsatzsteuer in gleicher Höhe als Vorsteuer abziehen darf. Nehmen Sie die Kleinunternehmerregelung in Anspruch, sind Sie aber gerade nicht zum Vorsteuerabzug berechtigt. Das bedeutet, Sie müssen die Umsatzsteuer an das Finanzamt abführen, dürfen aber keine Vorsteuer geltend machen. Ein Fall, bei dem das Reverse-Charge-Verfahren Anwendung findet, ist beim Kauf von sonstigen Leistungen (Dienstleistungen) aus dem Ausland. Beispiele hierfür aus der Praxis sind Social-Media-Werbung (z. B. Facebook-Ads, Google-Ads) oder aber andere digitale Dienstleistungen, wie bei Anbietern von Homepage-Baukästen, Webshop-Systemen usw. (z. B. Shopyfy, Wix, Fiverr, Adobe, Artlist).

Praxis-Tipp:

Die Umsatzsteuer ist eine der kompliziertesten Steuerarten. Die Ausführungen hierzu können nur einer Sensibilisierung für das Thema dienen und einen grundsätzlichen Überblick bieten. Sollten Sie von der Problematik betroffen sein, sind weiterführende Literatur und der Rat des Profis wichtig, um unnötige Fehler zu vermeiden.

5.

Einkünfte aus Vermietung und Verpachtung

Grundsätzliches 142

Werbungskosten 142

Abschreibungen 143

Die neue Sonderabschreibung nach § 7b EStG 144

Abzugsfähigkeit von Finanzierungskosten 146

Erhaltungsaufwendungen 147

Vermietung an nahe Angehörige 149

Beispiel einer Einnahmenüberschussrechnung 149

Grundsätzliches

Einkünfte aus der Vermietung von Gebäuden, Gebäudeteilen und Grundstücken unterliegen im Rahmen der Einkunftsart Vermietung und Verpachtung (V+V) der Einkommensteuer. Die Einkünfte werden durch den Überschuss der Einnahmen über die Werbungskosten ermittelt. Übersteigen die Werbungskosten die Mieteinnahmen, wie es insbesondere wegen Fremdfinanzierung des Mietobjekts (Finanzierungskosten) oder hoher Reparaturaufwendungen (Erhaltungsaufwand) häufig der Fall ist, mindern die Verluste aus der Vermietung die Gewinne oder Einnahmenüberschüsse aus anderen Einkunftsarten und senken folglich die Steuerlast.

Zu den einkommensteuerpflichtigen Einnahmen aus Vermietung und Verpachtung zählen außer den vereinbarten Miet- und Pachtzinsen – einschließlich der Umlagen für Neben- und Betriebskosten – grundsätzlich alle Vergütungen, die als Entgelte für die Gebrauchsüberlassung beispielsweise einer Wohnung oder eines Grundstücks geleistet werden. Es kommt weder auf die Bezeichnung der Vergütungen noch darauf an, ob sie einmalig oder laufend zufließen. Entscheidend ist, dass die Einnahmen durch die Vermietungs- oder Verpachtungstätigkeit veranlasst sind. Das gilt unter anderem auch für die Vereinnahmung öffentlicher Zuschüsse wegen Hinnahme von Belegungs- und Mietpreisbindungen.

Werbungskosten

Werbungskosten sind alle Aufwendungen, bei denen objektiv ein wirtschaftlicher Zusammenhang mit der Vermietung und Verpachtung besteht und die subjektiv zur Förderung der Nutzungsüberlassung gemacht werden.

Sie können Werbungskosten selbst dann geltend machen, wenn noch oder vorübergehend keine Einnahmen aus dem Gebäude erzielt werden, etwa weil das Mietobjekt erst noch errichtet wird oder eine Weile leer steht. Allerdings muss die anhaltende Vermietungsabsicht nachgewiesen werden, beispielsweise durch Anzeigen zur Mietersuche. Werbungskosten kommen auch nachträglich in Betracht, wenn keine

Einnahmen mehr fließen, zum Beispiel wenn das Mietshaus verkauft wird und die für dessen früheren Erwerb aufgenommenen Kredite vom Erlös nicht völlig getilgt werden können.

Werbungskosten bei Vermietung und Verpachtung sind im Einzelnen:

- Abschreibung von Herstellungs- und Anschaffungskosten
- Finanzierungskosten (Damnum/Disagio, Grundschuldeintragung, Schuldzinsen); hierzu zählen auch die Abschlussgebühren für einen Bausparvertrag, wenn das Bauspardarlehen der Finanzierung der vermieteten Immobilie dient
- Erhaltungsaufwendungen: größere Erhaltungsaufwendungen können, wenn sie bis einschließlich 1998 bzw. ab dem 01.01.2004 entstanden sind, entweder im Jahr der Zahlung voll angesetzt werden oder aber auf zwei bis fünf Jahre verteilt werden
- Nebenkosten (Versicherungen, Steuern, Beiträge, Energiekosten, etc.)
- Verwaltungskosten (Hausmeister, Hausverwaltung, aber auch Gebühren für Schornsteinfeger oder Müllabfuhrt und Grundsteuer)
- sonstige Aufwendungen (z. B. Fahrtkosten, Telefon, Porto, Mehraufwendungen für Verpflegung)

Abschreibungen

Wie aus der Aufzählung ersichtlich, zählen auch die Abschreibungen zu den Werbungskosten, die von den Anschaffungs- und Herstellungskosten des vermieteten Gebäudes oder der Eigentumswohnung vorzunehmen sind.

Abschreibungen bzw. Absetzungen für Abnutzung (AfA) sind von den Herstellungs- oder Anschaffungskosten vorzunehmen, die auf den Gebäudeteil einschließlich des Gemeinschaftseigentums entfallen. Nur dabei handelt es sich um ein abnutzbares Wirtschaftsgut. Auf den Anteil am Grund und Boden sind keine Abschreibungen zulässig, da das Grundstück selbst nicht abnutzbar ist. Daher muss im Fall der Anschaffung der Wohnung der Kaufpreis auf den Gebäudeanteil und den Grund- und Bodenanteil aufgeteilt werden. Diese Aufteilung ist nach ständiger Rechtsprechung entsprechend den Verkehrswerten vorzunehmen.

Die Abschreibung beträgt grundsätzlich linear 2 Prozent jährlich. Wurde das Gebäude vor 1925 errichtet, beträgt die Abschreibung 2,5 Prozent. Handelt es sich um einen Bau, für den der Bauantrag nach dem 31.12.2003 und vor dem 01.01.2006 gestellt wurde bzw. der Kaufvertrag nach dem 31.12.2003 und vor dem 01.01.2006 abgeschlossen wurde, findet statt der linearen die degressive Abschreibung Anwendung: Im Jahr der Fertigstellung und den folgenden neun Jahren können 4 Prozent, danach acht Jahre lang 2,5 Prozent und anschließend 32 Jahre lang 1,25 Prozent abgeschrieben werden.

Beispiel:

Hauptfeldwebel Hoff erwirbt ein Reihenhaus, welches er vermieten möchte. Der Kaufpreis beträgt 180.000 EUR, wovon 36.000 EUR, also 20 %, auf den Grund und Boden entfallen. Neben dem Kaufpreis fallen an Erwerbsnebenkosten an: 6.264 EUR Maklercourtage, 1.500 EUR Notar- und Grundbuchkosten sowie 5 %, also 9.000 EUR, an Grunderwerbsteuer. Von den Nebenkosten von in der Summe 16.764 EUR entfallen 20 % auf den Grund und Boden sowie 80 % auf das Gebäude. Die Bemessungsgrundlage für die Abschreibung beträgt folglich 180.000 EUR ./. 36.000 EUR (Grund und Boden) + 13.412 EUR (= 80 % × 16.764 EUR) = 157.412 EUR.
Die Abschreibung von 2 % beträgt daher hier 3.148 EUR.

Die neue Sonderabschreibung nach § 7b EStG

Schon seit geraumer Zeit ist in den Medien zu hören, dass die Regierung bezahlbaren Wohnraum schaffen bzw. fördern möchte. Das hat sie nun getan. Am 08.08.2019 wurde das „Gesetz zur steuerlichen Förderung des Mietwohnungsneubaus“ verkündet (BGBl. I 2019, Seite 1122).

Für Sie bedeutet das, Sie können nun über einen Zeitraum von vier Jahren zusätzlich zur regulären Abschreibung einer vermieteten Immobilie (in der Regel 2 Prozent pro Jahr, s. o.) eine Sonderabschreibung von bis zu 5 Prozent pro Jahr geltend machen. So können Sie innerhalb der ersten vier Jahre nach Anschaffung oder Herstellung Ihrer Mietimmobilie insgesamt bis zu 28 Prozent der Anschaffungs-/Herstellungskosten steuermindernd geltend machen.

Diese Möglichkeit ist an folgende Voraussetzungen gebunden:

- Es muss sich um die Schaffung von neuem Wohnraum handeln. Das ist bei einem reinen Neubau der Fall, aber auch wenn Sie beispielsweise ein nicht bewohnbares Dachgeschoss so aus- oder umbauen, dass dort neuer Wohnraum entsteht.
- Die Wohnung muss sich in einem Mitgliedstaat der Europäischen Union befinden. Liegt die Wohnung außerhalb Deutschlands, kann die Sonderabschreibung nur beansprucht werden, wenn die Mieteinkünfte in Deutschland besteuert werden.
- Der Bauantrag muss nach dem 31.08.2018 und vor dem 01.01.2022 gestellt worden sein. Ist eine Baugenehmigung nicht erforderlich, muss die Bauanzeige in diesem Zeitraum getätigt worden sein.
- Die Anschaffungs-/Herstellungskosten dürfen nicht mehr als 3.000 Euro pro Quadratmeter Wohnfläche betragen.
- Die Sonderabschreibung kann letztmalig im Jahr 2026 beansprucht werden, auch wenn der vierjährige Sonderabschreibungszeitraum noch nicht abgelaufen ist.
- Die Wohnung muss in den zehn Jahren nach Anschaffung bzw. Herstellung vermietet werden. Mit Vermietung ist gemeint, dass Sie für diese Wohnung Einkünfte aus Vermietung und Verpachtung in Ihrer Steuererklärung erzielen. Eine vorübergehende Beherbergung von Personen gilt nicht als Vermietung.
- Die Sonderabschreibung darf maximal 2.000 Euro je Quadratmeter Wohnfläche betragen.

Unter folgenden Bedingungen muss die in Anspruch genommene Sonderabschreibung rückgängig gemacht werden:

Wenn Sie

- die Wohnung innerhalb der ersten zehn Jahre nach Anschaffung/Herstellung nicht mehr zu Wohnzwecken vermieten oder
- innerhalb der drei Kalenderjahre nach dem Jahr der Anschaffung/Herstellung noch nachträgliche Anschaffungs- oder Herstellungskosten in einem Umfang haben, dass die oben genannte 3.000-Euro-Grenze überschritten wird (z. B. durch Renovierung, nachträglichen Einbau von Fenstern) oder

- die Immobilie veräußern, ohne dass der Veräußerungsgewinn der Einkommensteuer unterliegt (das wäre beispielsweise der Fall, wenn Sie privat eine Immobilie bereits seit 20 Jahren besitzen, das ungenutzte Dachgeschoss im Jahr 2020 ausgebaut haben und die gesamte Immobilie im Jahr 2022 veräußern).

Abzugsfähigkeit von Finanzierungskosten

Grundsätzlich kann im Fall einer gemischt genutzten Immobilie, die sowohl eigenen Wohnzwecken dient als auch vermietet wird, nur derjenige Anteil an den Schuldzinsen als Werbungskosten geltend gemacht werden, der entsprechend der Nutzflächenaufteilung auf den vermieteten Anteil entfällt.

> ***Praxis-Tipp:***
>
> *Aus diesem Grund sollte die Finanzierung so gestaltet werden, dass zunächst sämtliche Eigenmittel ausschließlich für den eigen genutzten Gebäudeteil verwendet werden. Die Darlehensfinanzierung ist so zu gestalten, dass zwei Darlehen aufgenommen werden. Ein Darlehen dient der Finanzierung des Restbetrags für den eigen genutzten Teil, das zweite Darlehen für die Finanzierung des vermieteten Anteils.*

Wenn beim Neubau eines Einfamilienhauses eine Einliegerwohnung zum Vermieten integriert wird, sind sowohl die Herstellungskosten des Gebäudes für die Abschreibung als auch die nicht direkt zuordenbaren Nebenkosten nach dem Verhältnis der Nutzflächen anteilig aufzuteilen. Die Nutzfläche ergibt sich aus der Nutzflächenberechnung des Architekten.

Beispiel:

Herstellungskosten des Gebäudes: 200.000 EUR, davon 25 % für den vermieteten Teil, Eigenmittel 50.000 EUR
Finanzierung: Eigenmittel 50.000 EUR plus 100.000 EUR Darlehen für den eigen genutzten Teil; 50.000 EUR Darlehen für den vermieteten Gebäudeteil

> ***Praxis-Tipp:***
>
> *Bei der Auszahlung der Darlehen ist darauf zu achten, dass das Darlehen für den vermieteten Teil auf ein gesondertes Baukonto fließt und von dort die anteiligen Kosten beglichen werden.*
>
> *Weiterhin sollte bei der Gestaltung in einem weiteren Schritt die Tilgungsvereinbarung mit der Bank so getroffen werden, dass zunächst nur der selbst genutzte Teil getilgt wird, da die hierfür anfallenden Zinsen nicht abzugsfähig sind. Erst nach Tilgung dieses Darlehens sollte dann das Darlehen für den vermieteten Teil getilgt werden. Über die Laufzeit ergeben sich somit erhebliche Steuerersparnisse.*

Werden Teile einer selbst genutzten Eigentumswohnung oder eines selbst genutzten Hauses vorübergehend vermietet und bleiben die Einnahmen hieraus unter 520 Euro, kann auf Antrag von der Besteuerung der Einkünfte abgesehen werden. Das Gleiche gilt entsprechend bei einer vorübergehenden Untervermietung von Teilen einer angemieteten Wohnung, die im Übrigen selbst genutzt wird.

Erhaltungsaufwendungen

Ein besonderes Thema im Rahmen der Einkünfte aus Vermietung und Verpachtung sind die Erhaltungsaufwendungen. Darunter sind jene Aufwendungen zu verstehen, die für die laufende Instandhaltung und Instandsetzung, insbesondere Reparatur, Wartung und Pflege, anfallen.

Grundsätzlich sind diese Kosten im Jahr der Verausgabung als Werbungskosten abzugsfähig. Für größere Erhaltungsaufwendungen besteht ein Wahlrecht. Wie bereits angesprochen, können sie entweder im Jahr der Verausgabung voll angesetzt werden oder aber auf zwei bis fünf Jahre gleichmäßig verteilt werden, wenn sie bis einschließlich 1998 bzw. ab dem 01.01.2004 entstanden sind. So haben Sie die Möglichkeit, die Werbungskosten so zu verteilen, dass ein größtmöglicher Steuerspareffekt erzielt wird.

Von den Erhaltungsaufwendungen abzugrenzen sind die sogenannten nachträglichen Anschaffungs- und Herstellungskosten, welche bei einem bereits fertiggestellten Gebäude anfallen, wenn es erweitert oder wesentlich verbessert wird. Das ist beispielsweise der Fall bei Aufstockung eines Gebäudes, bei Errichtung eines Anbaus oder bei Vergrößerung der nutzbaren Fläche des Gebäudes wie einem Dachgeschossausbau, durch den zusätzliche Wohnfläche entsteht. In einem solchen Fall erhöhen die Aufwendungen hierfür die Bemessungsgrundlage für die Abschreibung. Die Kosten sind also nicht sofort als Werbungskosten abzugsfähig.

Das Gleiche gilt für Erhaltungsaufwendungen, welche zu einer wesentlichen Verbesserung des Gebäudes und somit des Gebrauchswerts führen. Eine deutliche Gebrauchserhöhung wird angenommen, wenn

- sich der Wohnstandard des Gebäudes maßgeblich steigert, sodass eine andere Wohnungskategorie erreicht wird. Dabei unterscheidet der BFH drei Stufen der Ausstattung: Von einer sehr einfachen Ausstattung über eine mittlere zu einer sehr anspruchsvollen Ausstattung. Abgestellt wird vor allem auf die wesentliche Verbesserung der Heizungs-, Sanitär- sowie Elektroinstallationen und der Fenster (z. B. Isolier- statt Einfachverglasung). Sind mindestens drei der genannten Bereiche betroffen, geht der BFH typisierend von Herstellungsaufwand aus. Dieser Abgrenzung kann nicht durch Verlagerung der wesentlichen Maßnahmen über mehrere Jahre hinaus ausgewichen werden, weil die „Sanierung in Raten" ebenso beurteilt wird wie in einem Zuge durchgeführte Modernisierungen.
- die tatsächliche Gesamtnutzungsdauer deutlich verlängert wird, zum Beispiel bei über die Reparatur hinausgehenden Maßnahmen an tragenden Wänden, Decken oder Fundament.
- die erzielbare Miete deutlich gesteigert wird. Dabei sind jedoch Mietsteigerungen, die lediglich auf zeitgemäßen bestanderhaltenden Neuerungen beruhen, nicht in die Beurteilung einzubeziehen.

Weiterhin ist immer dann von Anschaffungs- und Herstellungskosten und nicht von Erhaltungsaufwendungen auszugehen, wenn die innerhalb von drei Jahren nach Kauf eines Gebäudes anfallenden Erhaltungsaufwendungen netto mehr als 15 Prozent der Anschaffungskosten des Gebäudes betragen. Allerdings sind Erhaltungsaufwendungen, die üblicherweise jährlich anfallen, nicht in die Berechnung einzubeziehen.

Vermietung an nahe Angehörige

Auch die Vermietung einer Wohnung an einen nahen Angehörigen wird grundsätzlich steuerlich anerkannt. So ist es nicht unüblich, dass die Eltern eine Wohnung am Arbeits- oder Studienort des Kindes erwerben und diese an das Kind vermieten. Damit die Vermietung anerkannt wird, ist es jedoch wichtig, dass ein wirksamer Mietvertrag vorliegt, der so auch tatsächlich durchgeführt wird. Die Vermietung muss folglich wie zwischen fremden Dritten erfolgen. Sollte die Wohnung verbilligt überlassen werden, was grundsätzlich nicht schädlich ist, darf die Miete nicht weniger als 66 Prozent der ortsüblichen Miete betragen. Ansonsten erfolgt eine anteilige Kürzung der Werbungskosten.

Sie sehen, dass die Vermietung an einen nahen Angehörigen erhebliches Gestaltungspotenzial in sich birgt. Wenn Sie diese so gestalten, dass die Einnahmen möglichst niedrig sind, ohne dass die Werbungskosten gekürzt werden, erhöhen Sie gleichzeitig den Verlust aus der Vermietung, was zu Steuerersparnissen führt.

Beispiel einer Einnahmenüberschussrechnung

Die Ermittlung des Überschusses der Einnahmen über die Werbungskosten könnte am Beispiel des Hauptfeldwebels Hoff wie folgt aussehen:

Einnahmen	
Einnahmen aus Vermietung 12 × 700 EUR	8.400 EUR
Einnahmen aus Nebenkosten 12 × 100 EUR	1.200 EUR
Summe der Einnahmen	**9.600 EUR**
Werbungskosten	
Abschreibung 2 %	3.148 EUR
Schuldzinsen aus Darlehensfinanzierung	6.500 EUR
Instandhaltungen	630 EUR
Nebenkosten (Steuern, Wasser, Versicherungen, Strom, Heizkosten, Verwalter etc.)	1.300 EUR

Fahrtkosten (800 km × 0,30 EUR)	240 EUR
Telefon, Porto etc. pauschal	120 EUR
Summe der Werbungskosten	**11.938 EUR**
Verlust	**– 2.338 EUR**

Diese Einnahmenüberschussrechnung dient lediglich der Verdeutlichung des Schemas. Bitte verwechseln Sie dies nicht mit der Anlage EÜR, die seit 2017 auch für Kleinunternehmer verbindlich elektronisch an die Finanzverwaltung übermittelt werden muss. Sollten Sie Einkünfte aus Vermietung und Verpachtung haben, geben Sie diese in der Anlage V an.

6.

Einkünfte aus Kapitalvermögen und Spekulationsgewinnen

Grundsätzliches 152
So funktioniert die Abgeltungsteuer 152
Ermittlung der Einkünfte aus Kapitalvermögen 152
Berechnung der Abgeltungsteuer 155
Kapitallebensversicherung 157
Kirchensteuer 157

Grundsätzliches

Der Begriff „Einkünfte aus Kapitalvermögen“ ist im Einkommensteuergesetz nicht näher definiert, sondern lediglich durch eine beispielhafte Aufzählung in § 20 EStG abgegrenzt. Gemeinsames Merkmal all dieser Einnahmen ist, dass sie eine Gegenleistung für die Nutzungsüberlassung von zum Privatvermögen gehörendem Kapital an Dritte darstellen. Exemplarisch hierfür sind zu nennen:

- Zinsen aus Sparguthaben (auch Bausparguthaben)
- Gewinnanteile (Dividenden aus Aktienbeteiligungen und Fondsanteilen)
- Erträge aus festverzinslichen Wertpapieren
- Zinsanteile aus Lebensversicherungen
- Genussrechte
- Erträge aus typisch stillen Beteiligungen und partiarischen Darlehen
- Erträge aus sonstigen Kapitalforderungen
- Gewinne aus der Veräußerung von Aktien

So funktioniert die Abgeltungsteuer

Einkünfte aus Kapitalvermögen werden seit dem Jahr 2009 nach der Methodik der Abgeltungsteuer besteuert. Bei der Abgeltungsteuer handelt es sich nicht um eine Steuerart, sondern um einen besonderen Steuertarif in Höhe von 25 Prozent, der grundsätzlich unabhängig vom übrigen Einkommen auf die Einkünfte aus Kapitalvermögen angewandt wird. Einbehalten wird die Steuer bei der Bank, welche diese an das zuständige Finanzamt abführt. Das gilt auch für Erträge aus Kapitalanlagen im Ausland, wobei bereits im Ausland gezahlte Steuern von der Bank angerechnet werden. Insofern schützt die Geldanlage im Ausland grundsätzlich nicht vor der deutschen Steuer.

Ermittlung der Einkünfte aus Kapitalvermögen

Bei den Zinseinnahmen dürfen über den Sparer-Pauschbetrag (801 Euro für Ledige/1.602 Euro für Zusammenveranlagte) hinausgehende Werbungskosten nicht mehr abgezogen werden, was in besonderen Fällen zu abstrusen steuerlichen Ergebnissen führen kann. Dadurch kann es eventuell ratsam sein, von dem im Folgenden beschriebenen Wahlrecht Gebrauch zu machen. Da die Abgeltungsteuer grundsätzlich die Steuer auf die jeweiligen Erträge leistet und somit „abgegolten" ist, muss in der Regel keine Erklärung der Einkünfte erfolgen, was auf den ersten Blick von Vorteil ist.

Es kann vorkommen, dass Ihr persönlicher Steuersatz unter dem Satz der Abgeltungsteuer von 25 Prozent liegt. Um in diesem Fall durch die Abgeltungsteuer nicht schlechter gestellt zu werden, können die Einkünfte wie bisher erklärt werden und auf Antrag die Besteuerung nach dem nachfolgenden Schema durchgeführt werden:

Ermittlung der Einkünfte aus Kapitalvermögen	
	Einnahmen aus Kapitalvermögen
./.	Sparer-Pauschbetrag (801 EUR/1.602 EUR) **oder** höhere tatsächliche Werbungskosten
=	**Einkünfte aus Kapitalvermögen**

Nunmehr wird der individuelle Steuersatz auf die Einkünfte angewandt und die bereits von der Bank einbehaltene Abgeltungsteuer wie eine Vorauszahlung gegengerechnet, was regelmäßig zu Erstattungen führt, wenn der individuelle Steuersatz unter 25 Prozent liegt. Als Werbungskosten kommen hier grundsätzlich alle abziehbaren Kosten in Betracht, die mit der Erzielung der Einnahmen im Zusammenhang stehen.

Das können beispielsweise sein:

- Fahrtkosten zur Bank
- Telefonkosten
- Schreibauslagen
- Darlehenszinsen für Kredite zur Anschaffung von Wertpapieren oder sonstigen Kapitalbeteiligungen
- Abschlussgebühren für einen Bausparvertrag, wenn der Abschluss des Vertrags in keinem wirtschaftlichen und zeitlichen Zusammen-

hang mit der Verwirklichung eines Bauvorhabens steht und wenn auf Dauer ein Überschuss der Zinsgutschriften erwartet werden kann

- Kontoführungsgebühren
- Depotgebühren

> **_Praxis-Tipp:_**
>
> *Einnahmen aus Kapitalvermögen sind zu versteuern, wenn sie bei Ledigen den Betrag von 801 Euro und bei zusammen veranlagten Ehegatten bzw. Lebenspartnern 1.602 Euro übersteigen.*

Grundsätzlich sind die Bankinstitute, die Zinsen auszahlen, verpflichtet, 25 Prozent an Zinsabschlag (= Abgeltungsteuer) sowie hierauf Solidaritätszuschlag in Höhe von 5,5 Prozent und Kirchensteuer je nach Bundesland in Höhe von 8 Prozent oder 9 Prozent einzubehalten und an das Finanzamt abzuführen. Für Kapitalerträge bis zur Höhe von 801 Euro bei Ledigen und 1.602 Euro bei zusammenveranlagten Ehegatten kann dies durch die Erteilung von Freistellungsaufträgen an die Bank vermieden werden. Sprechen Sie hierzu mit Ihrem Bankberater. Sie erhalten von der Bank das entsprechende auszufüllende Formular.

> **_Praxis-Tipp:_**
>
> *Die Höhe der insgesamt erteilten Freistellungsaufträge darf die Beträge von 801 Euro/1.602 Euro nicht übersteigen, sonst kann es zur falschen Einbehaltung von Kapitalertragsteuer kommen. Noch unangenehmer sind die aufgrund der Kontrollmöglichkeiten des Bundeszentralamts für Steuern durchgeführten zusätzlichen Ermittlungen. Durch entsprechende Sorgfalt lässt sich dies leicht vermeiden.*

Sollte in Ihrem Fall durch die Nichterteilung von Freistellungsaufträgen oder bei Überschreiten der Freibeträge Kapitalertragsteuer einbehalten worden oder Ihr persönlicher Steuersatz niedriger als 25 Prozent sein, sind die einbehaltenen Beträge nicht verloren. Vielmehr sind diese als zusätzliche Steuervorauszahlungen anzusehen und werden im Rahmen der Einkommensteuerveranlagung angerechnet. Damit eine Anrechnung erfolgen kann, muss eine Steuerbescheinigung zusammen mit der Einkommensteuererklärung vorgelegt werden. Diese wird normalerweise mit der Jahresbescheinigung vom entsprechenden Anlageinstitut ausgestellt. Die Vorlage der Jahresbescheinigung alleine reicht nicht aus. Aus den Jahresbescheinigungen und den Steuerbescheinigungen ist zu entnehmen, um welche Erträge es sich handelt und an welcher Stelle sie in das Formular (Anlage KAP) einzutragen sind.

Berechnung der Abgeltungsteuer

Beachten Sie, dass eine Verrechnung der Verluste aus Kapitalvermögen mit positiven Einkünften aus anderen Einkunftsarten leider nicht möglich ist.

Abgeltungsteuer für Zinsen

Die Berechnung der Abgeltungsteuer für Zinsen erfolgt nach folgendem Muster:

Berechnung der Abgeltungsteuer für Zinsen	
	Einnahmen aus Kapitalvermögen (z. B. Zinsen oder Dividenden)
./.	Verluste aus Kapitalvermögen
./.	Sparer-Pauschbetrag (801 EUR bei Ledigen/1.602 EUR bei Verheirateten)
=	**Einkünfte aus Kapitalvermögen**
×	25 % Abgeltungsteuer
./.	evtl. zu berücksichtigende ausländische Steuern
+	Solidaritätszuschlag (5,5 % auf die Abgeltungsteuer)
+	evtl. zu berechnende Kirchensteuer (je nach Bundesland 8 % oder 9 % der Abgeltungsteuer)
=	**Steuerbelastung**

Abgeltungsteuer bei Veräußerung von Wertpapieren

Gewinne aus dem Verkauf von Wertpapieren (Aktien, Zinsscheine etc.) unterliegen als Einkünfte aus Kapitalvermögen ebenfalls der Abgeltungsteuer. Das gilt jedoch nur für solche Wertpapiere, die seit 2009 gekauft wurden.

Fand der Erwerb vor 2009 statt, können diese weiterhin steuerfrei veräußert werden. Konnten vor 2009 Verluste aus dem An- und Verkauf von Wertpapieren außerhalb der Spekulationsfrist von einem Jahr nicht mehr geltend gemacht werden, ist dies nun konsequenterweise anders. Da auf der einen Seite die Gewinne besteuert werden, können auf der anderen Seite die Verluste mit diesen verrechnet werden.

Dabei ist zu beachten, dass Gewinne aus der Veräußerung von Aktien auch nur mit Verlusten aus dem Verkauf von Aktien verrechnet werden können. In einem Jahr nicht ausgeglichene Verluste werden vorgetragen und können mit zukünftigen Gewinnen verrechnet werden.

Bei der Veräußerung von Wertpapieren wird die Steuer wie folgt berechnet:

Berechnung der Abgeltungsteuer bei Veräußerung von Wertpapieren	
	Einnahmen aus dem Verkauf der Wertpapiere
./.	Anschaffungskosten der Wertpapiere
./.	Kosten im Zusammenhang mit dem Verkauf (Provisionen etc.)
./.	nicht ausgeglichene Verluste aus Vorjahren
=	**Einkünfte aus Kapitalvermögen**
×	25 % Abgeltungsteuer
+	Solidaritätszuschlag (5,5 % auf die Abgeltungsteuer)
+	evtl. zu berechnende Kirchensteuer (je nach Bundesland 8 % oder 9 % der Abgeltungsteuer)
=	**Steuerbelastung**

Es gibt zahlreiche Fälle, bei denen Verlustvorträge aus Wertpapierverkäufen vor 2009 vorhanden sind. Diese „Altverluste“ wurden bis

2013 vorgetragen und in diesem Zeitraum mit etwaigen Gewinnen verrechnet.

Nach 2013 ist eine Verrechnung bei den Einkünften aus Kapitalvermögen nicht mehr möglich. Nicht verbrauchte „Altverluste" können nach 2013 nur noch mit Spekulationsgewinnen verrechnet werden.

Kapitallebensversicherung

Ein aktuelles Thema ist nach wie vor die Besteuerung von Kapitallebensversicherungen. Durch das Alterseinkünftegesetz wurde die Besteuerung von Erträgen aus Kapitallebensversicherungen geändert. Von dieser Neuregelung sind alle Verträge betroffen, die nach dem 31.12.2004 abgeschlossen wurden. Für bis dahin abgeschlossene Verträge gilt hinsichtlich der Versteuerung das alte Recht, und zwar unabhängig davon, in welchem Jahr die Versicherungsleistung zufließt.

Im Grundsatz bedeutet das, dass bei Verträgen, die vor dem 01.01.2005 abgeschlossen wurden, die in der Ablaufleistung enthaltenen Zinsanteile steuerfrei ausgezahlt werden, wenn die Laufzeit des Vertrages mindestens zwölf Jahre betragen hat.

Erträge aus Kapitallebensversicherungen, die nach dem 31.12.2004 abgeschlossen wurden, müssen versteuert werden. Der zu versteuernde Betrag ermittelt sich aus der Differenz zwischen der Ablaufleistung und den gezahlten Beiträgen. Die Erträge müssen grundsätzlich in voller Höhe mit dem persönlichen Steuersatz versteuert werden, die Abgeltungsteuer kommt nicht zur Anwendung. Zinsanteile unterliegen lediglich zur Hälfte mit dem individuellen Steuersatz der Steuerpflicht, wenn die Versicherung nach Vollendung des 60. Lebensjahres und nach Ablauf von zwölf Jahren seit Vertragsabschluss ausgezahlt wird.

Für Rentenversicherungen mit Kapitalwahlrecht gelten entsprechende Regelungen, soweit nicht die Rentenzahlung gewählt wird.

Kirchensteuer

Seit dem 01.01.2015 müssen Sie keinen Antrag mehr auf Einbehalt von Kirchensteuer auf abgeltend besteuerte Kapitalerträge stellen. Der Einbehalt für und die Weiterleitung an die steuererhebende Religionsgemeinschaft erfolgt künftig automatisch, was bedeutet, dass der Steuerpflichtige nichts weiter veranlassen muss, um seinen kirchensteuerrechtlichen Pflichten im Zusammenhang mit der Abgeltungsteuer nachzukommen.

Alle zum Steuerabzug vom Kapitalertrag verpflichteten Stellen, wie Kreditinstitute, Versicherungen, Kapitalgesellschaften oder Genossenschaften, fragen einmal jährlich beim Bundeszentralamt für Steuern die Religionszugehörigkeit aller Kunden, Versicherten oder Anteilseigner ab. Auf Basis der vom Bundeszentralamt bereitgestellten Informationen wird dann die auf die Abgeltungsteuer entfallende Kirchensteuer einbehalten und an das Finanzamt abgeführt.

6

Ist die Person, für die das Kreditinstitut usw. beim Bundeszentralamt anfragt, kein Mitglied einer steuererhebenden Religionsgemeinschaft, meldet das Bundeszentralamt dem Anfragenden einen neutralen „Nullwert“ zurück.

7.

Veräußerungsgeschäfte

Grundsätzliches 160
Verkauf von Grundstücken 160

Grundsätzliches

Die Veräußerung von Gegenständen des Privatvermögens wird grundsätzlich einkommensteuerlich nicht erfasst. Das gilt auch, wenn aus diesen Gegenständen vorher steuerpflichtige Einnahmen bezogen wurden, wie beispielsweise bei vermieteten Immobilien oder Kapitalanlagen.

Neben einigen anderen sehr speziellen Ausnahmen sind jedoch die Fristen für das Vorliegen eines steuerpflichtigen privaten Veräußerungsgeschäftes, nach der alten Begrifflichkeit im allgemeinen Sprachgebrauch als Spekulationsgewinn bezeichnet, zu beachten.

Verkauf von Grundstücken

Bei Grundstücken wird der Verkauf steuerpflichtig, wenn zwischen Anschaffung und Verkauf weniger als zehn Jahre vergangen sind (sog. Spekulationsfrist).

> ***Praxis-Tipp:***
>
> *Haben Sie eine Immobilie geerbt, die Sie verkaufen möchten, ist zur Berechnung der Spekulationsfrist der Zeitraum zwischen der Anschaffung durch den Erblasser und dem durch Sie getätigten Verkauf heranzuziehen. Der Zeitpunkt des Erbes ist unbeachtlich.*

Sollten durch den Verkauf innerhalb der Spekulationsfrist Verluste gemacht worden sein, werden diese zunächst mit Gewinnen des gleichen Kalenderjahres verrechnet. Eine Verrechnung mit anderen Einkunftsarten ist nicht möglich. Sind nach dieser Verrechnung noch Verluste übrig, können diese entweder mit Gewinnen aus privaten Veräußerungsgeschäften des vorangegangenen Jahres oder mit zukünftigen Gewinnen verrechnet werden. Bedingung hierfür ist, dass auch die Verlustgeschäfte im Rahmen der Einkommensteuererklärung angegeben werden und ein diesbezüglicher Bescheid ergeht.

Nicht zu versteuern sind solche Gewinne, welche bei der Veräußerung einer selbst genutzten Immobilie entstehen. Dazu muss diese Immobilie seit Erwerb oder Bau oder aber im Jahr der Veräußerung und in den beiden Jahren davor zu eigenen Wohnzwecken genutzt worden sein.

Sie ermitteln den Gewinn oder Verlust aus privaten Veräußerungsgeschäften, indem Sie vom erzielten Veräußerungspreis die Anschaffungs- und Herstellungskosten abziehen. Weiterhin sind die mit der Veräußerung verbundenen Kosten in Abzug zu bringen.

Wurden in der Vergangenheit Abschreibungen geltend gemacht, wie vor allem bei vermieteten Immobilien üblich, so sind diese in vollem Umfang von den Anschaffungs- oder Herstellungskosten abzuziehen. Damit erhöht sich der Gewinn aus der Veräußerung und die bislang steuermindernd geltend gemachten Abschreibungen werden nachversteuert.

Beispiel:

Hauptmann Müller hat am 01.01.2014 eine Eigentumswohnung erworben, deren Anschaffungskosten 150.000 EUR betragen haben, wovon 25.000 EUR auf den Grund und Boden entfallen. Insgesamt hat er 31.250 EUR an Abschreibungen geltend gemacht. Am 01.06.2021 veräußert er die Wohnung für insgesamt 160.000 EUR, an Veräußerungskosten sind 2.000 EUR angefallen. Da zwischen Kauf und Verkauf weniger als zehn Jahre liegen, ist der Verkauf als privates Veräußerungsgeschäft steuerpflichtig. Der zu versteuernde Gewinn ermittelt sich wie folgt:
160.000 EUR ./. 118.750 EUR (= 150.000 EUR ./. 31.250 EUR) ./. 2.000 EUR = 39.250 EUR

Zu beachten ist, dass Gewinne aus privaten Veräußerungsgeschäften steuerpflichtig sind, sofern sie 599 Euro im Jahr übersteigen. Hierbei handelt es sich um eine Freigrenze und nicht um einen Freibetrag. Dies hat zur Konsequenz, dass ab einem Gewinn von 600 Euro der volle Betrag steuerpflichtig wird.

Es gibt Fälle, in denen es zu einer Veräußerung kommt, ohne dass dies den beteiligten Personen bewusst ist. Gerade bei Vermögensauseinandersetzungen im Rahmen von Scheidungen ist dies denkbar. In einem solchen Fall ist es dringend geboten, vor Abschluss einer entsprechenden Vereinbarung einen Fachmann zu konsultieren, um ein großes Erwachen zu vermeiden.

Beispiel:

Hauptmann Loscheider lebt mit seiner Ehefrau im gesetzlichen Güterstand der Zugewinngemeinschaft. Der Ehemann besitzt seit 2014 eine Eigentumswohnung im Alleineigentum, welche einen Kaufpreis von 100.000 EUR hatte und seitdem vermietet wird. Die Abschreibungen betrugen 15.000 EUR. Die Ehe wird im Jahr 2021 geschieden, der Wert der Wohnung beträgt 110.000 EUR.

Im Rahmen des Ehescheidungsverfahrens wird ein Zugewinnausgleich für die Ehefrau in Höhe von 110.000 EUR festgestellt, welcher durch die Übertragung der Immobilie erfüllt wird.

Folge aus dieser Übertragung ist, dass Hauptmann Loscheider eine private Verbindlichkeit gegenüber seiner geschiedenen Ehefrau durch Übertragung der Wohnung beglichen hat, was einer Veräußerung gleichkommt. Entsprechend dem oben dargestellten Schema zur Gewinnermittlung hat er einen Gewinn in Höhe von 25.000 EUR zu versteuern.

8.

Von der Summe der Einkünfte zum Gesamtbetrag der Einkünfte

Grundsätzliches 164
Altersentlastungsbetrag 164
Entlastungsbetrag für Alleinerziehende 164
Freibetrag für Land- und Forstwirte 166

Grundsätzliches

Nachdem die einzelnen Einkünfte aus den in Kapitel 3 bis 7 dargestellten Einkunftsarten ermittelt wurden, ergibt sich aus deren Addition die Summe der Einkünfte. Ausgehend von der Summe der Einkünfte, wird nun – unter Abzug des Altersentlastungsbetrags, Entlastungsbetrags für Alleinerziehende und des Freibetrags für Land- und Forstwirte – der Gesamtbetrag der Einkünfte ermittelt.

Altersentlastungsbetrag

Der Altersentlastungsbetrag ist ein Steuerfreibetrag und steht Steuerpflichtigen zu, die vor Beginn des Veranlagungszeitraums das 64. Lebensjahr vollendet haben. Seine Höhe bestimmt sich nach dem Kalenderjahr, das der Vollendung des 64. Lebensjahres folgt. Für Steuerpflichtige, die die Voraussetzungen ab dem Veranlagungszeitraum 2021 erfüllen, beträgt er 15,2 Prozent des Arbeitslohns und der positiven Summe derjenigen Einkünfte, die nicht aus nichtselbstständiger Arbeit sind, jedoch höchstens 722 Euro. Bemessungsgrundlage ist also der Bruttoarbeitslohn zuzüglich aller anderen positiven Einkünfte. Der Altersentlastungsbetrag wird bis zum Jahr 2040 für Steuerpflichtige, die die Voraussetzungen jeweils erstmals erfüllen, schrittweise auf 0 Euro abgebaut. Bei Ehegatten steht der Betrag jedem Ehegatten einzeln zu.

> ***Praxis-Tipp:***
>
> *In der Steuererklärung sind zum Altersentlastungsbetrag keine Angaben zu machen, da sie von Amts wegen berücksichtigt werden.*

Entlastungsbetrag für Alleinerziehende

Der Entlastungsbetrag für Alleinerziehende beträgt derzeit 1.908 Euro für das erste Kind plus 240 Euro für jedes weitere Kind. Liegen die Voraussetzungen für die Gewährung nicht während des gesamten Jahres vor, so wird der Betrag nur anteilig nach Monaten gewährt (159 Euro pro Monat bei einem Kind). Im Rahmen der Corona-Pandemie wurde der Entlastungsbetrag für Alleinerziehende für die Jahre 2020 und 2021 auf 4.008 Euro für das erste Kind erhöht. Der Erhöhungsbetrag von 240 Euro für jedes weitere Kind ist gleich geblieben. Der Entlastungsbetrag kann von Personen geltend gemacht werden, die

- alleinstehend sind und
- zu deren Haushalt mindestens ein Kind gehört, für das Kindergeld bezogen wird oder dem ein Kinderfreibetrag zusteht.

Als alleinstehend gilt, wer die Voraussetzungen für die Zusammenveranlagung nicht erfüllt (keine Anwendung der Splittingtabelle) oder verwitwet ist und keine Haushaltsgemeinschaft mit einer anderen volljährigen Person bildet. Eine Haushaltsgemeinschaft wird angenommen, wenn eine Person mit Haupt- oder Nebenwohnsitz in der Wohnung einer anderen Person gemeldet ist. Die Annahme einer Haushaltsgemeinschaft ist jedoch widerlegbar, es sei denn, es handelt sich um eine eheähnliche Lebensgemeinschaft. Das Zusammenleben mit einer volljährigen Person ist von vornherein unschädlich, wenn

- es sich um Kinder handelt, für die Ihnen Kindergeld oder der Kinderfreibetrag zusteht,
- es sich um eigene Kinder handelt, die berücksichtigungsfähigen Freiwilligendienst leisten (z. B. Bundesfreiwilligendienst, Freiwilliges Soziales Jahr).

Die Haushaltszugehörigkeit des Kindes ist anzunehmen, wenn es in der Wohnung der alleinstehenden Person gemeldet ist. Ist das Kind bei mehreren Steuerpflichtigen gemeldet, steht der Entlastungsbetrag derjenigen Person zu, welche die Voraussetzungen zur Auszahlung des Kindergeldes erfüllt oder erfüllen würde. Der Entlastungsbetrag wird somit nur einmal gewährt.

Beispiel:

Major Ziller ist verwitwet und lebt mit seinen beiden 14 und 16 Jahre alten Söhnen sowie seinem pensionierten Vater in einer Wohnung. Für die beiden Söhne erhält er Kindergeld. Da Major Ziller eine Haushaltsgemeinschaft mit einer über 18 Jahre alten Person, seinem Vater, bildet, welche die oben genannten „Ausschlusskriterien“ zur Annahme einer

Haushaltsgemeinschaft nicht erfüllt, wird der Entlastungsbetrag nicht gewährt.
Sollte der Vater aus der gemeinsamen Wohnung ausziehen und die Haushaltsgemeinschaft auflösen, würde der Entlastungsbetrag ab dem Monat anteilig berücksichtigt, in welchem der Auszug erfolgt. Bei Auszug im Oktober somit mit 3/12 von 2.148 EUR = 537 EUR.

Im Lohnsteuerabzugsverfahren wird der Entlastungsbetrag für Alleinerziehende berücksichtigt, wenn als Lohnsteuermerkmal die Steuerklasse II Anwendung findet. Der Eintrag erfolgt durch das Finanzamt im Rahmen des Lohnsteuerermäßigungsverfahrens.

Sofern die Voraussetzungen für die Berücksichtigung des Entlastungsbetrags im Laufe des Kalenderjahres wegfallen, ist der Arbeitnehmer, dem die Steuerklasse II bescheinigt worden ist, verpflichtet, die Eintragung der Steuerklasse beim Finanzamt umgehend ändern zu lassen. Sollten nach dem Wegfall der Voraussetzungen für den Entlastungsbetrag, beispielsweise wegen Haushaltsgemeinschaft mit einer anderen volljährigen Person, diese Voraussetzungen im Laufe des Kalenderjahres wieder erfüllt sein, weil die Haushaltsgemeinschaft mit einer anderen volljährigen Person wieder aufgelöst wurde, kann die Steuerklasse II wieder in den ELStAM eingetragen werden. Diese Änderung ist beim Finanzamt zu beantragen.

Freibetrag für Land- und Forstwirte

Sollten Sie Einkünfte aus Land- und Forstwirtschaft beziehen, werden diese nur dann zur Einkommensteuer herangezogen, soweit sie bei ledigen Soldaten im Jahr 900 Euro und bei verheirateten Soldaten 1.800 Euro übersteigen. Bedingung ist allerdings auch, dass die Summe der Einkünfte 30.700 Euro und bei zusammen veranlagten Ehegatten 61.400 Euro nicht übersteigt.

9.

Vom Gesamtbetrag der Einkünfte zum Einkommen

Sonderausgaben 168
Unterhaltsleistungen 169
Versorgungsausgleich 171
Vorsorgeaufwendungen 171
Kinderbetreuungskosten 173
Schulgeld 174
Gezahlte Kirchensteuer 174
Kosten der ersten Berufsausbildung 175
Einzahlungen auf begünstigte Altersvorsorgeverträge 178
Begünstigte Spenden 184
Mitgliedsbeiträge und Spenden an politische Parteien 185
Verlustrücktrag und Verlustvortrag 186
Außergewöhnliche Belastungen 187
Allgemeine außergewöhnliche Belastungen 188
ABC der wichtigsten allgemeinen außergewöhnlichen Belastungen 189
Außergewöhnliche Belastungen in besonderen Fällen 194

Sonderausgaben

Im Anschluss an die – in Kapitel 8 dargestellte – Ermittlung des Gesamtbetrags der Einkünfte erfolgt nun die Ermittlung des Einkommens. Hierfür werden vom Gesamtbetrag der Einkünfte die Sonderausgaben und die außergewöhnlichen Belastungen abgezogen.

> ***Praxis-Tipp:***
>
> *Um sich das System der Einkommensteuer zu vergegenwärtigen, ist es hilfreich, an dieser Stelle die in Kapitel 2 → Die Summe der Einkünfte abgebildete Übersicht noch einmal anzusehen.*

Der Gesetzgeber hat verschiedenste Ausgaben des Bürgers als Sonderausgaben oder „wie Sonderausgaben“ zum Abzug bei der Ermittlung des steuerpflichtigen Einkommens zugelassen. Das beruht auf unterschiedlichen gesetzgeberischen Erwägungen, vor allem sozial-, wirtschafts-, gesellschafts-, bildungs- und kulturpolitischen Überlegungen.

Im Einzelnen kennt das Einkommensteuergesetz die folgenden Sonderausgaben:

- Unterhaltsleistungen
- Versorgungsausgleich
- Altersvorsorgebeiträge
- Beiträge zu begünstigten Versicherungen
- Kinderbetreuungskosten
- gezahlte Kirchensteuer
- Kosten der eigenen Berufsausbildung
- Schulgeld
- Einzahlungen auf begünstigte Altersvorsorgeverträge (Riester-Rente)
- begünstigte Spenden
- Parteispenden
- Verlustrücktrag und Verlustvortrag

- bestimmte Sonderabschreibungen im Zusammenhang mit eigen genutztem Wohneigentum (Denkmalschutz)
- Abzugsbeträge bei schutzwürdigen Kulturgütern

Dabei findet eine Unterscheidung zwischen den beschränkt und den unbeschränkt abzugsfähigen Sonderausgaben statt. Das bedeutet, dass bestimmte Sonderausgaben nur bis zu einem Maximalbetrag abgezogen werden dürfen.

Wichtig: Sonderausgaben darf nur derjenige abziehen, der diese selbst schuldet und entrichtet. Während es unerheblich ist, ob Sie oder Ihr Ehegatte die Beträge leistet, ist der Abzug von beispielsweise Versicherungsbeiträgen, welche Sie für Ihre Kinder zahlen, nicht zulässig.

Praxis-Tipp:

Werden für Unterhaltsleistungen, Renten oder dauernde Lasten, Kirchensteuer, Berufsausbildungskosten, Schulgeld oder Spenden keine höheren Beträge nachgewiesen, erfolgt automatisch der Ansatz des Sonderausgabenpauschbetrags in Höhe von 36 Euro bei Ledigen und 72 Euro bei zusammen veranlagten Ehegatten.

Unterhaltsleistungen

Zahlen Sie Unterhalt an den geschiedenen oder dauernd getrenntlebenden, unbeschränkt einkommensteuerpflichtigen Ehegatten, kann dieser bis zu einem Höchstbetrag von 13.805 Euro als Sonderausgabe abgezogen werden. Der Unterhaltsempfänger muss im Gegenzug die Unterhaltszahlungen als sonstige Einkünfte versteuern.

Darüber hinaus können die Beiträge zur gesetzlichen Krankenversicherung und zur gesetzlichen Pflegeversicherung, die der Steuerpflichtige für die zu unterhaltende Person aufwendet, zusätzlich zum Höchstbetrag abgezogen werden.

Bei privat Versicherten sind diejenigen Beitragsanteile abzugsfähig, die auf Versicherungsleistungen entfallen, die in Art, Umfang und Höhe den Leistungen der gesetzlichen Krankenversicherung vergleichbar sind. Eine Ausnahme davon bildet das Krankentagegeld, das dem Krankengeld der gesetzlichen Krankenversicherung entspricht.

Wichtig: Abzugsfähig sind nur Beiträge zur sogenannten Basisabsicherung. Beitragsanteile für Wahl- oder Sonderleistungen, wie beispielsweise Chefarztbehandlung oder Einbettzimmer sowie Beitragsanteile für das Krankengeld gehören nicht zu den abzugsfähigen Kosten.

Bedingung ist jedoch, dass der Empfänger der Unterhaltsleistungen dem Abzug zustimmt. Er muss den erhaltenen Betrag bis maximal 13.805 Euro im Rahmen des sogenannten Realsplittings als sonstige Einkünfte versteuern.

Praxis-Tipp:

Die Anwendung des Realsplittings ist immer dann interessant, wenn das Einkommen des Leistenden wesentlich höher ist als das des Empfängers. In diesem Fall ist die Steuerersparnis auf der einen Seite höher als die Steuerlast durch die Versteuerung der erhaltenen Unterhaltsleistungen auf der anderen Seite. Bezieht der Empfänger gar kein oder nur geringes eigenes Einkommen und kommt gar nicht in die Steuer, ist das Realsplitting besonders interessant.

Wichtig: Die Abzugsfähigkeit gilt ausschließlich für den Ehegattenunterhalt. Zahlungsverpflichtungen an die Kinder sind nicht begünstigt.

Praxis-Tipp:

Seit dem Veranlagungszeitraum 2015 muss die unterhaltleistende Person in ihrer Steuererklärung die erteilte Identifikationsnummer des Geschiedenen bzw. dauernd getrennt Lebenden, für welchen sie Unterhalt leistet, angeben. Die unterhaltene Person muss unbeschränkt oder beschränkt steuerpflichtig sein. Die ID-Nummer der unterhaltenen Person darf vom Unterhaltsleistenden beim Finanzamt erfragt werden.

Versorgungsausgleich

Seit 2008 können Leistungen aufgrund eines schuldrechtlichen Versorgungsausgleichs als Sonderausgaben berücksichtigt werden, wenn sie beim Empfänger versteuert werden.

Die Höhe des Abzugs wird danach bestimmt, in welchem Umfang die der Leistung zugrunde liegenden Einnahmen der Besteuerung unterliegen. Liegt der Leistung beispielsweise eine nur mit dem Ertragsanteil steuerbare Leibrente zugrunde, mindert sich das zu versteuernde Einkommen nur in Höhe des Ertragsanteils. Soweit die Leistungen in voller Höhe der Besteuerung unterliegen, ist ein Abzug der Leistungen aufgrund eines schuldrechtlichen Versorgungsausgleichs ebenfalls in voller Höhe vorzunehmen.

Vorsorgeaufwendungen

Das Alterseinkünftegesetz führte zum 01.01.2005 zu einer völligen Neuordnung der Behandlung von Altersvorsorgebeiträgen als Sonderausgaben. Hintergrund ist die Einführung einer nachgelagerten Besteuerung in diesem Bereich. Das bedeutet, dass bis zum Jahr 2040 schrittweise die teilweise steuerfreie Auszahlung von Alterseinkünften aufgehoben wird. Gleichzeitig werden die während der Erwerbsphase gezahlten Beiträge stärker steuerfrei gestellt. Das hat zur Folge, dass für Vorsorgeaufwendungen, welche für die Altersvorsorge geleistet werden, andere Regelungen gelten als für die übrigen Vorsorgeaufwendungen.

Sie können Beiträge zu begünstigten, privaten Rentenversicherungen steuerlich geltend machen. Diese werden im Rahmen des sonst für Beiträge zur gesetzlichen Rentenversicherung geltenden Höchstbetrags berücksichtigt. Eine private Rentenversicherung ist begünstigt, wenn sie nicht vor Beendigung des 60. Lebensjahres ausgezahlt wird und weder vererblich, übertragbar, beleihbar noch kapitalisierbar ist.

Des Weiteren sind Krankenversicherungsbeiträge unbeschränkt als Sonderausgaben abzugsfähig, wenn sie dazu bestimmt sind, ein „sozialhilfegleiches Versorgungsniveau“ zu erlangen. Außerdem können

Sie Beiträge zur gesetzlichen Pflegeversicherung (soziale und private Pflegeversicherung) in voller Höhe steuerlich geltend machen.

Steuerpflichtige, die in einer privaten Krankenversicherung versichert sind, können diejenigen Beiträge unbeschränkt als Sonderausgaben abziehen, die nach Art, Umfang und Höhe den gesetzlichen Pflichtleistungen entsprechen. Beiträge für darüber hinausgehende Wahlleistungen (z. B. Chefarztbehandlung oder Einzelzimmer) sind dagegen nicht als Sonderausgaben abzugsfähig. Auch der für einen Krankengeldanspruch gezahlte Beitragsanteil ist nicht abzugsfähig.

Vom Versicherungsnehmer geleistete Beiträge für den mitversicherten, nicht dauernd getrenntlebenden, unbeschränkt einkommensteuerpflichtigen Ehegatten sowie für jedes Kind, für das ein Anspruch auf einen Kinderfreibetrag bzw. Kindergeld besteht, werden ebenfalls als eigene Beiträge des Steuerpflichtigen berücksichtigt.

Beiträge zu Versicherungen gegen Arbeitslosigkeit, zu Erwerbs- und Berufsunfähigkeitsversicherungen, zu Unfall- und Haftpflichtversicherungen, zu Risikoversicherungen, die nur für den Todesfall eine Leistung vorsehen, sowie diejenigen Kranken- und Pflegeversicherungsbeiträge, die nicht unter die oben genannte Basisversorgung fallen, können darüber hinaus im Rahmen gewisser Höchstbeträge berücksichtigt werden – allerdings nur dann, wenn diese durch den Ansatz der Beiträge zur Basisversorgung noch nicht überschritten wurden.

Für Steuerpflichtige, die ganz oder teilweise ohne eigene Aufwendungen einen Anspruch auf vollständige oder teilweise Erstattung oder Übernahme von Krankheitskosten haben bzw. einen Zuschuss zur Krankenversicherung erhalten (z. B. sozialversicherungspflichtig beschäftigte Arbeitnehmer, Beamte, Angehörige von Beihilfeberechtigten und Rentner), beträgt der Höchstbetrag 1.900 Euro. Für Steuerpflichtige, die dieses Merkmal nicht erfüllen (z. B. Selbstständige), erhöht sich der Höchstbetrag auf 2.800 Euro im Kalenderjahr.

Zu beachten ist, dass letztmals für das Steuerjahr 2019 vom Finanzamt automatisch eine Vergleichsrechnung durchgeführt wird, ob das bis zum 31.12.2004 geltende oder das neue Recht günstiger ist. Der jeweilige günstigere Betrag wird dann vom Finanzamt in Ansatz gebracht.

Ab der Steuererklärung für das Jahr 2020 wird nur noch die neue Berechnungsmethode angewendet.

Wichtig ist, dass Sie alle diesbezüglichen Aufwendungen im Formular erfassen.

Kinderbetreuungskosten

Zwei Drittel der Aufwendungen für Dienstleistungen zur Betreuung eines zum Haushalt des Steuerpflichtigen gehörenden Kindes, welches das 14. Lebensjahr noch nicht vollendet hat oder wegen einer vor Vollendung des 25. Lebensjahres eingetretenen körperlichen, geistigen oder seelischen Behinderung außerstande ist, sich selbst zu unterhalten, können bis maximal 4.000 Euro pro Kind als Sonderausgaben abgezogen werden.

Begünstigte Aufwendungen sind Ausgaben für Dienstleistungen zur Betreuung eines Kindes. Hierzu zählen auch Fahrtkostenerstattungen an die Betreuungsperson. Eigene Fahrtkosten können hingegen nicht angesetzt werden.

Gefördert werden sollen nur solche Dienstleistungen, bei denen die behütende oder beaufsichtigende Betreuung, das heißt, die persönliche Fürsorge für das Kind, im Vordergrund steht. Berücksichtigt werden können danach Aufwendungen für:

- die Unterbringung von Kindern in Kindergärten, Kindertagesstätten, Kinderheimen und Kinderkrippen sowie bei Tagesmüttern, Wochenmüttern und in Ganztagespflegestellen
- die Beschäftigung von Kinderpfleger/innen, Erzieher/innen und Kinderschwestern bzw. Kinderpflegern
- die Beschäftigung von Hilfen im Haushalt, wenn sie ein Kind betreuen
- die Beaufsichtigung von Kindern bei der Erledigung der häuslichen Schulaufgaben

Nicht berücksichtigt werden Aufwendungen für:

- die Vermittlung besonderer Fähigkeiten (z. B. Musikunterricht)
- sportliche und andere Freizeitbetätigungen
- Nachhilfeunterricht
- Verpflegung des Kindes

Voraussetzung für den Abzug ist, dass Sie über die Aufwendungen eine Rechnung erhalten haben und die Zahlung auf ein Konto des Erbringers der Leistung erfolgt ist. Barzahlungen sind somit nicht absetzbar.

Schulgeld

Unter der Bedingung, dass Ihr Kind eine staatlich genehmigte oder nach Landesrecht erlaubte Ersatzschule oder eine nach Landesrecht anerkannte allgemeinbildende Ergänzungsschule besucht und Sie für dieses Kind einen Kinderfreibetrag oder Kindergeld erhalten, kann das Schulgeld als Sonderausgabe angesetzt werden. Abzugsfähig sind 30 Prozent des gezahlten Betrags, maximal 5.000 Euro pro Kind und Jahr, wobei im Schulgeld enthaltene Aufwendungen für Betreuung, Beherbergung und Verpflegung insgesamt nicht ansetzbar sind.

Gezahlte Kirchensteuer

Zu den abziehbaren Kirchensteuern zählen die Geldleistungen, die eine steuerberechtigte Religionsgemeinschaft aufgrund gesetzlicher Bestimmungen von ihren Mitgliedern erhebt. Zusätzliche freiwillige Zahlungen an eine Religionsgemeinschaft können nicht unbegrenzt als Sonderausgaben abgezogen werden, sondern allenfalls im Rahmen des begrenzten Spendenabzugs.

Bei der Berechnung der abziehbaren Kirchensteuern sind von den geleisteten Beträgen eines Jahres die im gleichen Jahr erstatteten Beträge abzuziehen.

Beispiel:

Unteroffizier Hoff hat im Jahr 2021 insgesamt 315 EUR an Kirchensteuer im Rahmen des Lohnsteuerabzugs gezahlt. Im Rahmen der Einkommensteuererklärung für das Jahr 2020 wurden ihm im Jahr 2021 37 EUR erstattet.

Für 2021 kann er somit 278 EUR (315 EUR ./. 37 EUR) als Sonderausgaben geltend machen.

Aus dieser Systematik heraus ist es möglich, dass in einem Jahr mehr Kirchensteuer erstattet wird, als im gleichen Jahr gezahlt wurde. Das hat zur Konsequenz, dass der Bescheid des die Erstattung betreffenden Jahres geändert wird, um nicht mehr Kirchensteuer zum Sonderausgabenabzug zuzulassen, wie tatsächlich gezahlt wurde. In diesem Fall trägt das Finanzamt den Erstattungsüberhang seit 2012 nicht mehr in das Jahr zurück, in dem die erstattete Kirchensteuer entrichtet wurde, und ändert den damaligen Steuerbescheid. Vielmehr wird jetzt der Überhang dem Gesamtbetrag der Einkünfte des Erstattungsjahres hinzugerechnet und damit versteuert (§ 10 Abs. 4b EStG).

Kosten der ersten Berufsausbildung

Das Steuerrecht unterscheidet bei Aufwendungen für berufsbezogene Bildungsmaßnahmen zwischen Aufwendungen für den erstmaligen Erwerb von Kenntnissen, die zur Aufnahme eines Berufs befähigen, herkömmlicherweise als Kosten der Lebensführung angesehen werden und im Wege des Sonderausgabenabzugs nur begrenzt mit Höchstbeträgen steuerlich wirksam werden, und beruflich veranlassten Fortbildungskosten, die als Werbungskosten in vollem Umfang steuermindernd berücksichtigt werden können. 9

§ **Erstmalige Berufsausbildung/Erststudium**

Der BFH hielt die Nichtabziehbarkeit der Aufwendungen für eine erstmalige Berufsausbildung/Erststudium als Werbungskosten für verfassungswidrig und hat dies dem Bundesverfassungsgericht zur Entscheidung vorgelegt. Ende 2019 hat aber das Bundesverfassungsgericht das seit 2004 geltende Abzugsverbot bestätigt. Damit bleiben die Kosten der Erstausbildung Privatsache. Die Kosten der Erstausbildung können demnach nur als Sonderausgaben geltend gemacht werden.

Im Gegensatz zu den unbegrenzt als Werbungskosten abzugsfähigen Fortbildungskosten sind Aufwendungen für die erstmalige Berufsausbildung bis zu 6.000 Euro pro Jahr als Sonderausgaben abziehbar.

Eine erste Berufsausbildung kann auch im Rahmen einer sogenannten mehraktigen Ausbildung erfolgen. Für eine mehraktige Ausbildung muss der erste Abschluss integrativer Bestandteil einer Gesamtausbildung sein und in einem engen zeitlichen Zusammenhang erfolgen. Das ist zum Beispiel maßgeblich für den Kindergeldanspruch, denn dieser entfällt seit 2012 nach Abschluss einer ersten Berufsausbildung oder eines Erststudiums, wenn das Berufsziel nicht erst durch einen weiteren Abschluss erreicht wird.

Praxis-Tipp:

Die sogenannte mehraktige Ausbildung kommt grundsätzlich aus dem Kindergeldrecht. Im Steuerrecht ist der Ausbildungsbegriff anders definiert. Hat ein Kind eine Erstausbildung mit einer Mindestdauer von zwölf Monaten abgeschlossen, kann es Aufwendungen für eine Zweitausbildung als Werbungskosten geltend machen und ggf. entstehende Verluste (vorweggenommene Werbungskosten) in künftige Jahre vortragen. Liegt ein enger zeitlicher und sachlicher Zusammenhang zwischen Erst- und Zweitausbildung vor, darf sich dies nicht nachteilig auf die Steuererklärung auswirken. So kann das Vorliegen einer mehraktigen Ausbildung zu vorweggenommenen Werbungskosten führen, obwohl nach Kindergeldrecht, die „erstmalige Berufsausbildung" noch nicht abgeschlossen ist.

Dadurch besteht die Möglichkeit, dass Ihr Kind über die hohen Werbungskosten während der Ausbildung Verluste erzielt, die es im Rahmen des Verlustvortrags geltend machen kann und mit künftigen Einkünften verrechnen darf. Die Ausgaben müssen aber bei Ihrem Kind entstehen, und im Rahmen von Steuererklärungen Ihres Kindes festgestellt werden. Es spricht jedoch grundsätzlich nichts dagegen, dass Ihr Kind die Bücher, Studiengebühren usw. mit dem von Ihnen zur Verfügung gestellten Taschengeld finanziert.

§ **Ausbildungscharakter im Vordergrund**

Der BFH hat in Bezug auf einen Unteroffizier im Rahmen der Prüfung des Kindergeldanspruchs entschieden, dass innerhalb der in einem Beschäftigungsverhältnis stattfindenden Ausbildungsmaßnahmen nicht der Erwerbs-, sondern der Ausbildungscharakter im Vordergrund stehen müsse (vgl. BFH, Urteil vom 22.02.2017, Az. III R 20/15).

Zu den Kosten der Berufsausbildung gehören insbesondere die Kosten der erstmaligen Berufsausbildung sowie des Erststudiums, wenn es sich nicht um Bildungsmaßnahmen im Rahmen eines Ausbildungsdienstverhältnisses handelt. Nicht zu den Berufsausbildungskosten zählen jedoch Aufwendungen für Bildungsmaßnahmen, die auf die Erweiterung der Allgemeinbildung gerichtet sind, zum Beispiel ein Seniorenstudium oder Koch- und Töpferkurse. Aufwendungen im Rahmen einer Umschulungsmaßnahme sind nur dann Sonderausgaben, wenn der betreffende Soldat vorher keine Ausbildung hatte. Wurde eine Ausbildung bereits vorher erfolgreich abgeschlossen, ist die Umschulungsmaßnahme den unbeschränkt abzugsfähigen Werbungskosten zuzuordnen. Zu den allgemein als Ausbildungskosten zugelassenen Aufwendungen zählen solche für:

- den Besuch von Berufs-, Fach- und Hochschulen
- Einschreibe- und Prüfungsgebühren
- Studien-, Seminar-, Tagungs- und Lehrgangsgebühren
- Einzelunterricht
- Lernmaterial
- Arbeitsmittel
- Arbeitszimmer
- Zinsen für ein Ausbildungsdarlehen
- Fahrtkosten
- Übernachtungskosten
- Mehraufwendungen für Verpflegung

Der Höchstbetrag von 6.000 Euro gilt bei der Zusammenveranlagung von Ehegatten für jeden der Ehegatten gesondert. Wird der Höchstbetrag von einem Ehegatten nicht voll ausgeschöpft, ist eine Übertragung auf den anderen Ehegatten nicht möglich.

Wichtig: Das Studium an einer der beiden Universitäten der Bundeswehr erfolgt im Rahmen eines Ausbildungsdienstverhältnisses. Somit sind die hierfür anfallenden Kosten (Lehrmaterial, Fahrten zwischen Wohnung und Arbeitsstätte, etc.) voll abzugsfähige Werbungskosten und keine Sonderausgaben.

Einzahlungen auf begünstigte Altersvorsorgeverträge

Riester-Rente (Anlage AV)

Die sogenannte Riester-Rente beinhaltet keinen reinen Sonderausgabenabzug, sondern stellt vielmehr ein Mischsystem aus Zulagen und Sonderausgabenabzug dar, wobei das für Sie günstigste Ergebnis zum Ansatz kommt. Mit dem Altersvermögensgesetz wurde die Riester-Rente als staatliche Förderung einer privaten Altersvorsorge eingeführt. Förderfähig sind ausschließlich Anlageformen, die im Alter eine lebenslange Rente garantieren und bei denen zu Beginn der Auszahlungsphase mindestens die eingezahlten Beiträge für die Auszahlung zur Verfügung stehen. Die Leistungen aus dem Altersvorsorgevertrag dürfen grundsätzlich nicht vor Vollendung des 60. Lebensjahres erbracht werden und auch nicht verpfändet oder in anderer Weise belastet werden.

Praxis-Tipp:

Informieren Sie sich, falls Sie noch keinen zusätzlichen Altersversorgungsvertrag abgeschlossen haben. Die einzelnen Anbieter bieten Vertragsformen an, welche die gesetzlichen Bedingungen erfüllen. Dies ist insbesondere deswegen wichtig, da die Produkte ein Zertifizierungsverfahren durchlaufen müssen, um als Riester-Rente zugelassen zu werden.

Die staatliche Förderung erfolgt entweder durch eine Zulage oder durch den Abzug der Sparleistung als Sonderausgabe. Hierdurch wird erreicht, dass in der Ansparphase eine finanzielle Entlastung erfolgt, während der Rentenbezug der nachgelagerten Besteuerung unterliegt. In Abhängigkeit von den geleisteten Altersvorsorgebeiträgen, aber einkommensunabhängig, werden eine jährliche Grundzulage und eine Kinderzulage für jedes Kind, für das Kindergeld ausgezahlt wird, in folgender Höhe gezahlt:

Jahr	Grundzulage	Kinderzulage je Kind
2002–2003	38 EUR	46 EUR
2004–2005	76 EUR	92 EUR
2006–2007	114 EUR	138 EUR
2008–2017	154 EUR	185 EUR (300 EUR für Kinder ab Geburtsjahrgang 2008)
seit 2018	175 EUR	185 EUR (300 EUR für Kinder ab Geburtsjahrgang 2008)

Um die volle Kinderzulage zu erhalten, reicht es aus, wenn für das betreffende Kind nur für einen Monat im Veranlagungszeitraum tatsächlich Kindergeld bezogen wurde. Hat der Kindergeldberechtigte keinen Antrag auf Kindergeld gestellt, entfällt auch der Anspruch auf die Kinderzulage. Wird das Kindergeld in einem späteren Jahr nachgezahlt oder aber der Antrag erst in einem späteren Jahr gestellt, wird auch die Kinderzulage für das betreffende Beitragsjahr gewährt. Auf den tatsächlichen Zeitpunkt der Zahlung kommt es folglich nicht an.

Wichtig: Zulageberechtigte, die vor dem ersten Beitragsjahr das 25. Lebensjahr noch nicht vollendet haben, erhalten einmalig den sogenannten Berufseinsteigerbonus in Höhe von 200 Euro.

Beispiel:

Der alleinerziehende Stabsfeldwebel Gruber hat für seine Tochter 2020 nur für den Monat Dezember Anspruch auf Kindergeld, welches im Januar 2021 ausgezahlt wird. Obwohl das Kindergeld erst 2021 zufließt, wird ihm neben der Grundzulage auch die Kinderzulage für 2020 gewährt.

Bei zusammenveranlagten Ehegatten wird die Kinderzulage pro Kind nur einmal gezahlt, und zwar der Mutter. Auf Antrag beider Eheleute kann die Zulage an den Vater gezahlt werden. Um in den Genuss der vollen Grund- und Kinderzulage zu kommen, muss ein Mindesteigenbeitrag zum Altersvorsorgevertrag geleistet werden. Der Mindesteigenbeitrag, der als eigene Sparleistung zuzüglich zur Altersvorsorgezulage zu erbringen ist, bestimmt sich ausschließlich nach den im Vorjahr erhaltenen Besoldungsbezügen und beträgt seit 2008 4 Prozent.

Beispiel:

Oberleutnant Zwetsch ist verheiratet und hat zwei vor 2008 geborene Kinder. Die Besoldungsbezüge 2021 betragen 30.000 EUR. Damit er in den Genuss der vollen Grund- und Kinderzulage kommt (154 EUR + 2 × 185 EUR = 524 EUR), muss er im Jahr 2021 folgende Mindesteigenbeitragsleistungen auf seinen begünstigten Vorsorgevertrag erbringen:

4 % von 30.000 EUR	1.200 EUR
./. Zulage	524 EUR
Mindesteigenbeitrag	**676 EUR**

Der Mindesteigenbeitrag ist der Höhe nach auf einen Maximalbetrag begrenzt. Diese Obergrenze korrespondiert mit dem zusätzlichen Sonderausgabenabzug und beträgt seit 2008 2.100 Euro.

9

Beispiel:

Der ledige Oberstleutnant Görner hat im Jahr 2020 Besoldungsbezüge in Höhe von 62.000 EUR. Der Mindesteigenbeitrag zum Erhalt der Grundzulage 2021 errechnet sich wie folgt:

4 % von 62.000 EUR	2.480 EUR
maximal	2.100 EUR
./. Grundzulage	154 EUR
Mindesteigenbeitrag	**1.946 EUR**

Da gerade bei Besoldungsempfängern mit niedrigem Einkommen und mehreren Kindern der Mindesteigenbeitrag bereits durch die Zulagen erreicht werden kann, verlangt der Gesetzgeber, dass als Minimum ein Sockelbetrag eingezahlt wird, um in den Genuss der vollen Zulagen zu kommen. So wird erreicht, dass wenigstens eine minimale eigene Sparleistung erbracht wird. Der Sockelbetrag beträgt 60 Euro als einheitlicher Betrag, unabhängig von der Anzahl der Kinderzulagen.

Beispiel:

Die ledige Obergefreite Alles mit zwei Kindern hat im Jahr 2020 Besoldungsbezüge in Höhe von 12.000 EUR. Der Mindesteigenbeitrag 2021 zum Erhalt der Grundzulage errechnet sich wie folgt:

4 % von 12.000 EUR	480 EUR
./. Grundzulage	154 EUR
./. Kinderzulage	370 EUR
Mindesteigenbeitrag	**0 EUR**

In diesem Fall kommt der Sockelbetrag zum Zuge. Wenn nicht 60 EUR an Mindesteigenbeitrag geleistet werden, wird der maximale Zulagenbetrag nicht gewährt.

Wird im betreffenden Jahr weniger als der Mindesteigenbeitrag eingezahlt, werden die Zulagen anteilig gekürzt.

Beispiel:

Der ledige Oberfeldwebel Hammen hat im Jahr 2020 Besoldungsbezüge in Höhe von 25.000 EUR. 2021 hat er auf einen Altersvorsorgevertrag 212 EUR eingezahlt. Der Mindesteigenbeitrag für 2021 errechnet sich wie folgt:

4 % von 25.000 EUR	1.000 EUR
./. Grundzulage	154 EUR
Mindesteigenbeitrag	**846 EUR**

Da die Einzahlungen des Oberfeldwebels Hammen nur 25 % des Mindesteigenbeitrags betragen, erhält er eine Zulage in Höhe von 25 % × 154 EUR = 38,50 EUR.

Als zusätzliche Förderung erhalten Sie neben den Zulagen einen Sonderausgabenabzug bis 2.100 Euro in Abhängigkeit der gezahlten Beiträge seit 2008.

Der Sonderausgabenabzug wirkt sich im Rahmen einer Günstigerprüfung allerdings nur dann aus, wenn der hierdurch verursachte Steuervorteil günstiger ist als die erhaltene Zulage. Da diese Berechnung vom Amts wegen durchgeführt wird, ermittelt das Finanzamt automatisch den für Sie günstigsten Ansatz.

Der Antrag auf Zulagengewährung erfolgt, indem Sie beim jeweiligen Anbieter des Versorgungsvertrags einen Dauerzulageantrag stellen. Hiermit wird der Anbieter bevollmächtigt, den Zulageantrag zu stellen. Gegenüber dem bisherigen Antragsverfahren hat sich dadurch eine echte Vereinfachung ergeben.

> ***Praxis-Tipp:***
>
> *Als Soldat stellen Sie über die Besoldungsstelle einen Antrag auf die Vergabe einer Zulagennummer bei der ZfA (Zulagenstelle für Altersvermögen). Diese Nummer benötigen Sie, um den Zulageantrag korrekt stellen zu können. Weiterhin müssen Sie der Besoldungsstelle das Einverständnis erklären, dass diese die notwendigen Angaben (Vorjahresbezüge, Kindergeldbescheinigung) zur Zulagenermittlung weitergeben darf.*

Wohn-Riester

Im Jahr 2008 wurde das Eigenheimrentengesetz verabschiedet, besser bekannt als Wohn-Riester. Mit diesem Modell soll die Anschaffung von Wohnimmobilien staatlich gefördert werden, wozu mehrere Förderansätze gewählt wurden.

Eine Möglichkeit besteht darin, die zur Darlehenstilgung eingesetzten Mittel als Altersvorsorgebeiträge zu fördern. Die Zulagen werden dann ebenfalls als Tilgungsleistung verwandt.

Alternativ können Sie während der Ansparphase bis zu 100 Prozent des in einem Vorsorgevertrag angesparten und geförderten Vermögens verwenden für:

- die Anschaffung, Herstellung oder zu Beginn der Auszahlungsphase zur Entschuldung einer selbst genutzten, im Inland gelegenen Wohnimmobilie
- den Erwerb von Genossenschaftsanteilen für die Selbstnutzung einer im Inland gelegenen Genossenschaftswohnung
- ein eigentumsähnliches Dauerwohnrecht

Die geförderten Tilgungsbeträge, die hierfür gewährten Zulagen und der entnommene Altersvorsorge-Eigenheimbeitrag werden in einem sogenannten Wohnförderkonto erfasst. Dieser Wert dient als Grundlage für die nachgelagerte Besteuerung. Der Gesetzgeber hat dieses Förderinstrument geschaffen, um die Quote der Eigenheimbesitzer zu erhöhen und somit die Möglichkeiten des mietfreien Wohnens im Alter zu verbessern. Falls Sie überlegen, Wohn-Riester einzusetzen, sollte dieser Finanzierungsbaustein mit der Bank abgesprochen werden. Dies ist vor allem auch deshalb wichtig, da es einige Fallstricke gibt, die es zu beachten gilt.

Rürup-Rente

Beitragszahlungen zur Rürup-Rentenversicherung sind 2021 bis zu einer Höhe von 25.786 Euro (2020: 25.046 Euro) für Ledige und bis zu 50.572 Euro (2020: 50.092 Euro) bei zusammenveranlagten Eheleuten begünstigt. Davon sind im Veranlagungszeitraum 2021 92 Prozent als Sonderausgaben abziehbar, das heißt maximal 23.723 Euro bzw. 47.446 Euro.

Berufseinsteiger-Bonus

2008 wurde der „Berufseinsteiger-Bonus" eingeführt. Junge Riester-Sparer, die zum 01.01. eines Jahres das 25. Lebensjahr noch nicht vollendet haben und die unmittelbar zulagenberechtigt sind, erhalten im ersten Sparjahr eine um 200 Euro erhöhte Grundzulage. Während das Riester-Sparen grundsätzlich positiv zu bewerten ist, gibt es einige wichtige Punkte, auf die es hinzuweisen gilt. So sollten Sie wissen, dass die Zulagen und gewährten Steuervorteile zurückzuzahlen sind, wenn Sie den Vertrag kündigen. Spielen Sie daher mit dem Gedanken, keine weiteren Beiträge einzahlen zu wollen, sollte der Vertrag nur ruhend gestellt werden, um die Rückzahlung der Beträge zu vermeiden. Die Übertragung des Guthabens auf einen anderen Vertrag beim gleichen oder einem anderen Anbieter löst die Rückzahlungspflicht nicht aus.

Verstirbt der Anspruchsberechtigte vor Beginn der Rentenauszahlung, kann das Guthaben auf den Ehepartner übertragen werden, sofern dieser einen eigenen Vertrag hat.

Auf Kinder oder andere Verwandte kann das Guthaben nicht übertragen werden, sodass die Zulagen und Steuervorteile ebenfalls zurückzuzahlen sind, wenn kein Ehepartner mit eigenem Vertrag vorhanden ist.

Begünstigte Spenden

Spenden für steuerbegünstigte Zwecke können bis zu einem Betrag von 20 Prozent des Gesamtbetrags der Einkünfte als Sonderausgaben abgezogen werden. Gleichzeitig können Spenden, welche über diesen Höchstbetrag hinaus geleistet wurden, unbegrenzt in die Zukunft vorgetragen werden. Der Nachweis der Spende erfolgt über eine Spendenquittung, welche der Empfänger der Zuwendung auszustellen hat. Aus der Spendenquittung selbst muss hervorgehen, um welche Art von Spende es sich handelt. In besonderen Fällen (z. B. bei Naturkatastrophen) kann ein vereinfachter Nachweis durch Vorlage der Einzahlungsquittung, zum Beispiel des Kontoauszugs, ausreichen.

Für Einzelzuwendungen bis zu einem Betrag von 200 Euro reicht als Nachweis ebenfalls die Vorlage eines Einzahlungsbeleges oder der Buchungsbestätigung aus, wenn es sich beim Empfänger um eine Körperschaft des öffentlichen Rechts, eine öffentliche Dienststelle oder einen Spitzenverband der freien Wohlfahrtspflege handelt.

> ***Praxis-Tipp:***
>
> *Sollten Sie bei bestimmten Mitgliedsbeiträgen nicht wissen, ob diese ebenfalls als Spende abzugsfähig sind, reicht meist ein Blick auf die Beitragsquittung aus.*

So sind beispielsweise Beiträge zum Deutschen Roten Kreuz, zum VdK abzugsfähig, während die Mitgliedsbeiträge des Sportvereins nicht abziehbar sind.

Eine besondere Stellung nehmen die sogenannten Sachspenden ein. Diese werden geleistet, wenn Gegenstände, wie beispielsweise ausgediente Bekleidung, an gemeinnützige Institutionen abgegeben werden. In diesem Fall erhalten Sie eine Spendenquittung über den Wert der gespendeten Sachen.

Praxis-Tipp:

Folglich sollte man beispielsweise Bekleidung nicht zur Straßensammlung geben, sondern gegen Spendenquittung direkt bei der entsprechenden Institution abgeben.

Mitgliedsbeiträge und Spenden an politische Parteien

Mitgliedsbeiträge und Spenden an politische Parteien nehmen eine besondere Stellung innerhalb der Abzugsfähigkeit von Spenden ein. Vorrangig vor dem Abzug als Sonderausgabe kommt nämlich der direkte Steuerabzug zum Zuge. Das bedeutet, dass die Einkommensteuerschuld direkt um 50 Prozent der geleisteten Beträge gemindert wird. Maximal abziehbar sind so bei Ledigen 50 Prozent von 1.650 Euro, somit 825 Euro, und bei zusammen veranlagten Ehegatten 50 Prozent von 3.300 Euro, somit 1.650 Euro.

Beispiel:

Der ledige Oberfeldwebel Merz ist Mitglied einer politischen Partei und zahlt einen jährlichen Beitrag in Höhe von 68 EUR. Im Rahmen seiner Einkommensteuerfestsetzung werden 50 %, somit 34 EUR, direkt von seiner festzusetzenden Einkommensteuer abgezogen. Letztendlich bedeutet das, dass der Fiskus den Mitgliedsbeitrag zu 50 % mitfinanziert.

Übersteigen die Mitgliedsbeiträge und Spenden den Höchstbetrag, sind die übersteigenden Beträge, wiederum begrenzt auf 1.650 Euro bzw. 3.300 Euro, als Sonderausgaben abzugsfähig.

Beispiel:

Oberfeldwebel Merz leistet neben seinem Beitrag in Höhe von 68 EUR eine Spende in Höhe von 2.500 EUR, insgesamt damit 2.568 EUR. In einem ersten Schritt mindert sich seine Einkommensteuerschuld um 50 % von 1.650 EUR, also um 825 EUR. Den nicht berücksichtigten Betrag in Höhe von 2.568 EUR ./. 1.650 EUR = 918 EUR kann er als Sonderausgaben geltend machen.

Verlustrücktrag und Verlustvortrag

Verluste können nur dann in späteren Jahren steuerlich geltend gemacht werden, wenn sie zuvor gesondert festgestellt worden sind. Sollte sich bei der Ermittlung des Gesamtbetrags der Einkünfte ein negativer Betrag ergeben, so ist dieser bis zu einer Höchstgrenze von 1 Mio. Euro, bei zusammen veranlagten Ehegatten bis zu 2 Mio. Euro, im vorangegangenen Jahr im Rahmen des Verlustrücktrags zu berücksichtigen. Dabei kann beantragt werden, in welcher Höhe der Verlustrücktrag berücksichtigt werden soll. Der nicht berücksichtigte Betrag kann im Wege des Verlustvortrags in zukünftigen Jahren vom Gesamtbetrag der Einkünfte abgezogen werden und mindert dann die Steuerlast.

Ein negativer Gesamtbetrag der Einkünfte kann sich bei Soldaten beispielsweise ergeben, wenn Verluste aus einer gewerblichen Tätigkeit so hoch sind, dass die positiven Einkünfte aus anderen Einkunftsarten überkompensiert werden.

Um die Auswirkungen der Corona-Pandemie abzumildern, wurden die Höchstgrenzen des Verlustrücktrags für Verluste der Veranlagungszeiträume 2020 und 2021 von 1 Mio. Euro auf 10 Mio. Euro bei Einzelveranlagung und von 2 Mio. Euro auf 20 Mio. Euro bei zusammen veranlagten Ehegatten angehoben. Danach gelten wieder die alten Werte.

Wichtig: Grundsätzlich besteht hinsichtlich der Verlustfeststellung Bindungswirkung durch den entsprechenden Einkommensteuerbescheid. Wird jedoch keine Einkommensteuerveranlagung für den Verlustentstehungszeitraum durchgeführt, besteht insofern auch keine Bindungswirkung.

§ **Bindungswirkung des Einkommensteuerbescheids**

Der BFH hat entschieden, dass die Bindungswirkung des Einkommensteuerbescheids nur dann greift, wenn für die entsprechenden Veranlagungszeiträume Einkommensteuererklärungen abgegeben wurden. Wurde für das Verlustentstehungsjahr keine Einkommensteuererklärung abgegeben, kann keine Bindungswirkung entstehen. Der Erlass eines Verlustfeststellungsbescheids ist in diesen Fällen weiterhin möglich. Für die Verlustfeststellung besteht keine allgemeine Erklärungspflicht. Daher greift die dreijährige Anlaufhemmung. Für eine nachträgliche Verlustfeststellung besteht bis zu sieben Jahren eine Nachholmöglichkeit.

Große Bedeutung hat diese Entscheidung insbesondere für Steuerpflichtige, die keine Einkommensteuererklärung abgegeben haben und bei denen die Festsetzungsverjährung für die Einkommensteuerveranlagung bereits eingetreten ist. Über diese Möglichkeit können nun Verluste zum Beispiel hinsichtlich des Werbungskostenabzugs einer ersten Ausbildung doch noch festgestellt werden und so in künftigen Veranlagungszeiträumen die Steuerzahlerlast mindern.

Außergewöhnliche Belastungen

Außergewöhnliche Belastungen sind Aufwendungen, die dem Steuerzahler zwangsläufig dem Grunde und der Höhe nach entstehen. Zwangsläufigkeit ist gegeben, wenn man sich den Ausgaben aus rechtlichen, tatsächlichen oder sittlichen Gründen nicht entziehen kann.

Unterschieden wird zwischen den „Allgemeinen außergewöhnlichen Belastungen“, die im Rahmen einer Belastungsgrenze („Zumutbare Belastung“) auf Antrag vom Gesamtbetrag der Einkünfte abzuziehen sind, und den „Außergewöhnlichen Belastungen in besonderen Fällen“.

Letztere sind im Einkommensteuergesetz geregelte konkrete Fälle. Der Nachweis ist durch Vorlage von Belegen zu führen.

Allgemeine außergewöhnliche Belastungen

Allgemeine außergewöhnliche Belastungen sind zum Beispiel:

- Krankheitskosten
- Kosten einer künstlichen Befruchtung
- den Nachlass übersteigende Beerdigungskosten
- Kurkosten
- Tilgungen auf Schulden, welche infolge einer Krankheit entstanden sind
- Kosten für einen Zivilprozess bei hinreichenden Erfolgsaussichten

Bei den allgemeinen außergewöhnlichen Belastungen errechnet sich die zumutbare Belastung wie folgt:

Zumutbare Belastung	**Gesamtbetrag der Einkünfte**		
Stufengrenzbetrag	Stufe 1 bis 15.340 EUR	Stufe 2 bis 51.130 EUR	Stufe 3 über 51.130 EUR
bei Alleinstehenden ohne Kinder	5 %	6 %	7 %
bei Ehegatten ohne Kinder	4 %	5 %	6 %
bei Steuerpflichtigen mit einem oder zwei Kindern	2 %	3 %	4 %
bei Steuerpflichtigen mit drei oder mehr Kindern	1 %	1 %	2 %

Der BFH hat im Jahr 2017 die bisherige Berechnungsweise der zumutbaren Belastung geändert und ein **neues mehrstufiges Berechnungsverfahren** vorgegeben: Es darf jeweils nur noch der Teil des Gesamtbetrags der Einkünfte mit dem jeweils höheren Prozentsatz belastet werden, der den oben genannten Stufengrenzbetrag übersteigt. Der Prozentsatz für Stufe 3 erfasst beispielsweise nur den Teilbetrag der Einkünfte, der 51.130 Euro übersteigt. Für jeden Stufengrenzbetrag wird also die entsprechende zumutbare Belastung ermittelt und die ermittelten Beträge addiert (BFH, Urteil vom 19.01.2017, Az. VI R 75/14). Diese Entscheidung beruht auf dem Wortlaut der maßgebenden Vorschrift des § 33 Abs. 3 Satz 1 EStG, die für die Frage der Anwendung eines bestimmten Prozentsatzes gerade nicht auf den „gesamten Gesamtbetrag der Einkünfte" abstellt. Vielmehr bezieht sich der gesetzlich festgelegte Prozentsatz nur auf den Gesamtbetrag der Einkünfte in der Tabelle, in der sich auch die jeweilige Prozentzahl befindet.

Wichtig: Die Finanzämter prüfen aufgrund dieser Rechtsprechung seit September 2018 von Amts wegen die Einkommensteuerbescheide, die vom September 2013 bis Mitte Juni 2017 erlassen wurden. Sollte es wegen der neuen stufenweisen Berechnung für den Steuerpflichtigen zu Erstattungen kommen, erlässt das Finanzamt einen geänderten Steuerbescheid. Sie als Steuerpflichtiger müssen nicht tätig werden. Voraussetzung ist, dass Sie in den entsprechenden Jahren in Ihrer Steuererklärung die außergewöhnlichen Belastungen geltend gemacht haben. Seit Mitte Juni 2017 wenden die Finanzämter die geänderte Rechtsprechung automatisch bei der Veranlagung an.

ABC der wichtigsten allgemeinen außergewöhnlichen Belastungen

Allergien

Ersetzen Sie aufgrund einer Allergieerkrankung allergieauslösende Gegenstände wie Möbel, Teppiche, Bettwäsche, Wand- oder Deckenverkleidungen durch unbelastete Gegenstände, können Sie unter bestimmten Bedingungen die Anschaffungskosten als außergewöhnliche Belastungen von der Steuer absetzen.

Für die allergieauslösenden Gegenstände erhalten Sie grundsätzlich einen Gegenwert (Kaufpreis). Insofern stellen die Anschaffungskosten Ihrer neu angeschafften Gegenstände keine außergewöhnlichen Belastungen dar. Ein Gegenwert liegt dann nicht vor, wenn der Verkauf gar nicht möglich ist. Das ist beispielsweise bei einem Bett der Fall, da auch nur kurzzeitig gebrauchte Betten aus steuerlicher Sicht unverkäuflich sind. Liegt kein Gegenwert vor, sind die Anschaffungskosten für die aufgrund Ihrer Allergieerkrankung neu angeschafften Gegenstände steuerlich absetzbar. Eventuell müssen Sie sich einen Wertvorteil anrechnen lassen, wenn der neue Gegenstand einen alten ersetzt. Da die neuen, nicht allergieauslösenden Gegenstände Gebrauchsgegenstände des täglichen Lebens darstellen, benötigen Sie für den steuerlichen Abzug ein vorab ausgestelltes ärztliches Attest (§ 64 Abs. 1 Nr. 2 Buchstabe e EStDV).

Beerdigungskosten

Beerdigungskosten können als außergewöhnliche Belastungen steuerlich anerkannt werden, wenn die Übernahme der Beerdigungskosten für Sie zwangsläufig ist. Das ist der Fall, wenn Sie dem Verstorbenen aus rechtlichen Gründen unterhaltsverpflichtet waren. Das sind Sie insbesondere gegenüber Ehegatten, Kindern und Eltern. Übernehmen Sie für einen mittellosen, nicht unterhaltsberechtigten Angehörigen die Beerdigungskosten, kann die Übernahme aus sittlichen Gründen zwangsläufig sein.

Grundsätzlich wird zunächst der Verkehrswert des Nachlasses des Verstorbenen herangezogen, um seine unmittelbaren Beerdigungskosten zu zahlen. Nur soweit der Verkehrswert des Nachlasses nicht ausreicht, um die Beerdigungskosten zu zahlen, liegen außergewöhnliche Belastungen vor. Das gilt auch für die Beerdigungskosten Ihres verstorbenen Ehepartners.

Kostenerstattungen Dritter, wie Versicherungen, Beihilfeleistungen, Sterbegeld von der Krankenkasse oder Ähnliches, werden angerechnet. Es sind jedoch nur solche Aufwendungen abziehbar, die unmittelbar mit der eigentlichen Beerdigung zusammenhängen, notwendig und angemessen sind und nicht zu Lebzeiten des Verstorbenen erfolgt sind. Zu diesen notwendigen Aufwendungen zählen beispielsweise Kosten für die eigentliche Bestattung (Sarg, Totenwäsche, Bestattungsinstitut, Blumenschmuck, Gebühren, Todesanzeigen usw.), Erwerbskosten einer Grabstätte, des Grabsteins, die Erfüllung von Nachlassverbindlichkeiten, Kosten für den Transport der Möbel des Verstorbenen im Rahmen der Auflösung des Mietverhältnisses sowie Fahrtkosten im Zusammenhang mit der Beerdigung, zum Beispiel zu Ämtern und Behörden, dem Pfarrer oder dem Bestattungsinstitut.

Nicht abziehbar sind mittelbare Aufwendungen, etwa für Trauerkleidung, Leichenschmaus, Kosten der Grabpflege oder Notarkosten (Testamentserrichtung, Vorsorgevollmacht oder Patientenverfügung).

Krankheitskosten

Zu den Krankheitskosten zählen alle selbst getragenen Aufwendungen, die zum Zweck der Heilung oder Linderung einer Krankheit aufgewendet werden. Alles, was darunter fällt, kann als außergewöhnliche Belastung steuerlich geltend gemacht werden. Aufwendungen zur Vorbeugung von Krankheiten oder zur Erhaltung der Gesundheit zählen nicht zu den außergewöhnlichen Belastungen.

Typische Krankheitskosten sind:

- Arztkosten – dazu zählen auch Aufwendungen für Zahnarzt, Heilpraktiker, Logopäden oder Physiotherapeuten.
- Nicht rezeptpflichtige Arzneimittel – Voraussetzung ist, dass sie von einem Arzt verordnet sind.
- Rezeptgebühren – diese sind in vollem Umfang als Krankheitskosten abzugsfähig, Voraussetzung ist für sämtliche Rezeptgebühren die Vorlage einer Quittung.
- Hilfsmittel – hierzu zählen Brillen, Zahnersatz, Hörgeräte, Rollstühle usw. Bei Spezialbetten und anderen „Hilfsmitteln im weiteren Sinn“ müssen Sie die medizinische Notwendigkeit durch ein Attest eines Amtsarztes oder des Medizinischen Dienstes nachweisen.
- Fahrtkosten – die Fahrtkosten zu den entsprechenden Behandlungen zählen ebenfalls zu den außergewöhnlichen Belastungen.
- Alternative Behandlungsmethoden – nach der Rechtsprechung muss das Finanzamt auch Akupunktur oder eine Sauerstofftherapie als außergewöhnliche Belastungen anerkennen. Das Finanzamt darf keine zu strengen Voraussetzungen an den Abzug der einzelnen Kosten stellen.
- Impfungen – sofern ärztlich verordnet, zählen auch Impfungen vor Auslandsreisen zu den außergewöhnlichen Belastungen.
- Massagen, Heißpackungen, Bäder und Einläufe – wenn Sie mit einem amtsärztlichen Attest (dieses muss vor Verhandlungsbeginn ausgestellt werden) die medizinische Notwendigkeit dieser Behand-

lungen nachweisen, zählen diese ebenfalls zu den außergewöhnlichen Belastungen.

- Bade- und Heilkuren – wenn durch die Kur eine drohende Krankheit abgewendet werden kann, wird diese Kur als außergewöhnliche Belastung anerkannt.

Künstliche Befruchtung

Als außergewöhnliche Belastungen wird auch die künstliche Befruchtung anerkannt. Nicht abziehbar sind die Kosten einer künstlichen Befruchtung nach freiwilliger Sterilisation. Ebenso wenig werden die Kosten für eine Erstlingsausstattung eines Kleinkindes, Kosten für die Einlagerung von Nabelschnurblut oder die Aufwendungen für die Adoption eines Kindes anerkannt.

Pflegekosten

Betreuen Sie oder Ihr Ehegatte pflegebedürftige Angehörige im Sinne des § 15 AO (Kinder, Eltern, Groß-, Schwieger-, Pflegeeltern, Geschwister, Onkel, Tante usw.), setzt die Anerkennung als außergewöhnliche Belastung voraus, dass die Kostenübernahme für Sie zwangsläufig und der Angehörige bedürftig ist.

Die Zwangsläufigkeit kann für Sie aus rechtlichen oder sittlichen Gründen gegeben sein.

Ihr Angehöriger ist bedürftig, wenn er sein Existenzminimum in Höhe des Unterhaltshöchstbetrags mit seinen eigenen Mitteln (Einkünfte, Bezüge und Vermögen) nach Abzug der Haushaltsersparnis und einem Betrag von 1.550 Euro nicht selbst tragen kann.

Prozesskosten

Seit 2013 sind grundsätzlich sämtliche Aufwendungen für die Führung eines Rechtsstreits jeder Art vom Abzug als außergewöhnliche Belastung ausgeschlossen.

Von diesem Abzugsverbot wird nur dann eine Ausnahme gemacht, wenn der Prozess unumgänglich ist. Das ist dann der Fall, wenn der Steuerpflichtige ansonsten Gefahr liefe, seine Existenzgrundlage zu verlieren und seine lebensnotwendigen Bedürfnisse in dem üblichen Rahmen nicht mehr befriedigen zu können.

§ **§ 33 Abs. 2 Satz 4 EStG bestimmt seit 2013 ausdrücklich:**

Aufwendungen für die Führung eines Rechtsstreits (Prozesskosten) sind vom Abzug ausgeschlossen, es sei denn, es handelt sich um Aufwendungen, ohne die der Steuerpflichtige Gefahr liefe, seine Existenzgrundlage zu verlieren und seine lebensnotwendigen Bedürfnisse in dem üblichen Rahmen nicht mehr befriedigen zu können.

Prozesskosten sind insbesondere Anwalts- und Gerichtskosten sowie Fahrtkosten. Keine Prozesskosten sind Geldstrafen, Buß- und Ordnungsgelder.

§ **Keine Abziehbarkeit von Scheidungskosten**

Lange Zeit war strittig, ob Scheidungskosten als außergewöhnliche Belastung abziehbar sind. Der BFH hat mit Urteil vom 18.05.2017, Az. VI R 9/16, entschieden, dass Scheidungskosten seit der Änderung des § 33 EStG 2013 nicht mehr als außergewöhnliche Belastung abziehbar sind.

Wichtig: Das Abzugsverbot gilt nur, wenn Sie Prozesskosten als außergewöhnliche Belastung geltend machen wollen. Prüfen Sie, ob es sich bei den Prozesskosten um Werbungskosten (bei beruflich veranlassten Prozesskosten) oder um Sonderausgaben (z. B. Prozess vor einem Verwaltungsgericht hinsichtlich der Zusage eines Studienplatzes) handelt.

Schäden an Haus, Hausrat und Kleidung

Sollten Sie aufgrund außergewöhnlicher, unabwendbarer Ereignisse Schäden an Haus, Hausrat und Kleidung erlitten haben, können Sie die notwendigen Aufwendungen zur Wiederherstellung eventuell als außergewöhnliche Belastungen geltend machen. Zu diesen Ereignissen zählen insbesondere Naturkatastrophen wie Hochwasser, Sturm, Hagel, Erdbeben, Blitzeinschlag, Erdrutsch, Erdsenkung, Reaktorunfall u. Ä.

Die Schäden müssen den existenziell wichtigen Wohnbereich betreffen, zum Beispiel Schäden an Gebäude, notwendigem Hausrat – insbesondere Küchen-, Wohn- und Schlafzimmereinrichtung – und notwendiger Kleidung. Der Keller gehört nicht zum existenziell wichtigen Wohnbereich, somit sind Feuchtigkeitsschäden im Keller keine außergewöhnlichen Belastungen.

Schadensersatzleistungen von dritter Seite (z. B. Versicherungen) müssen Sie von Ihren Aufwendungen abziehen.

Wichtig: Sie müssen innerhalb von drei Jahren nach dem schadenverursachenden Ereignis mit den baulichen Maßnahmen zur Schadensbeseitigung oder Wiederherstellung begonnen haben, ansonsten ist kein Abzug als außergewöhnliche Belastung möglich.

Schadensersatzleistungen

Sollten Sie aufgrund leichter Fahrlässigkeit schadenersatzpflichtig geworden sein, können Sie die Schadensersatzleistungen als außergewöhnliche Belastungen geltend machen.

Außergewöhnliche Belastungen in besonderen Fällen

Außergewöhnliche Belastungen in besonderen Fällen sind:

- Unterhaltsaufwendungen
- Sonderbedarf für die Berufsausbildung eines Kindes
- Behindertenpauschbetrag
- Hinterbliebenenpauschbetrag
- Pflegepauschbetrag

Unterhaltsaufwendungen

Gut verständlich formuliert das Einkommensteuergesetz in § 33a die Abzugsfähigkeit der Unterhaltsaufwendungen als außergewöhnliche Belastung:

§ 33a Abs. 1 Satz 1 EStG (in der für das Steuerjahr 2021 geltenden Fassung)

Erwachsen einem Steuerpflichtigen Aufwendungen für den Unterhalt und eine etwaige Berufsausbildung einer dem Steuerpflichtigen oder seinem Ehegatten gegenüber gesetzlich unterhaltsberechtigten Person, so wird auf Antrag die Einkommensteuer dadurch ermäßigt, dass die Aufwendungen bis zu 9.744 Euro im Kalenderjahr vom Gesamtbetrag der Einkünfte abgezogen werden.

Sie können den jeweils geltenden Freibetrag (2021: 9.744 Euro; 2020: 9.408 Euro) bis zum 31.01. eines Jahres beim Finanzamt beantragen. Monatlich wird Ihnen dadurch weniger Lohnsteuer abgezogen und der Nettobetrag Ihres Einkommens erhöht sich. Die Unterhaltsaufwendungen können Sie in Ihrer jährlichen Steuererklärung selbstverständlich nicht mehr geltend machen, denn Sie haben dann ja schon im laufenden Jahr von der Steuerreduzierung profitiert.

Voraussetzung für den Abzug ist allerdings, dass weder Sie noch Ihr Ehegatte Anspruch auf Kindergeld oder einen Kinderfreibetrag haben. Weiterhin darf der Empfänger der Unterstützung kein oder nur geringes Vermögen bis 15.500 Euro besitzen. Bezieht der Empfänger andere Einkünfte oder Bezüge, wird der Betrag von 9.744 Euro um den Betrag gemindert, den die eigenen Einkünfte und Bezüge um 624 Euro je Kalenderjahr übersteigen. Seit 2010 können darüber hinaus Beiträge zur gesetzlichen Krankenversicherung und zur gesetzlichen Pflegeversicherung, die der Steuerpflichtige für die zu unterhaltende Person aufwendet, zusätzlich zum Höchstbetrag abgezogen werden.

Bei privat Versicherten sind die Beitragsanteile, die auf Versicherungsleistungen entfallen, die in Art, Umfang und Höhe den Leistungen der gesetzlichen Krankenversicherung vergleichbar sind (Basisabsicherung), abzugsfähig. Eine Ausnahme bildet das Krankentagegeld, welches dem Krankengeld der gesetzlichen Krankenversicherung entspricht.

Wichtig: Abzugsfähig sind nur Beiträge zur sogenannten Basisabsicherung. Beitragsanteile für Wahl- oder Sonderleistungen, wie Chefarztbehandlung, Einbettzimmer etc., sowie für das Krankengeld zählen nicht zu den abzugsfähigen Kosten.

Beispiel:

Oberst Düren zahlt monatlich 800 EUR, also 9.600 EUR im Kalenderjahr, an seine unterhaltsbedürftige Mutter. Die Mutter bezieht eigene Renteneinkünfte in Höhe von 2.000 EUR jährlich. Da er gegenüber der Mutter unterhaltspflichtig ist und keinen Anspruch auf Kindergeld oder Kinderfreibetrag hat, kann er die Unterhaltsleistungen im Rahmen der Höchstbetragsberechnungen abziehen.
Da die Renteneinkünfte der Mutter den Betrag von 624 EUR um 1.376 EUR übersteigen, kann Oberst Düren in seiner Einkommensteuererklärung 9.744 EUR ./. 1.376 EUR = 8.368 EUR als außergewöhnliche Belastung geltend machen.

Werden Unterhaltsleistungen an den dauernd getrenntlebenden oder geschiedenen Ehegatten gezahlt und findet das Realsplitting keine Anwendung, fallen auch diese Leistungen unter die Abzugsfähigkeit als außergewöhnliche Belastung.

Wichtig: Die Zahlung der Unterstützung muss durch Überweisungsbelege, Kontoauszüge etc. nachgewiesen werden.

Aufwendungen an Kinder können nur dann geltend gemacht werden, wenn kein Anspruch auf Kindergeld oder Kinderfreibetrag besteht. Aufwendungen an den Partner im Rahmen einer eheähnlichen Lebensgemeinschaft werden anerkannt, wenn dem Partner staatliche Unterstützungsleistungen im Hinblick auf das Zusammenleben verweigert werden. Auch die Unterstützung eines Elternteils oder beider Elternteile kann geltend gemacht werden.

Sonderbedarf für die Berufsausbildung eines Kindes

Befindet sich ein volljähriges Kind, für das Anspruch auf Kindergeld oder Kinderfreibetrag besteht, in einer Berufsausbildung und ist es auswärtig untergebracht, kommt der Abzug eines Freibetrags zum Tragen.

Seit 2012 ist die Höhe der eigenen Einkünfte des Kindes nicht mehr zu beachten, sodass es hierdurch zu keiner Minderung des Freibetrags kommt.

Höhe des Ausbildungsfreibetrags

Die Höhe des Ausbildungsfreibetrags entnehmen Sie der folgenden Übersicht.

Kind wohnt **im Inland**	
▪ auswärts	924 EUR
▪ zu Hause	0 EUR
Kind wohnt **im Ausland**	
▪ Ländergruppe I	924 EUR
▪ Ländergruppe II	693 EUR
▪ Ländergruppe III	462 EUR
▪ Ländergruppe IV	231 EUR

Der Freibetrag wird für jeden Monat, an dem die Voraussetzungen an mindestens einem Tag erfüllt waren, gewährt. Waren die Voraussetzungen nicht das ganze Jahr erfüllt, wird der Freibetrag nur zeitanteilig mit jeweils 1/12 gewährt.

Die Ländergruppeneinteilung wird vom BMF regelmäßig bekannt gegeben. Die aktuelle Einteilung finden Sie im BMF-Schreiben vom 20.10.2016, BStBl. I Seite 1183.

Voraussetzungen für den Ausbildungsfreibetrag

Den Ausbildungsfreibetrag gibt es für volljährige Kinder, die sich in einer Berufsausbildung befinden. Eine Berufsausbildung ist jede Vorbereitung auf einen Beruf. Die Berufsausbildung des Kindes beginnt mit der Einschulung in die Grundschule und endet, wenn das Kind sein endgültiges Berufsziel erreicht hat. Wann dies der Fall ist, bestimmt sich einzig nach den Vorstellungen des Kindes und der Eltern. Mit dem erfolgreichen Abschluss eines Lehrberufs muss Ihr Kind nicht automatisch sein Berufsziel erreicht haben.

Beispiel:

Die Tochter von Hauptaufseher Kurz hat nach dem Abitur eine Ausbildung zur Steuerfachangestellten erfolgreich absolviert. Im Anschluss an ihre Ausbildung hat sie Betriebswirtschaftslehre an einer Universität studiert und dieses Studium mit dem Master abgeschlossen. Nach dem abgeschlossenen Studium hat sie in einer Steuerberatungskanzlei die für das Steuerberaterexamen notwendige Berufspraxis gesammelt und im Anschluss das Steuerberaterexamen erfolgreich bestanden. Ihr Berufsziel hat die Tochter von Hauptaufseher Kurz erst mit Bestehen des Steuerberaterexamens erreicht.
Die Frage ist nun: Wann hat die Tochter aus steuerlicher Sicht ihre Erstausbildung abgeschlossen?

Für die Frage, ob bereits der erste (objektiv) berufsqualifizierende Abschluss in einem Ausbildungsberuf zum Verbrauch der Erstausbildung führt oder ob bei einer mehraktigen Ausbildung auch ein nachfolgender Abschluss in einem weiteren Ausbildungsgang Teil der Erstausbildung sein kann, ist darauf abzustellen, ob sich der erste Abschluss als integrativer Bestandteil eines einheitlichen Ausbildungsgangs darstellt. Hierbei kommt es vor allem darauf an, ob die Ausbildungsabschnitte in einem engen sachlichen Zusammenhang zueinander stehen (z. B. dieselbe Berufssparte, derselbe fachliche Bereich) und in engem zeitlichen Zusammenhang durchgeführt werden. Dafür ist auch erforderlich, dass aufgrund objektiver Beweisanzeichen erkennbar wird, dass das Kind die für sein angestrebtes Berufsziel erforderliche Ausbildung nicht bereits mit dem ersten erlangten Abschluss beendet hat.

Da das Studium im Beispielfall direkt nach der Ausbildung aufgenommen werden kann, führt das nach Auffassung des BFH dazu, dass die beiden Ausbildungsabschnitte als mehraktige Ausbildung angesehen werden können. Somit bleibt der Anspruch auf Kindergeld bzw. Kinderfreibeträge – sofern günstiger – und auf den Ausbildungsfreibetrag bei auswärtiger Unterbringung gewahrt. Die Zeit nach dem Studium bis zum Bestehen des Steuerberaterexamens führt nicht dazu, alle drei Abschnitte als eine Ausbildungseinheit zu sehen, da die Zulassung zum Steuerberaterexamen berufspraktische Erfahrung von in der Regel nicht unter einem Jahr voraussetzt. Daraus ergibt sich, dass die Vorbereitung auf das Steuerberaterexamen ein die berufliche Erfahrung berücksichtigender Weiterbildungsstudiengang (Zweitausbildung) ist. Die vor Examenszulassung erforderliche Berufstätigkeit führt zu einem Einschnitt (Zäsur), der den für eine einheitliche Ausbildung notwendigen engen Zusammenhang entfallen lässt. Das Gleiche gilt, wenn ein Kind eine weitere Ausbildung erst nach einer zwischenzeitlichen Berufstätigkeit beginnt. Wird somit eine Berufstätigkeit zwischen den einzelnen Ausbildungsabschnitten aufgenommen, die nicht lediglich der zeitlichen Überbrückung bis zum Beginn der nächsten Ausbildung dient, können die einzelnen Ausbildungsabschnitte nicht mehr integrative Teile einer einheitlichen Ausbildung sein (BFH, Urteil vom 03.09.2015, Az. VI R 9/15; BFH, Urteil vom 04.02.2016, Az. III R 14/15).

Auswärtige Unterbringung des Kindes

Den Ausbildungsfreibetrag erhalten Sie nur, wenn Ihr Kind auswärtig untergebracht ist. Eine auswärtige Unterbringung liegt dann vor, wenn Ihr Kind dauerhaft sowohl räumlich als auch hauswirtschaftlich von dem elterlichen Haushalt ausgegliedert ist. Ihr Kind darf also nicht mehr in der elterlichen Wohnung leben, nicht mehr am häuslichen Leben der Eltern teilnehmen und auch nicht mehr im Haushalt der Eltern verpflegt werden. Dauerhaft bedeutet, dass Ihr Kind zumindest für die Dauer eines bestimmten Ausbildungsabschnitts außerhalb des elterlichen Haushalts wohnen muss. Ein bestimmter Ausbildungsabschnitt ist zum Beispiel ein Semester im Rahmen eines Studiums.

Aufwendungen für die Berufsausbildung des Kindes

Eine weitere Voraussetzung für den Erhalt des Ausbildungsfreibetrags ist, dass Ihnen auch tatsächlich Aufwendungen für die Berufsausbildung Ihres Kindes entstanden sein müssen. Auch die Aufwendungen für die auswärtige Unterbringung Ihres Kindes zählen hierzu. Wie hoch Ihre Aufwendungen waren, spielt keine Rolle.

Behindertenpauschbetrag

Wegen der außergewöhnlichen Belastungen, welche einem Menschen infolge einer Behinderung entstehen, kann er anstelle des Einzelnachweises einen Pauschbetrag in Abhängigkeit von Art und Schwere seiner Behinderung in Anspruch nehmen.

Diese Pauschbeträge erhalten Menschen mit einem Grad der Behinderung von mindestens 50.

Menschen, deren Grad der Behinderung auf weniger als 50, aber mindestens auf 25 festgestellt ist, erhalten die Pauschbeträge, wenn

- ihnen wegen ihrer Behinderung nach gesetzlichen Vorschriften Renten oder andere laufende Bezüge zustehen, auch dann, wenn das Recht auf die Bezüge ruht oder der Anspruch auf die Bezüge durch Zahlung eines Kapitals abgefunden worden ist, oder
- die Behinderung zu einer dauernden Einbuße der körperlichen Beweglichkeit geführt hat oder auf einer typischen Berufskrankheit beruht.

Die Höhe des Pauschbetrags richtet sich nach dem dauernden Grad der Behinderung. Als Pauschbeträge werden gewährt bei einem Grad der Behinderung

von 20	384 EUR
von 30	620 EUR
von 40	860 EUR
von 50	1.140 EUR
von 60	1.440 EUR
von 70	1.780 EUR
von 80	2.120 EUR
von 90	2.460 EUR
von 100	2.840 EUR
Merkzeichen H, Bl, TBl, Pflegegrad 4 oder 5	7.400 EUR

Für Menschen mit Behinderung, die hilflos sind, und für blinde Menschen (Merkzeichen H, Bl, TBl, Pflegegrad 4 oder 5) erhöht sich der Pauschbetrag auf 7.400 Euro.

Zusätzlich zu den Pauschbeträgen können Menschen, die einen Grad der Behinderung von mindestens 80 oder 70 haben und bei denen das Merkzeichen G im Behindertenausweis eingetragen ist, 3.000 km zu je 0,30 Euro ohne Einzelnachweis ansetzen, insgesamt 900 Euro. Ist im Behindertenausweis das Merkzeichen aG (außergewöhnliche Gehbehinderung), Bl (blind) oder H (Hilflosigkeit) eingetragen, können durch Fahrtenbuchnachweis bis zu 15.000 km à 0,30 Euro, also 4.500 Euro, geltend gemacht werden.

Die für die Feststellung der Behinderung zuständige Stelle übermittelt die entsprechenden Nachweise elektronisch an die Finanzverwaltung, vgl. § 65 Abs. 3, 3a EStDV. Somit entfällt grundsätzlich die Vorlage der Unterlagen durch den Steuerpflichtigen. Soweit der Behindertenpauschbetrag nicht erstmals geltend gemacht wird, soll es ausreichen, die entsprechenden Unterlagen vorzuhalten und erst auf Verlangen der Finanzbehörde vorzulegen.

Hinterbliebenenpauschbetrag

Steuerpflichtige, denen laufende Hinterbliebenenbezüge bewilligt worden sind, erhalten auf Antrag einen Pauschbetrag von 370 Euro. Dieser wird auch gewährt, wenn das Recht auf die Bezüge ruht oder der Anspruch auf die Bezüge durch Zahlung eines Kapitals abgefunden worden ist.

> ***Praxis-Tipp:***
>
> *Steht der Behindertenpauschbetrag oder der Hinterbliebenenpauschbetrag einem Kind zu, für welches Sie Kindergeld oder einen Kinderfreibetrag erhalten, und wird der Freibetrag vom Kind nicht in Anspruch genommen, können beide Beträge auf Antrag auf Sie übertragen und von Ihnen geltend gemacht werden.*

Pflegepauschbetrag

Erwachsen einem Steuerpflichtigen außergewöhnliche Belastungen durch die Pflege einer Person, die nicht nur vorübergehend hilflos ist, kann er anstelle des Einzelnachweises von Aufwendungen einen Pauschbetrag von

bei Pflegegrad 2	600 EUR
bei Pflegegrad 3	1.100 EUR
bei Pflegegrad 4 oder 5	1.800 EUR

geltend machen. Ein Pflegepauschbetrag von 1.800 Euro wird auch gewährt, wenn die gepflegte Person hilflos ist. Der Pflegepauschbetrag kann jedoch nur geltend gemacht werden, wenn die pflegende Person für die Pflege keine Einnahmen erhält. Nicht zu diesen Einnahmen zählt das von den Eltern eines Kindes mit Behinderung für dieses Kind empfangene Pflegegeld. Voraussetzung ist, dass der Steuerpflichtige die Pflege im Inland entweder in seiner Wohnung oder in der Wohnung des Pflegebedürftigen persönlich durchführt.

10.

Vom Einkommen zum zu versteuernden Einkommen

Freibeträge für Kinder 204
Härteausgleich 207
Steuerermäßigungen für bestimmte Personen im privaten Haushalt 207

Freibeträge für Kinder

Das zu versteuernde Einkommen ermitteln Sie, indem Sie die Freibeträge für Kinder sowie den Härteausgleich vom Einkommen abziehen.

Bei der Veranlagung zur Einkommensteuer wird für jedes zu berücksichtigende Kind des Steuerpflichtigen ein Freibetrag von 2.730 Euro (2020: 2.586 Euro) für das sächliche Existenzminimum des Kindes (Kinderfreibetrag) sowie ein Freibetrag von 1.464 Euro für den Betreuungs- und Erziehungs- oder Ausbildungsbedarf des Kindes vom Einkommen abgezogen. Bei zusammen veranlagten Ehegatten verdoppeln sich die Beträge, wenn das Kind zu beiden Ehegatten in einem Kindschaftsverhältnis steht.

Die Beträge stehen Ihnen auch dann zu, wenn der andere Elternteil verstorben ist, Sie das Kind angenommen haben oder das Kind zu Ihnen in einem Pflegschaftsverhältnis steht.

Zu berücksichtigende Kinder sind leibliche Kinder, Pflegekinder und in den Haushalt aufgenommene Stief- und Enkelkinder. Sie werden ab dem Kalendermonat berücksichtigt, in welchem sie geboren sind. Ab Vollendung des 18. Lebensjahres endet grundsätzlich die Berücksichtigung. Für jeden Monat eines Veranlagungszeitraums, in welchem die Voraussetzungen nicht erfüllt sind, werden die Freibeträge um 1/12 gekürzt.

Kinder, die das 18. Lebensjahr vollendet haben, werden nur noch berücksichtigt, wenn sie entweder

1. das 21. Lebensjahr noch nicht vollendet haben, nicht in einem Beschäftigungsverhältnis stehen und bei der Bundesagentur für Arbeit als arbeitsuchend gemeldet sind oder
2. das 25. Lebensjahr noch nicht vollendet haben und
   - für einen Beruf ausgebildet werden oder
   - sich in einer Übergangszeit von höchstens vier Monaten
     - zwischen zwei Ausbildungsabschnitten oder
     - zur Ableistung eines freiwilligen Dienstes befinden oder

  - zwischen einem Ausbildungsabschnitt und der Ableistung des freiwilligen Wehrdienstes bzw. einer befreienden Tätigkeit als Entwicklungshelfer oder
  - als Dienstleistender im Ausland befinden
- eine Berufsausbildung mangels Ausbildungsplatz nicht beginnen oder fortsetzen können oder
- einen Freiwilligendienst leisten oder

3. wegen körperlicher, geistiger oder seelischer Behinderung außerstande ist, sich selbst zu unterhalten und die Behinderung vor dem 25. Lebensjahr eingetreten ist.

Wichtig: Seit 2012 spielt es für die Gewährung der Begünstigungen keine Rolle mehr, ob das Kind selbst bestimmte Einkommensgrenzen überschreitet.

Die Freibeträge für Kinder kommen nur dann zum Zuge, wenn die daraus resultierende Steuerentlastung höher ist als das erhaltene Kindergeld. Somit haben sie für die Bemessung der Einkommensteuer nur noch eine untergeordnete Bedeutung. Wichtig sind die Freibeträge für Kinder jedoch bei der Berechnung von Kirchensteuer und Solidaritätszuschlag, da sie hier die Bemessungsgrundlage mindern und somit zu einer niedrigeren Steuerlast führen.

Ein Kind kann nach Abschluss einer erstmaligen Berufsausbildung oder eines Erststudiums nur berücksichtigt werden, wenn es keiner Erwerbstätigkeit nachgeht. Unschädlich ist dabei eine Erwerbstätigkeit bis zu 20 Stunden wöchentlich (im Jahresdurchschnitt), ein Ausbildungsdienstverhältnis oder aber ein geringfügiges Beschäftigungsverhältnis. Eine Überschreitung der 20 Stunden pro Woche ist unbeachtlich, sofern die Beschäftigung des Kindes nur vorübergehend ausgeweitet wird (höchstens zwei Monate im Jahr) und im Jahresdurchschnitt die wöchentliche Arbeitszeit bei 20 Stunden pro Woche verbleibt.

Beispiel:

Die Tochter von Hauptfeldwebel Schmidt befindet sich in zweiter Ausbildung (zum Beispiel Studium nach abgeschlossener Berufsausbildung).

Um ihr Studium zu finanzieren, arbeitet sie das ganze Jahr zwölf Stunden pro Woche bei Firma F. Den kompletten August und September arbeitet sie bei Firma F. Vollzeit 40 Stunden die Woche.
Das Jahr hat 52 Wochen, August und September haben zusammen neun Wochen. 43 Wochen × 12 Stunden + 9 Wochen × 40 Stunden = 876 Stunden. 876 Stunden geteilt durch 52 Wochen = 16,84 Stunden pro Woche. Da die Erwerbstätigkeit im Jahresdurchschnitt weniger als 20 Stunden pro Woche beträgt, ist diese unschädlich. Dies bedeutet, dass Kindergeld bzw. Kinder-/Betreuungsfreibeträge trotz Erwerbstätigkeit der Tochter bezogen werden können.

§ **Wichtige Urteile des BFH:**

Der BFH (Urteil vom 10.05.2012, Az. VI R 72/11) hat entschieden, dass ein Zeitsoldat, der für eine spätere Verwendung als Mannschaftsdienstgrad ausgebildet wird, sich in einer Berufsausbildung befindet. Im entschiedenen Fall wurde der Sohn der Klägerin im Dienstgrad Schütze mit einer Verpflichtungsdauer von vier Jahren eingestellt, um als Kraftfahrer ausgebildet und später eingesetzt zu werden. Der BFH stellte hierzu fest, dass es sich hierbei um eine Berufsausbildung handelt, sodass er weiter als Kind im Sinne des Einkommensteuergesetzes anzuerkennen sei. Begründet wird diese Rechtsauffassung damit, dass ein Zeitsoldat sich dann in Berufsausbildung befindet, wenn er nicht lediglich im Mannschaftsdienstgrad Dienst leistet, sondern tatsächlich eine Ausbildung erhält.
Mit Urteil vom 08.05.2014, Az. III R 41/13, entschied der BFH, dass ein Reserveoffizieranwärter auch dann für einen Beruf ausgebildet wird, wenn nicht abzusehen ist, ob er einen Antrag auf Verlängerung der Dienstzeit oder die Übernahme als Berufssoldat stellt oder am Ende der Dienstzeit aus der Bundeswehr ausscheidet und einen anderen Beruf ergreift. Die Richter stellten in diesem Urteil klar, dass sich die Ausbildung zum Reserveoffizieranwärter als Grundlage für die Ausübung des Offiziersberufs eignet. Sollte der Reserveoffizieranwärter den Offiziersberuf später nicht anstreben, vermittelt die Ausbildung dennoch Kenntnisse und Fähigkeiten, die auch für andere Berufe nützlich sind. Ein Kind wird nicht für einen Beruf ausgebildet, wenn nicht die Erlangung von Fähigkeiten,

sondern die reine Arbeitsleistung im Vordergrund steht. Dies ist im Urteilsfall nicht gegeben.

In den entschiedenen Fällen hatte dies zum Teil noch keine Auswirkung, weil die seinerzeitig geltenden Einkommensgrenzen überschritten wurden. Da diese wie oben beschrieben jedoch seit 2012 wegfallen, ergeben sich weitreichende Konsequenzen; nun dürfte den Eltern jedes Zeitsoldaten unter den oben genannten Bedingungen (Alter etc.) bis zum Abschluss der Erstausbildung oder eines Erststudiums weiter Kindergeld zustehen, wenn eine Ausbildung tatsächlich stattfindet. In der Praxis ist es jedoch schwierig, zu bestimmen, wann bei einem Soldaten eine Erstausbildung abgeschlossen ist. Darüber hinaus bleibt abzuwarten, wie der Gesetzgeber auf diese Urteile reagiert.

Härteausgleich

Beziehen Sie neben Einkünften aus nichtselbstständiger Arbeit weitere Einkünfte, beispielsweise aus einer gewerblichen Tätigkeit, von denen kein Lohnsteuerabzug vorgenommen wurde, so werden diese nur dann der Besteuerung unterworfen, wenn sie 410 Euro im Kalenderjahr übersteigen. Wird dieser Betrag überschritten, so mindert sich der Betrag von 410 Euro um den Betrag, um den er überschritten wird. Somit sind die genannten Einkünfte voll steuerpflichtig, wenn sie mehr als 820 Euro betragen. 10

Beispiel:

Aus einer Vermittlung haben Sie eine Provision in Höhe von 700 EUR erhalten. Der Betrag überschreitet die 410 EUR um 290 EUR. Der Freibetrag vermindert sich folglich um 290 EUR auf 120 EUR. Von der Provision in Höhe von 700 EUR sind nur 580 EUR zu versteuern.

Steuerermäßigungen für bestimmte Personen im privaten Haushalt

Steuerermäßigung bedeutet, dass bestimmte Beträge unmittelbar von der Steuerschuld abgezogen werden können und diese somit direkt mindern, wie oben für die Mitgliedsbeiträge für die politischen Parteien erläutert. Werbungskosten, Sonderausgaben und außergewöhnliche Belastungen dagegen mindern lediglich das zu versteuernde Einkommen.

Zu beachten ist bei den folgenden Ausführungen, dass die jeweiligen Abzugsbeträge pro Haushalt gelten. Leben also zwei alleinstehende Personen in einem Haushalt zusammen, kommt auch der Abzugsbetrag nur einmal zum Zuge.

Die Ermäßigungen lassen sich in drei Gruppen einteilen:

Steuerermäßigungen

Geringfügiges Beschäftigungsverhältnis Minijob (Arbeitslohn bis 450 EUR im Monat) haushaltsnahe Tätigkeiten im Haushalt des Steuerpflichtigen **(Teilnahme am sog. Haushaltsscheckverfahren)**	**Sozialversicherungspflichtiges Beschäftigungsverhältnis mit haushaltsnahen Tätigkeiten** (Arbeitnehmer) + **haushaltsnahe Dienstleistungen** (Beschäftigter ist kein Arbeitnehmer) + **Pflege- und Betreuungsleistungen einschließlich Heim- und Pflegeunterbringung** (soweit mit Haushaltshilfe vergleichbar)	**Handwerkerleistungen** für Renovierungs-, Erhaltungs- und Modernisierungsmaßnahmen sowie Erweiterungen (z. B. Anbau, Dachgeschoss-Ausbau, Bau einer Garage) in Zusammenhang mit einem bestehenden Haushalt
§ 35a Abs. 1 EStG	§ 35a Abs. 2 EStG	§ 35a Abs. 3 EStG
Steuerermäßigung **20 %** der Aufwendungen, **maximal 510 EUR**	Steuerermäßigung **20 %** der Aufwendungen (nur Arbeitslohn, keine Materialkosten), **maximal 4.000 EUR**	Steuerermäßigung **20 %** der Aufwendungen (nur Arbeitslohn, keine Materialkosten), **maximal 1.200 EUR**

Sämtliche Höchstbeträge können **nebeneinander** in Anspruch genommen werden!

Tätigkeiten müssen im eigenen Privathaushalt innerhalb der EU stattfinden

Um die Steuerermäßigung zu erhalten, muss die Tätigkeit in Ihrem eigenen Privathaushalt durchgeführt werden. Das kann durch Ihre angestellte Haushaltshilfe oder durch den von Ihnen beauftragten Handwerker geschehen.

Ihr privater Haushalt kann nur in selbstgenutzten Häusern oder Wohnungen sein. Das ist zum Beispiel Ihre Miet-, Eigentums- oder Ferienwohnung, nicht aber dauerhaft ungenutzte oder vermietete Immobilien. Zu Ihrem Privathaushalt gehören auch Garten und Privatwege bis zur Grundstücksgrenze. Gemäß BFH zählt auch noch der an Ihr Grundstück angrenzende Bürgersteig zu Ihrem Haushalt. Voraussetzung ist jedenfalls, dass Ihre Räumlichkeiten und deren Ausstattung zu einer eigenen Haushaltsführung geeignet sein müssen. Das bedeutet, Bad, WC, Kochgelegenheit, Wohn- und Schlafbereich müssen vorhanden sein.

Die Steuerermäßigung erhalten Sie auch für haushaltsnahe Arbeiten und Dienstleistungen in einer Wohnung, die Sie Ihrem Kind unentgeltlich zur Verfügung stellen, solange Sie für das Kind Anspruch auf Kindergeld bzw. Kinderfreibeträge haben. Um Anspruch auf die Steuerermäßigung zu haben, muss Ihr Haushalt nicht zwingend in Deutschland liegen. Auch Haushalte in einem Mitgliedstaat der EU/des EWR fallen unter diese Regelung (§ 35a Abs. 4 EStG).

Haushaltsnahe Beschäftigungen

Haushaltshilfe

Falls Sie Aufwendungen für eine Haushaltshilfe haben, kann dies unmittelbare Auswirkungen auf die Steuerschuld haben. Unter die Aufwendungen fallen beispielsweise solche für die Zubereitung von Mahlzeiten, die Reinigung der Wohnung, die Gartenpflege, die Betreuung von Kindern oder alten Personen.

Die Steuerschuld vermindert sich in diesen Fällen um

- 20 Prozent der Aufwendungen, höchstens 510 Euro, wenn es sich für die Haushaltshilfe um eine geringfügige Beschäftigung handelt und Sie am sogenannten „Haushaltsscheckverfahren“ teilnehmen,

- 20 Prozent, höchstens 4.000 Euro, wenn für die Haushaltshilfe Regelbeiträge zur gesetzlichen Sozialversicherung gezahlt werden und es sich nicht um eine geringfügige Beschäftigung handelt oder es sich um sonstige Dienstleistungen – auf Rechnung – handelt, die keine Handwerkerleistungen sind.

Pflege- und Betreuungsleistungen

Die Steuerermäßigung kann auch für die Inanspruchnahme von Pflege- und Betreuungsleistungen genutzt werden sowie für Aufwendungen, die wegen der Unterbringung in einem Heim oder zur dauernden Pflege erwachsen, soweit darin Kosten für Dienstleistungen enthalten sind, die mit denen einer Hilfe im Haushalt vergleichbar sind. Hierzu ist es erforderlich, dass eine entsprechende Bescheinigung des Heimes vorgelegt werden kann, aus der hervorgeht, welche Dienstleistungen wann und von wem erbracht wurden, welcher Betrag hierfür gezahlt wurde und wer der Empfänger der Gegenleistung ist. Eine Schätzung des prozentualen Anteils am Gesamtaufwand ist dabei ausreichend.

Wohnungseigentümergemeinschaft

Sofern Sie einer Wohnungseigentümergemeinschaft angehören und diese ein Beschäftigungsverhältnis (z. B. zur Reinigung der Gemeinschaftsräume) eingegangen ist, kann die Steuervergünstigung durch Vorlage der Nebenkostenabrechnung geltend gemacht werden. Hierbei ist es wichtig, dass die Aufwendungen separat ausgewiesen und dem jeweiligen Wohnungseigentümer entsprechend seiner Beteiligungsquote zugewiesen werden.

Haushaltsnahe Dienstleistungen

Haushaltsnahe Dienstleistungen, für die eine Steuerermäßigung von 20 Prozent bis maximal 4.000 Euro in Anspruch genommen werden kann, liegen vor, wenn diese von entsprechenden Dienstleistungsunternehmen erbracht werden. Inhaltlich unterscheiden sich die haushaltsnahen Dienstleistungen nicht von denjenigen, die im Rahmen eines haushaltsnahen Beschäftigungsverhältnisses erbracht werden.

Beispiele:

- Reinigung der Wohnung durch eine selbstständige Reinigungskraft
- Gartenpflegearbeiten (Rasenmähen, Heckenschneiden)
- Pflege- und Betreuungsleistungen im Privathaushalt (z. B. durch einen Pflegedienst)

Wichtig: Voraussetzung für die Inanspruchnahme der Steuerermäßigung ist, dass Sie eine ordnungsgemäße Rechnung erhalten und die Zahlung auf das Konto des Leistungserbringers durch Kontoauszug nachweisen. Barzahlungen werden nicht anerkannt!

Wohnungseigentümergemeinschaft

Sofern Sie einer Wohnungseigentümergemeinschaft angehören sollten und diese haushaltsnahe Dienstleistungen beauftragt, kann die Steuervergünstigung durch Vorlage der Nebenkostenabrechnung geltend gemacht werden. Hierbei ist es wichtig, dass die Aufwendungen separat ausgewiesen und dem jeweiligen Wohnungseigentümer entsprechend seiner Beteiligungsquote zugewiesen werden.

Umzugskosten

Sollten die Umzugskosten (siehe oben Kapitel 3 → ABC der wichtigsten Werbungskosten → Umzugskosten) aufgrund mangelnder beruflicher Veranlassung nicht als Werbungskosten abzugsfähig sein, kommt nach einer Verfügung der OFD Koblenz ein Ansatz bei den begünstigten haushaltsnahen Dienstleistungen infrage, wenn der Umzug durch einen Spediteur durchgeführt wurde. Ähnlich wie beispielsweise die Kosten für Malerarbeiten in der selbst genutzten Wohnung werden vom Finanzamt bis zu 3.000 Euro im Jahr für Umzugskosten anerkannt. Hiervon werden 20 Prozent von der Einkommensteuerschuld abgezogen, zusammen mit den anderen Abzugsbeträgen bis zu 4.000 Euro. Berücksichtigungsfähig sind allerdings nur die reinen Arbeitskosten. Außerdem ist ein Nachweis der Aufwendungen durch Rechnung des Speditionsunternehmens und Nachweis der Zahlung auf ein Konto des

Spediteurs durch Bankbeleg erforderlich. Die Rechnung darf also nicht bar beglichen werden.

Tierbetreuungs-, Tierpflege- und Tierarztkosten

Tierbetreuungs- und -pflegekosten sowie Tierarztkosten lehnte die Finanzverwaltung bisher als haushaltsnahe Dienstleistungen ab. Der BFH hat 2016 entschieden, dass die Betreuung einer Hauskatze in der Wohnung durch einen externen Dienstleister als berücksichtigungsfähige haushaltsnahe Dienstleistung anzuerkennen ist (BFH-Urteil vom 03.09.2015, VI R 13/15). Nicht begünstigt sind jedoch Tierarztkosten, da die Leistungen des Arztes zu solchen Tätigkeiten zählen, die nicht mehr typischerweise von Angehörigen des privaten Haushalts durchgeführt werden können.

Handwerkerleistungen

Renovierungs-, Erhaltungs- und Modernisierungsmaßnahmen

Sofern Sie Handwerkerleistungen für Renovierungs-, Erhaltungs- und Modernisierungsmaßnahmen in Anspruch nehmen, mindert sich die Einkommensteuer um 20 Prozent der Aufwendungen, maximal um einen Betrag von 1.200 Euro. Angesetzt werden können allerdings nur die reinen Lohnkosten. Materialaufwendungen sind nicht begünstigt.

Neubaumaßnahmen

Seit 2014 werden als Neubaumaßnahme nur noch solche Maßnahmen gewertet, die mit der Errichtung eines Haushalts bis zu dessen Fertigstellung in Zusammenhang stehen. Insofern sind auch Handwerkerlöhne abziehbar, die bei der Schaffung neuer Wohnflächen in einem bestehenden Haushalt anfallen, zum Beispiel bei einem Dachgeschossausbau. Eine ausführliche Übersicht über die begünstigten Dienstleistungen und Handwerkerleistungen können Sie dem BMF-Schreiben vom 09.11.2016 (Gz. IV C 8 – S 2296-b/07/10003:008, Aktualisierung des BMF-Anwendungsschreibens zu § 35a EStG vom 10.01.2014) entnehmen.

11.

Die Erstellung der Einkommensteuererklärung

Schritt-für-Schritt-Erklärung 214
Musterfall Herr Eifrig 218
Steuererklärung mit ELSTER erstellen 219

Schritt-für-Schritt-Erklärung

Die Erstellung der Einkommensteuererklärung beinhaltet drei wesentliche Aufgaben:

- die Zusammenstellung aller für die Erklärung relevanten Sachverhalte
- das Ausfüllen der Formulare
- die ordnungsgemäße Belegung der gemachten Angaben

1. Schritt

Wie Sie die einzelnen steuerrelevanten Sachverhalte zusammenstellen, ergibt sich aus den bisherigen Ausführungen. Prüfen Sie Schritt für Schritt, was auf Sie zutrifft, und stellen Sie die hierfür erforderlichen Informationen zusammen. Am besten beginnen Sie bereits während des Steuerjahres. Das kann die Arbeit wesentlich erleichtern.

2. Schritt

In einem nächsten Schritt füllen Sie die Formulare aus. Obwohl eine Vielzahl von Angaben möglich ist, treffen meist nur wenige auf Sie zu. Beachten Sie, dass alle in die Formulare einzutragenden Beträge auf volle Euro nach oben aufgerundet werden. Sollte der Platz in einem Feld für Ihre Angaben nicht ausreichen, arbeiten Sie mit Anlagen und verweisen auf diese.

> ***Praxis-Tipp:***
>
> *Eine hervorragende Hilfe ist die Ausfüllanleitung, welche den Formularen beigefügt ist. Sie erleichtert die Bearbeitung der Steuererklärung ungemein.*

Achten Sie darauf, eine Zweitausfertigung der Einkommensteuererklärung zu Ihren Unterlagen zu nehmen. Dies erleichtert die Kontrolle des Steuerbescheids und dient im nächsten Jahr als Ausfüllhilfe für die zu erstellende Erklärung.

Übersicht über die auszufüllenden Formulare

Hauptvordruck/Mantelbogen

- **Persönliche Angaben** (Name, Adresse, Familienstand, Bankverbindung, Unterschrift)
- **Antrag Festsetzung Arbeitnehmer-Sparzulage**
- **Einkommensersatzleistungen**
- **Ergänzende Angaben zur Steuererklärung** (z. B. wenn bei Angaben bewusst von der Verwaltungsauffassung abgewichen wurde. Das kann z. B. der Fall sein, wenn Sie anderer Rechtsauffassung sind.)

Sonder-Ausgaben	**Anlage Sonderausgaben** (Kirchensteuer, Zuwendungen (Spenden und Mitgliedsbeiträge), Berufsausbildungskosten (wenn keine Werbungskosten), weitere Aufwendungen, wie z. B. gezahlte Versorgungsleistungen oder Unterhaltsleistungen usw.)
Außergewöhnliche Belastungen	**Anlage Außergewöhnliche Belastungen** (Behindertenpauschbetrag, Hinterbliebenenpauschbetrag, Pflegepauschbetrag, andere Aufwendungen, wie z. B. Krankheitskosten, Pflegekosten, behinderungsbedingte Aufwendungen, Bestattungskosten usw.)
Handwerker, Dienstleistungen	**Anlage Haushaltsnahe Aufwendungen** (Geringfügige Beschäftigungen im Privathaushalt - sog. Minijobs -,Haushaltsnahe Dienstleistungen, Handwerkerleistungen)
Versicherungsbeiträge	**Anlage Vorsorgeaufwand** (privater Vorsorgeaufwand, z. B. Beiträge zur Rentenversicherung (auch Rürup), Kranken-, Pflege-, Arbeitslosen-, Unfall-, Haftpflicht-Versicherung) **Anlage AV** (Altersvorsorgeaufwendungen, Riester-Verträge)
Kinder	**Anlage Kind** (**Kind**erberücksichtigung/steuerliche Vergünstigungen für Kinder) **Anlage K** (Übertragung von Freibeträgen für **K**inder auf Großeltern/Stiefeltern)
Unterhalt	**Anlage Unterhalt** (**Unterhalts**leistungen an bedürftige Personen) **Anlage U** (**U**nterhalt an den Ex-Ehegatten/Ex-Partner in Lebenspartnerschaft)

Anlagen zu den 7 Einkunftsarten

Fortsetzung ➡

Übersicht über die auszufüllenden Formulare

Fortsetzung

Anlagen zu den 7 Einkunftsarten

Gewinneinkünfte

Anlage L
(**L**and- und Fortstwirtschaft, z. B. Bauernhof, Gärtnerei, Viehzucht)

Anlage G
(**G**ewerbebetrieb, z. B. Handel, Handwerk, Dienstleistung, Produktion)

Anlage S
(**S**elbstständige Arbeit, z. B. Freiberufler, Fahrlehrer, Autor)

Anlage EÜR
(**E**innahme-**Ü**berschuss-**R**echnung)

Anlage 34a
(nur bei Buchführung, ermäßigte Besteuerung von in einem Betrieb stehen gelassener Gewinne)

Zusätzlich Gewinnermittlung

- Bilanz und Gewinn- und Verlust-Rechnung (Buchführung)
- **E**innahme-**Ü**berschuss-**R**echnung

Überschusseinkünfte

Anlage N
(**N**ichtselbstständige Arbeit, z. B. Arbeitnehmer, Pensionäre, Soldaten, Polizisten, Betriebsrentner)

Anlage KAP
(**Kap**italvermögen, z. B. Zinsen, Dividenden, Aktienverkäufe, Börsengeschäfte)

Anlage(n) V
(**V**ermietung, z. B. Grundstücke, Gebäude, Wohnungen, einzelne Zimmer)

Anlage R
(**R**enten, z. B. gesetzliche Rente, private Rente, Renten aus Rürup-Verträgen, Riester-Renten)

Anlage SO
(**so**nstige Einkünfte, z. B. private Veräußerungsgeschäfte)

Anlage AUS
(**aus**ländische Einkünfte)

3. Schritt

Der dritte Schritt besteht darin, alle Angaben ordnungsgemäß zu belegen. Wichtige Belege sind Abordnungen, Kommandierungsverfügungen, Dienstreiseanordnungen, Dienstreiseabrechnungen, Bestätigungen der Dienststelle, Quittungen, Rechnungen, Bankbelege, Spendenbescheinigungen, etc. Sollten bestimmte Sachverhalte nur durch sogenannte Eigenbelege dokumentiert werden können, müssen Sie diese selbst erstellen.

Die Pflicht zur Vorlage von Belegen beim Finanzamt ist seit dem Veranlagungszeitraum 2017 weitgehend entfallen und besteht nur noch bei einzelnen Sachverhalten. Aus der Belegvorlagepflicht ist damit eine Belegvorhaltepflicht geworden.

Wichtig: Das bedeutet nicht, dass Sie keine Belege mehr benötigen, sondern nur, dass Sie diese nicht mehr mit Ihrer Steuererklärung für das Jahr 2021 einreichen müssen. Nachweisunterlagen sind lediglich aufzubewahren und erst auf Anforderung seitens des Finanzamts vorzulegen.

Inwieweit das Finanzamt Belege anfordern wird, bleibt abzuwarten.

Hintergrund hierfür ist, dass das Besteuerungsverfahren vereinfacht werden soll und mittelfristig sämtliche Daten, zum Beispiel von Spendenempfängern elektronisch an das Finanzamt übermittelt werden sollen.

Praxis-Tipp:

Es ist empfehlenswert, Belege nicht einzureichen. Standardfälle werden dann mit großer Wahrscheinlichkeit gar nicht von einem Sachbearbeiter persönlich geprüft. Die Fälle, bei denen Belege eingereicht werden, müssen jedoch zwingend persönlich durch einen Sachbearbeiter bearbeitet werden.

Nachdem die Erklärung fertiggestellt ist, können Sie diese beim Finanzamt einreichen. Vergessen Sie nicht, die Erklärung zu unterschreiben, ansonsten erfolgt keine Bearbeitung.

Es ist ratsam, die Steuererklärung möglichst früh im neuen Jahr beim Finanzamt einzureichen. In aller Regel kommt es dann zu einer schnelleren Bearbeitung.

Musterfall Herr Eifrig

Der Musterfall des Herrn Eifrig soll Sie dabei unterstützen, die eigene Steuererklärung zügig und richtig zu bearbeiten. Damit dies möglich ist, wurde der Fall recht umfangreich gestaltet, um verschiedene steuerliche Situationen abzubilden. Auch Berechnungen sind abgebildet, aus denen die Auswirkungen der einzelnen Formulareinträge hervorgehen. Den Musterfall können Sie unter www.WALHALLA.de als PDF-Datei herunterladen. Den Aktivierungscode finden Sie auf der Umschlaginnenseite.

Die online bereitgestellten Formulare sind individuell auf die persönlichen Lebensverhältnisse von Herrn Eifrig abgestimmt. Dabei sollen möglichst viele potenzielle Situationen dargestellt werden. Das eine oder andere Formular oder eine Eintragung wird somit für Sie nicht gelten, überspringen Sie es einfach.

Wichtig: Der online bereitgestellte Musterfall wird anhand der Formulare sowie der dazugehörigen Anlagen für das Jahr 2020 dargestellt und an die Formulare 2021 angepasst, sobald die Formulare für das Steuerjahr 2021 vom Ministerium freigegeben werden. Der Musterfall nebst Berechnungen wurde mit dem Steuerprogramm WISO Steuer-Sparbuch der Buhl Data Service GmbH erstellt, die Abbildung erfolgt mit freundlicher Genehmigung der Buhl Data Service GmbH.

Praxis-Tipp:

Blanko-Formulare für Ihre eigene Steuererklärung können Sie abrufen unter: www.bundesfinanzministerium.de

Wenn Sie Ihre Steuererklärung mit ELSTER erstellen, beachten Sie hierzu den folgenden Abschnitt.

Steuererklärung mit ELSTER erstellen

Grundsätzliches

Sie können Ihre Steuererklärung anstatt in Papierform mithilfe von ELSTER auch elektronisch an das Finanzamt übermitteln. ELSTER ist die Abkürzung für **el**ektronische **St**euer**er**klärung.

Vorteile

Die elektronische Abgabe der Steuererklärung hat verschiedene Vorteile:

- Die Finanzämter aller Bundesländer sind angehalten, elektronisch übermittelte Steuererklärungen bevorzugt zu bearbeiten.
- Zu elektronisch übermittelten Erklärungen müssen wesentlich weniger Belege mit eingereicht werden.
- Durch die elektronische Datenübermittlung hat das Finanzamt weniger Aufwand und Eingabefehler seitens des Finanzamts werden vermieden.

Registrierung

Für die papierlose Abgabe von Steuererklärungen müssen Sie sich nur einmalig unter www.elster.de registrieren. Anschließend können Sie unter „Mein ELSTER" nahezu alle Steuererklärungen und Steueranmeldungen erstellen und an die Finanzverwaltung übermitteln. Bei der Registrierung haben Sie verschiedene Auswahlmöglichkeiten. Sie als Steuerpflichtiger wählen das Login mit einer Zertifikatsdatei, die anderen Login-Optionen sind für Unternehmer und Steuerberater gedacht. 11

Der Registrierungsprozess erfolgt in vier Schritten.

Schritt 1: Login-Option auswählen

Sie entscheiden sich für das Login mit einer Zertifikatsdatei.

Schritt 2: Registrierung

Bei der Registrierung müssen Sie Ihre persönliche Identifikationsnummer angeben, welche Sie auf der ersten Seite Ihres Einkommensteuerbescheids finden. Sie können die Nummer auch unter www.identifikationsmerkmal.de anfordern, die Bearbeitungszeit kann jedoch bis zu vier Wochen betragen.

Im weiteren Verlauf der Registrierung bei ELSTER müssen Sie eine Sicherheitsabfrage beantworten. Diese benötigen Sie, falls Sie Ihr Benutzerkonto löschen möchten.

Nach dem Senden Ihrer Registrierungsdaten erhalten Sie eine erste E-Mail, deren Zustellung Sie bestätigen müssen. Im Anschluss erhalten Sie eine zweite E-Mail mit Ihrer Aktivierungs-ID und einige Tage später per Brief Ihren Aktivierungscode. Dieser wird von der Finanzverwaltung an die Adresse verschickt, die der Einwohnermeldebehörde bekannt ist. Nachdem Ihnen beide Aktivierungsdaten vorliegen, können Sie Ihre Registrierung abschließen.

Schritt 3: Zertifikat erstellen

Klicken Sie auf den Link, den Sie in der zweiten E-Mail erhalten haben, und geben Sie anschließend Ihre Aktivierungs-ID aus der E-Mail und den Aktivierungscode aus dem Brief ein. Im nächsten Schritt vergeben Sie ein persönliches Passwort für die Nutzung von „Mein ELSTER“. Klicken Sie im Anschluss auf „Erstellen“, um Ihre Zertifikatsdatei herunterladen zu können. Ihre persönliche Zertifikatsdatei erkennen Sie an der Endung „.pfx“.

Schritt 4: Login

Führen Sie nun das erstmalige Login bei ELSTER aus und vervollständigen Sie Ihr Profil. Erst nachdem Sie sich erstmals eingeloggt haben, ist Ihre Registrierung vollständig abgeschlossen.

Nun können Sie sich mit Ihrer Zertifikatsdatei und Ihrem persönlichen Passwort jederzeit auf www.elster.de einloggen und Ihre Steuererklärung erstellen sowie an die Finanzverwaltung versenden.

Als Service steht Ihnen auf ELSTER natürlich auch die vorausgefüllte Steuererklärung zur Verfügung. Das bedeutet, dass Sie die Daten abrufen können, die Ihr Dienstherr, Ihre Versicherungen usw. elektronisch an die Finanzverwaltung übermittelt haben. Diese Daten werden dann automatisch in die entsprechenden Vordrucke der Steuererklärung übernommen.

12.

Tipps und Informationen

Steuerklassenwahl 222
Lohnsteuerabzugsmerkmale 223
Lohnsteuerermäßigungsverfahren 224
Übergangsbeihilfen und Übergangsgebührnisse 226
Vorauszahlungen 226
Heirat 227
Antrag auf Änderung, Einspruch und Klage 230
Steuerhinterziehung 234

Steuerklassenwahl

Die Steuerklassen bestimmen, welche persönlichen Verhältnisse und, damit zusammenhängend, welche Freibeträge bei der Berechnung der Lohnsteuer zu berücksichtigen sind. Des Weiteren bestimmt die Steuerklasse, ob die Grundtabelle oder aber die Splittingtabelle Anwendung findet.

Insgesamt gibt es sechs Steuerklassen, wobei den einzelnen Klassen folgende Arbeitnehmer zugeordnet werden:

- **Steuerklasse I:** Gilt für alle alleinstehenden (ledig, dauernd getrennt lebend, geschieden, verwitwet) Arbeitnehmer.
- **Steuerklasse II:** Gilt für alle alleinstehenden Arbeitnehmer, bei denen mindestens ein Kind zum Haushalt gehört, für das sie Anspruch auf Kindergeld oder Kinderfreibetrag haben. Wichtig ist, dass die Steuerklasse II nur den „echten Alleinerziehenden" zugutekommt.
- **Steuerklasse III:** Gilt im Wesentlichen bei einer Zusammenveranlagung, wenn der andere Ehegatte entweder keinen Arbeitslohn bezieht oder aber nach Steuerklasse V besteuert wird. Die Kombination III/V ist eine von zwei möglichen Kombinationen bei zusammen veranlagten Ehegatten und wird nur auf Antrag eingetragen.
- **Steuerklasse IV:** Gilt grundsätzlich, wenn beide nicht dauernd getrenntlebenden Ehegatten Arbeitslohn beziehen. Nach der Heirat wird automatische die Steuerklassenkombination IV/IV eingetragen, auf Antrag ist ein Wechsel in die Kombination III/V möglich. Bei der Steuerklasse IV werden beide Ehegatten wie alleinstehend behandelt. Darüber hinaus ist bei der Steuerklassenkombination IV/IV das sogenannte Faktorverfahren möglich.
- **Steuerklasse V:** Gilt immer dann, wenn einer der Ehegatten sich auf Antrag in Steuerklasse III befindet.
- **Steuerklasse VI:** Gilt, wenn Sie neben Ihrem Beschäftigungsverhältnis weiteren Beschäftigungsverhältnissen nachgehen.

Aus dieser Übersicht ist erkennbar, dass nur zusammen veranlagten Ehegatten die Wahlfreiheit haben, sich zwischen verschiedenen Steuerklassenkombinationen, nämlich IV/IV oder III/V, zu entscheiden. Als Faustregel gilt, dass die Kombination III/V immer dann günstiger ist, wenn die Besoldungsbezüge des besserverdienenden Ehegatten 60 Prozent oder mehr zum Gesamtbruttoarbeitslohn beitragen. In diesem Fall ist der Ehegatte mit dem höheren Arbeitseinkommen in Steuerklasse III, der mit dem niedrigeren in Steuerklasse V einzureihen.

Praxis-Tipp:

Die Wahl der Steuerklasse hat keine Konsequenzen auf die endgültige Gesamtsteuerbelastung. Durch geschickte Wahl der Steuerklassenkombination ist lediglich zu erreichen, dass das monatliche Nettogehalt höher ausfällt. Im Rahmen der Einkommensteuerveranlagung werden etwaige Unterschiede wieder ausgeglichen. Wer also im Laufe eines Jahres eine für ihn ungünstige Kombination gewählt hat, erhält zu viel bezahlte Steuern im Rahmen der Einkommensteuerveranlagung im Folgejahr zurück.

Zu beachten ist außerdem, dass die Steuerklassenwahl nicht nur unter steuerlichen Gesichtspunkten zu treffen ist. Ehegatten sollten daran denken, dass Lohnersatzleistungen, wie Arbeitslosengeld, Unterhaltsgeld, Krankengeld, Versorgungskrankengeld, Verletztengeld, Übergangsgeld oder Elterngeld von dem zuletzt bezogenen Nettoarbeitslohn abhängen können. Für Arbeitnehmer in der Steuerklasse V sind diese Lohnersatzleistungen daher geringer als bei gleich hohem Bruttoarbeitslohn, für den die Lohnsteuer nach den Steuerklassen III oder IV einzubehalten ist.

Praxis-Tipp:

Der sogenannte Faktor beim Lohnsteuerabzug von Ehegatten bei der Lohnsteuerklassenkombination IV/IV muss nicht jährlich neu beantragt werden. Erstmals für das Jahr 2019 ist der beantragte Faktor zwei Jahre lang gültig.

Lohnsteuerabzugsmerkmale

Die Lohnsteuerkarte bzw. Ersatzbescheinigung wurde zum 01.01.2013 durch die sogenannten **El**ektronischen**Lohn****St**euer**A**bzugs**M**erkmale (ELStAM) ersetzt. Steuerlich relevante Ereignisse (z. B. Eheschließung, Geburt oder Adoption eines Kindes, Kirchenein- oder -austritt) werden seither automatisch nach der Eintragung im Melderegister berücksichtigt. Verpflichtet zu einer Änderung der Lohnsteuerabzugsmerkmale sind Sie, wenn

- sich die Verhältnisse für die Eintragung der Steuerklasse und der Kinderfreibeträge vor Beginn eines Jahres ändern.
- Sie als Arbeitnehmer vor Beginn oder im Laufe eines Jahres beschränkt einkommensteuerpflichtig werden.

Sie haben die Möglichkeit, die für Sie hinterlegten Daten im ELSTER-Portal (www.elster.de) jederzeit zu kontrollieren. Hierfür ist lediglich eine Registrierung mit der persönlichen Steueridentifikationsnummer notwendig (s. o.), bei Ehegatten muss jeder Partner registriert sein. Weitere Informationen finden Sie in Kapitel 11.

> ***Praxis-Tipp:***
>
> *Sie sollten bei Änderungen immer im ELSTER kontrollieren, ob diese auch tatsächlich eingetragen wurden. Bei fehlerhaften Daten finden Sie auch die Änderungsanträge unter: www.elster.de*

Lohnsteuerermäßigungsverfahren

Bestimmte Aufwendungen mit steuerlicher Wirkung, die beim jeweiligen Steuerpflichtigen üblicherweise anfallen, können als Freibeträge (z. B. für doppelte Haushaltsführung) bei ELStAM hinterlegt werden. Der Freibetrag mindert Ihr zu versteuerndes Einkommen, damit fließt Ihnen monatlich ein höheres Nettoeinkommen zu. Für das laufende Kalenderjahr ist eine Änderung bis zum 30.11. möglich. Eintragungsfähig sind:

- Werbungskosten, sofern sie den Pauschbetrag von 1.000 Euro übersteigen
- Sonderausgaben – ohne Vorsorgeaufwendungen –, sofern sie den Pauschbetrag von 36 Euro/72 Euro übersteigen
- um die zumutbare Belastung gekürzte außergewöhnliche Belastungen
- Pauschbeträge für Menschen mit Behinderungen und Hinterbliebene

- Verluste aus Vermietung und Verpachtung
- Steuerermäßigung wegen Aufwendungen für haushaltsnahe Dienstleistungen und Handwerkerleistungen

Das Gesetz unterscheidet zwischen Ermäßigungsgründen, die nur unter Beachtung einer betragsmäßigen Grenze eingetragen werden können, und solchen, bei denen die Eintragung uneingeschränkt zulässig ist. Ein Antrag auf Änderung der ELStAM wegen erhöhter Werbungskosten, erhöhter Sonderausgaben oder außergewöhnlicher Belastungen ist nur zulässig, wenn die abziehbaren Beträge insgesamt eine Antragsgrenze von 600 Euro überschreiten. Die übrigen Ermäßigungsgründe (Pauschbetrag für Menschen mit Behinderung und Hinterbliebene, voraussichtliche Verluste aus anderen Einkunftsarten) bleiben hiervon unberührt. Den Freibetrag können Sie grundsätzlich für zwei Jahre beantragen.

Der Freibetrag greift ab dem 01. des Folgemonats nach der Eintragung in Ihre ELStAM. Grundsätzlich beginnt das Lohnsteuerermäßigungsverfahren am 01.10. des Vorjahres, für den der Freibetrag gelten soll. Ab dem 01.10.2021 eingetragene Freibeträge gelten dann ab dem 01.01.2022 bis längstens 31.12.2023.

Beispiel:

Sie beantragen einen Freibetrag in Höhe von 2.400 EUR am

30.10.2021	Der Freibetrag greift ab dem 01.11.2021 und wird auf die restlichen Monate des Jahres aufgeteilt. Für November und Dezember also jeweils 1.200 EUR.
30.11.2021	Der Freibetrag greift ab dem 01.12.2021, Sie erhalten im Dezember den vollen Freibetrag von 2.400 EUR.
30.10.2021 (für 2 Jahre)	Der Freibetrag greift ab dem 01.11.2021 und wird auf die restlichen Monate des Jahres aufgeteilt. Für November und Dezember also jeweils 1.200 EUR. Ab dem 01.01.2022 monatlich 200 EUR.
30.11.2021 (für 2 Jahre)	Der Freibetrag greift ab dem 01.12.2021, Sie erhalten im Dezember den vollen Freibetrag von 2.400 EUR. Ab dem 01.01.2022 monatlich 200 EUR.

Übergangsbeihilfen und Übergangsgebührnisse

Beim Ausscheiden eines Zeitsoldaten aus dem aktiven Dienstverhältnis erhält dieser abhängig von seiner Verpflichtungszeit eine einmalige Übergangsbeihilfe. Diese ist seit 2006 voll steuerpflichtig. Lediglich für diejenigen Soldaten, deren Dienstverhältnis vor dem 01.01.2006 begonnen hat, galt eine Übergangsfrist. Falls in diesen Fällen die Übergangsbeihilfen vor 2009 ausgezahlt wurden, waren sie bis zu einem Betrag in Höhe von 10.800 Euro steuerfrei. Die ebenfalls in Abhängigkeit von der Verpflichtungszeit gewährten Übergangsgebührnisse sind als Lohneinkünfte voll steuerpflichtig.

Vorauszahlungen

Die Einkommensteuer entsteht erst mit Ablauf eines Kalenderjahres, ihre endgültige Festsetzung erfolgt im Rahmen des Einkommensteuerbescheids. Erst danach wird sie fällig und muss gezahlt werden.

Um diese Zeit zu überbrücken, hat der Gesetzgeber Vorauszahlungsverfahren entwickelt. Arbeitnehmer leisten dabei auf die von ihnen bezogenen Lohneinkünfte durch Abzug der Lohnsteuer monatliche Vorauszahlungen im Rahmen des sogenannten Quellenabzugsverfahrens (Steuerabzug an der Einnahmenquelle). Bei Einkünften aus Vermietung und Verpachtung, Gewinnen aus gewerblicher bzw. freiberuflicher Tätigkeit oder aus Land- und Forstwirtschaft und bei Kapitalerträgen aus Konten und Depots im Ausland setzt das Finanzamt dagegen vierteljährliche Vorauszahlungen fest.

Beispiel:

Hauptmann Eil betreibt nebenberuflich einen Reparaturservice für Modellautos. Aus dieser Nebentätigkeit erzielt er einen jährlichen Gewinn von ca. 8.000 EUR (Einkünfte aus Gewerbebetrieb). Während für die bezogenen Besoldungseinkünfte monatlich Lohnsteuer einbehalten und ans Finanzamt abgeführt wird, ist das bei den Einkünften aus Gewerbebetrieb nicht der Fall. Hier greift das Vorauszahlungsverfahren.

Vorauszahlungen werden durch einen eigenen Bescheid festgesetzt. Grundsätzlich sind sie zum 10.03., 10.06., 10.09. und 10.12. eines jeden Jahres zu zahlen. Sie werden bei der Berechnung der Einkommensteuerschuld in gleicher Weise wie die bezahlte Lohnsteuer berücksichtigt. Zu viel bezahlte Steuer wird zurückerstattet. Waren die Vorauszahlungen insgesamt zu niedrig, ist innerhalb von einem Monat seit Bekanntgabe des Steuerbescheids der Nachzahlungsbetrag zu leisten.

Berechnet werden die Vorauszahlungen auf Basis der voraussichtlich zu erwartenden Jahressteuer. Grundlage ist die Einkommensteuerfestsetzung im Rahmen des letzten Einkommensteuerbescheids. Werden dem Finanzamt während des Steuerjahres Sachverhalte bekannt, die vermuten lassen, dass die Steuerschuld höher als im vergangenen Jahr sein wird (z. B. die Anmeldung eines Gewerbes), werden die Vorauszahlungen auf Basis der neuen Informationen festgesetzt. Können Sie glaubhaft machen, dass die Steuerschuld geringer ausfallen wird (z. B. aufgrund niedrigerer Gewinne), können Sie die Herabsetzung der Vorauszahlungen beim Finanzamt beantragen.

Vorauszahlungen werden im Übrigen nur dann festgesetzt, wenn sie mindestens 400 Euro im Kalenderjahr und mindestens 100 Euro für einen Vorauszahlungszeitpunkt betragen.

Heirat

Mit der Eingehung einer Ehe (Hinweis: seit Oktober 2017 gibt es die sog. "Ehe für alle", die die eingetragene Lebenspartnerschaft abgelöst hat) sind auch steuerliche Folgen verbunden.

Die bedeutsamste Konsequenz besteht darin, dass sich Ehegatten zusammen veranlagen lassen und vom Splittingverfahren profitieren können. In vielen Fällen ist dies günstig und führt insgesamt zu einer niedrigeren Steuerbelastung. Da das Splittingverfahren für ein ganzes Jahr gilt, kann es sinnvoll sein, noch im Dezember anstatt erst im Januar des nächsten Jahres zu heiraten.

Mit dem Steuervereinfachungsgesetz 2011 hat der Gesetzgeber die besondere Veranlagung für Ehegatten gestrichen und die getrennte Veranlagung durch die sogenannte Einzelveranlagung ersetzt.

Der wesentliche Unterschied, der sich bei der Einzelveranlagung im Gegensatz zur getrennten Veranlagung ergibt, ist, dass Sonderausgaben, außergewöhnliche Belastungen und die Steuerermäßigung nach § 35a EStG (Haushaltsnahe Dienstleistungen/Beschäftigungen, Handwerkerleistungen) künftig dem Ehegatten zugerechnet werden, der sie gezahlt hat. Auf Antrag können diese jedem Ehegatten hälftig zugerechnet werden. Eine steuerlich optimale Verteilung der Kosten ist somit künftig nicht mehr möglich.

Die Einzelveranlagung statt der Zusammenveranlagung zu wählen kann zum Beispiel sinnvoll sein, wenn

- einer der Ehegatten zwar steuerfreie, aber dem Progressionsvorbehalt unterliegende Einkünfte bezieht (z. B. Arbeitslosengeld, ausländische Einkünfte) und der andere Ehegatte steuerpflichtige Einkünfte hat.
- einer der Ehegatten tarifbegünstigte Einkünfte erzielt (z. B. Betriebsaufgabegewinne).
- ein Ehegatte Verluste erzielt hat und der andere geringe eigene Einkünfte hat.
- beide Ehegatten Nebeneinkünfte bis 410 Euro beziehen, welche in der Summe 410 Euro übersteigen.
- bei den Vorsorgeaufwendungen der Vorwegabzug des einen Ehegatten durch die Lohneinkünfte des anderen Ehegatten gekürzt werden.

Praxis-Tipp:

Beachten Sie, dass Sie jedes Jahr neu entscheiden können, welche Veranlagung Sie wählen. Ob eine Einzelveranlagung tatsächlich günstiger als die Zusammenveranlagung ist, kann nur durch eine Vergleichsberechnung der Veranlagungsformen ermittelt werden. Ohne Zuhilfenahme von EDV ist dies nur schwer möglich. Hier hilft im Zweifel ein Steuerberater weiter.

Eingetragene Lebenspartnerschaft

2013 entschied das Bundesverfassungsgericht, dass das Ehegattensplitting auch für eingetragene Lebenspartner Anwendung findet, die bisherige Nichtanerkennung des Splittingtarifs für eingetragene Lebenspartner ist verfassungswidrig. Die Richter urteilten, dass die steuerrechtliche Regelung **rückwirkend zum 01.08.2001** geändert werden muss, das heißt, ab der Einführung des Lebenspartnerschaftsgesetzes.

Theoretisch bedeutet das, dass Sie rückwirkend bis 2001 Ihre Steuererklärung von Einzelveranlagung auf Zusammenveranlagung mit Ihrem Lebenspartner (und somit Inanspruchnahme des Splittingtarifs) ändern lassen können. In der Praxis dürfte in den meisten Fällen die Abgabefrist für die Steuererklärung schon verjährt sein.

Damit Sie von dem Urteil profitieren können, darf Ihr Steuerbescheid noch nicht bestandskräftig sein. Alleine aufgrund des Urteils können Sie Ihre Steuerbescheide nicht ändern lassen.

In folgenden Fällen ist Ihr Bescheid noch änderbar:

- Ihr Bescheid wurde unter dem sogenannten Vorbehalt der Nachprüfung erlassen. Hier reicht ein schriftlicher Antrag unter Bezugnahme auf das Urteil, dass Sie und Ihr Partner die Zusammenveranlagung beantragen.
- Sie haben jedes Jahr Einspruch gegen die Einzelveranlagung eingelegt und das Finanzamt hat die Bescheide bis zur Entscheidung des Verfassungsgerichts ruhend gestellt. Hier müssen Sie nichts mehr tun. Da die Entscheidung nun vorliegt, werden die Finanzämter die Verfahren wieder aufnehmen und geänderte Steuerbescheide erlassen.
- In allen anderen Fällen profitieren Sie von dem Urteil nur, sofern die Steuerbescheide noch nicht bestandskräftig sind. Das ist der Fall, wenn
  - Sie oder Ihr Lebenspartner keine Steuererklärung abgegeben haben. In diesem Fall geben Sie die Steuererklärungen für die letzten vier (maximal sieben) Jahre ab und setzen das Kreuz bei Zusammenveranlagung. Diese Möglichkeit besteht auch, wenn einer von Ihnen jährlich Steuererklärungen abgegeben hat und die Bescheide bereits bestandskräftig sind, der andere Lebenspartner jedoch in der Vergangenheit keine Steuererklärung abgegeben hat.

– beide Lebenspartner Steuererklärungen abgegeben haben, aber die Steuerbescheide von nur einem Lebenspartner noch offen sind (weil der jedes Jahr Einspruch gegen die Einzelveranlagung eingelegt hat). Hier können Sie für jede noch nicht bestandskräftige Steuererklärung nachträglich die Zusammenveranlagung beantragen. Es reicht, dass die Steuerbescheide von einem Lebenspartner noch nicht bestandskräftig sind.

Sofern Ihr Steuerbescheid und der Ihres Lebenspartners bereits bestandskräftig ist, profitieren Sie nicht von dem Verfassungsgerichtsurteil.

Antrag auf Änderung, Einspruch und Klage

Beim Erlass von Steuerbescheiden können sich Fehler einschleichen, zum Beispiel bei der Übertragung der Daten aus dem Formular in den Computer. In einem solchen Fall ist es das einfachste, sofort nach Erhalt des Bescheids den zuständigen Sachbearbeiter anzurufen und zu versuchen, die Angelegenheit unbürokratisch zu regeln. In den meisten dieser Fälle wird ein neuer Bescheid erlassen, und die Sache ist erledigt. Im Zweifelsfall ist ein formloser schriftlicher Antrag auf schlichte Änderung des Bescheids zu stellen.

Wenn dies nicht weiterhilft und Sie einen Einkommensteuerbescheid für rechtswidrig halten, da einzelne Positionen nicht anerkannt wurden, steht Ihnen als Rechtsmittel im außergerichtlichen Verfahren der Einspruch zur Verfügung. Zulässig ist der Einspruch allerdings nur, wenn Sie „beschwert" sind, das heißt, wenn Sie durch den Ihrer Auffassung nach fehlerhaften Bescheid benachteiligt sind. Dies ist in der Regel dann der Fall, wenn der erwartete Erstattungsbetrag niedriger ausfällt als bei Berücksichtigung der streitbehafteten Positionen.

Praxis-Tipp:

In der Beratungspraxis lässt sich immer wieder feststellen, dass Personen Einsprüche wegen der Nichtberücksichtigung von verschiedenen Positionen einlegen, ohne die Rechtslage genau zu kennen. Prüfen Sie daher vor Einlegung eines Einspruchs genau, ob Aussicht auf Erfolg besteht. Falls die Abweichung von der Erklärung auf dem Steuerbescheid nicht ausreichend erläutert ist, kontaktieren Sie den Sachbearbeiter beim Finanzamt und fragen Sie nach, aus welchen Gründen er den einen oder anderen Ansatz verweigert.

Den Einspruch richten Sie unter Angabe der Steuernummer und des angefochtenen Bescheids an das zuständige Finanzamt. Im Rahmen des Einspruchs haben Sie die Möglichkeit, die Aussetzung der Vollziehung zu beantragen. Folgt das Finanzamt diesem Antrag, wird die Veranlagung zunächst so durchgeführt, wie Sie es beantragt haben. Das Finanzamt hat dem Antrag zu folgen, wenn ernsthafte Zweifel an der Rechtmäßigkeit des Einkommensteuerbescheids bestehen. Das formlose Schreiben könnte wie folgt aussehen:

Peter und Petra Peters
Oberbach
StNr.: 999/234/4711/1

Sehr geehrte Damen und Herren,
gegen den Einkommensteuerbescheid ... legen wir hiermit Einspruch ein. Gleichzeitig beantragen wir die Aussetzung der Vollziehung, da erhebliche Zweifel an der Rechtmäßigkeit des angefochtenen Verwaltungsakts bestehen.
Begründung: Entgegen unserer Erklärung haben Sie die Kosten für die Anschaffung eines PC nicht anerkannt, da Sie die berufliche Nutzung nicht nachvollziehen können. Dieser Auffassung ist nicht zu folgen. In der Anlage übersenden wir eine Bescheinigung der Dienststelle, aus welcher eindeutig hervorgeht, in welchem Umfang und für welche Zwecke der PC beruflich genutzt wird. Wir beantragen daher die Änderung des angefochtenen Bescheids und verbleiben ...

Wichtig ist, dass Sie sowohl den Antrag auf schlichte Änderung als auch den Einspruch innerhalb der hierfür vorgesehenen Frist von **einem Monat seit Bekanntgabe des Bescheids** einlegen. In der Regel werden Steuerbescheide mit der Post zugesendet.

Als bekannt gegeben gilt ein Verwaltungsakt bei Postzustellung drei Tage nach der Aufgabe zur Post (beachten Sie den Stempel), auch wenn Sie den Bescheid früher erhalten haben. Fällt dieser Tag auf einen Samstag, Sonntag oder Feiertag, beginnt die Einspruchsfrist erst am darauffolgenden Werktag. Die Monatsfrist endet mit dem Ablauf desjenigen Tages des darauffolgenden Monats, der durch seine Zahl dem Tag entspricht, an dem der Bescheid bekanntgegeben wurde. Ist dieser Tag ebenfalls ein Samstag, Sonntag oder Feiertag, endet die Frist ebenfalls am darauffolgenden Werktag. Achten Sie darauf, nicht „einen Monat" mit „vier Wochen" gleichzusetzen, hier besteht ein juristischer Unterschied.

Beispiel:

Der Briefträger wirft Herrn Meier am 01.10.2021 den Einkommensteuerbescheid in den Briefkasten. Als Herr Meier den Brief abends aus dem Briefkasten nimmt, sieht er, dass der Umschlag am 30.09.2021 abgestempelt wurde. Unter Anwendung der Drei-Tages-Fiktion rechnet er aus, dass der Bescheid erst am 04.10.2021 als bekanntgegeben gilt, da es sich beim dritten Tag, dem 03.10.2021, um einen Feiertag handelt. Die Einspruchsfrist endet einen Monat später am 04.11.2021. Das ist kein Samstag, Sonntag oder Feiertag. Herr Meiers Einspruch gegen den Steuerbescheid muss also spätestens am Donnerstag, den 04.11.2021, beim zuständigen Finanzamt eingegangen sein, die Monatsfrist endet am 04.11.2021 um 23:59 Uhr.

Praxis-Tipp:

Falls Sie bei der Einkommensteuererklärung Angaben vergessen haben sollten, können Sie diese im Rahmen des Einspruchsverfahrens noch geltend machen. Bedenken Sie allerdings auch, dass Fehler des Finanzamts zu Ihren Gunsten ebenfalls korrigiert werden können.

Was passiert nach Einlegung des Einspruchs?

Nachdem Sie Ihren Einspruch beim Finanzamt eingereicht haben, wird Ihr Einspruch entweder durch den Finanzbeamten, welcher Ihren Steuerbescheid erlassen hat, oder durch die Rechtsbehelfsstelle bearbeitet. Hat das Finanzamt nach sechs Monaten noch nicht über Ihren Einspruch entschieden, können Sie beim Finanzgericht Untätigkeitsklage erheben (§ 46 FGO). Durch Ihren Einspruch ist der gesamte Steuerbescheid wieder offen; insofern kann das Finanzamt alle Punkte Ihrer Steuererklärung nochmals prüfen. Das Finanzamt kann im Rahmen der Einspruchsprüfung zu folgenden Ergebnissen kommen:

- Das Finanzamt gibt Ihnen (teilweise) Recht und erlässt einen neuen, (teilweise) korrigierten Steuerbescheid. Über die noch offenen Streitpunkte erhalten Sie dann zu einem späteren Zeitpunkt eine Entscheidung.
- Das Finanzamt teilt Ihre Meinung nicht und fordert Sie auf, Ihren Einspruch mangels Erfolgsaussicht schriftlich zurückzunehmen. Folgen Sie dieser Aufforderung, wird Ihr Steuerbescheid bestandskräftig. Andernfalls gibt es eine Einspruchsentscheidung.
- Das Finanzamt beendet das Einspruchsverfahren mit einer förmlichen Einspruchsentscheidung. Diese Einspruchsentscheidung enthält eine Rechtsbehelfsbelehrung. Sollte das Finanzamt im Rahmen der Einspruchsentscheidung nicht Ihrer Auffassung gefolgt sein, bleibt als nächster Schritt nur noch die Klage vor dem Finanzgericht. Hier empfiehlt es sich jedoch, professionelle Hilfe eines Steuerberaters einzuholen. Die Frist für eine Klage beim Finanzgericht beträgt einen Monat und beginnt mit der Bekanntgabe der Einspruchsentscheidung (Drei-Tages-Fiktion, s. o.).
- Das Finanzamt teilt Ihnen mit, dass es den ursprünglichen Steuerbescheid zu Ihrem Nachteil ändern und eine höhere Steuer festsetzen will. Ursache dafür könnte sein, dass der Sachbearbeiter im ursprünglichen Steuerbescheid einen Fehler zu Ihren Ungunsten gefunden hat. Das Finanzamt muss jedoch auf die beabsichtigte „Verböserung" hinweisen und Ihnen eine angemessene Frist (regelmäßig einen Monat) einräumen, innerhalb der Sie sich hierzu äußern können. Wenn Sie nun Ihren Einspruch vor der Einspruchsentscheidung zurücknehmen, können Sie diese Schlechterstellung vermeiden.

Steuerhinterziehung

Es gibt zahlreiche Bürger, die sich nicht im Klaren darüber sind, dass der Versuch, durch falsche Angaben Steuern zu sparen, kein Kavaliersdelikt, sondern Steuerhinterziehung mit den entsprechenden strafrechtlichen Konsequenzen sein kann. In vielen Fällen hat dies bereits zu einem bösen Erwachen geführt, da die Betroffenen sich der Tragweite ihrer Handlungen oft gar nicht bewusst waren.

Steuerhinterziehung begeht, wer

- den Finanzbehörden oder anderen Behörden über steuerlich erhebliche Tatsachen unrichtige oder unvollständige Angaben macht,
- die Finanzbehörden pflichtwidrig über steuerlich erhebliche Tatsachen in Unkenntnis lässt,
- pflichtwidrig die Verwendung von Steuerzeichen oder Steuerstemplern unterlässt,
- Steuern verkürzt oder für sich oder einen anderen nicht gerechtfertigte Steuervorteile erlangt.

Eine Steuerhinterziehung begeht also bereits derjenige, der falsche Angaben zu den Fahrten zwischen Wohnung und Arbeitsstätte macht oder aber falsche Belege einreicht und dadurch steuerliche Vorteile erlangt.

Das Steuerrecht ist das einzige Rechtsgebiet, in dem es möglich ist, durch Selbstanzeige straffrei zu bleiben. Plagt Sie also ein schlechtes Gewissen, sollten Sie vor Entdeckung der Tat durch das Finanzamt diese selbst anzeigen. In diesem Fall müssen zwar die hinterzogenen Steuern einschließlich Zinsen und einem Strafzuschlag nachgezahlt werden, eine Strafe wird jedoch nicht mehr verhängt.

Stichwortverzeichnis

Abfindungen *39*
Abgeltungsteuer *124, 152, 157*
Abschreibung *68, 143*
Abwesenheit *71*
Aktien *156*
Alleinerziehende
- Entlastungsbetrag *164*
Allergie *189*
Allgemeine Lebensführung *46*
Altersentlastungsbetrag *31, 164*
Altersvorsorge *178*
Anschaffungskosten *70*
Antragsveranlagung *24, 26*
Arbeitgeber
- Kostenerstattungen *46*
Arbeitnehmerpauschbetrag *45*
Arbeitslosengeld *25*
Arbeitsmittel *26, 96, 101*
Arbeitszimmer *113*
Aufwandsvergütung *96*
Aufwendungen
- doppelte Haushaltsführung *87*
- Fortbildung *112*
- Garage *68*
- Vermietung/Verpachtung *142*
Ausbildung *177*
Ausbildungsbedarf *31*
Ausbildungsfreibetrag *25, 198*
Ausbildungskosten *112*
Ausland *80*
- Einkünfte *37*
- Übernachtungskosten *128*
Auslandseinsatz *96*
Auslandsreisen *80*
Auslandsverwendungszuschlag *96*
Ausrüstungsgegenstände *96*
Außergewöhnliche Belastungen *24, 187*
Auswärtstätigkeit, berufliche *67*
- mehrtägige *72*

BahnCard *105*
Baukindergeld *15*
Beerdigungskosten *190*
Behindertenausweis *201*
Behindertenpauschbetrag *25, 200*
Behinderung
- Entfernungspauschale *63*
- Pauschbetrag *201*
Belastungen
- außergewöhnliche *31*
Belege *217*
Bereitschaft *57*
Berufliche Veranlassung *82*
Berufsausbildung *205, 206*

13

Berufsausbildungskosten *106, 112, 169, 177*
– Kind *197*
Berufsfortbildungskosten *112*
Berufskleidung *106*
Beschäftigung
– geringfügige *130*
Betreuungsbedarf *31*
Betriebsausgaben *134*
Bewerbungskosten *109*
Bildungsmaßnahme *52*
Bruttolohn *45*
Bücherregal *101*

Dienstherr
– Erstattungen *92, 93*
Dienstkleidung *106*
Dienstreise *66*
Doppelte Haushaltsführung *81*

Ehegatten
– Veranlagung *26*
Eheschließung *227*
Ehrenamt *110*
Eigener Hausstand *82, 84*
Eigentumswohnung *147*
Einkommen
– zu versteuerndes *24, 31, 204*
Einkommensteuererklärung
– Definition *24*
– elektronische Abgabe *219*
– Erstellung *214*
Einkünfte
– Härteausgleich *207*
Einkünfte aus
– Gewerbebetrieb *30*
– Kapitalvermögen *30*
– Land- und Forstwirtschaft *30*
– nichtselbstständiger Arbeit *30*
– selbstständiger Arbeit *30*
– sonstige Einkünfte *30*
– Vermietung *30, 147*
– Verpachtung *30, 147*
Einliegerwohnung *146*
Einnahmenüberschussrechnung *134*
Einspruch *230*
Einzelveranlagung *228*
ELStAM *28, 34, 224*
Elster *219*
Elterngeld *25, 38*
Entfernungspauschale *57*
– Menschen mit Behinderung *63*
Entlastungsbetrag Alleinerziehende *31, 164*
Erhaltungsaufwand *142, 147*
Erstattung *31*
– durch den Dienstherrn *92, 93*
Erste Tätigkeitsstätte *52, 67*
Erziehungsbedarf *31*

Fahrgemeinschaft *62*
Fahrten
– Arbeitgeberleistung *41*
Fahrtenbuch *69*
Fahrtkosten *26, 56, 67, 87, 100, 113*
Familienheimfahrt *87, 88*
Familienwohnsitz *81, 82*
– eigener Hausstand *84*
Feiertagsarbeit *40*
Finanzierungskosten *142*
Flugreisen *81*
Fortbildungskosten *112, 113, 175*
Freibetrag *24, 25, 31, 224*
– bei bestimmten Tätigkeiten *133*
– Eintragung *34*
Freistellungsauftrag *154*
Fristen *28*
– Pflichtveranlagung *26*

Gebrauchtwagen *71*
Gehaltserhöhung *38*
Genussrechte *152*
Gewinn *133, 156*
Gewinnanteile *152*
Gewinneinkünfte *30*
Gewinnermittlungsvorschriften *134*
Grundfreibetrag *15*
Grundtabelle *31*

Haftpflichtversicherungsprämien *68*
Handwerkerleistungen *212*
Handy *41*
Härteausgleich *204, 207*
Haushaltshilfe *209*
Hausstand
– eigener *82*
Heilfürsorge *40*
Hinterbliebenenpauschbetrag *201*
Home-Use-Programme *41*

Infektionsschutzgesetz *38*
Insolvenzgeld *25*

Kapitalforderungen *152*
Kapitallebensversicherungen *157*
Kaserne *47, 67*
– doppelte Haushaltsführung *82*
– Sachbezüge *42*
Kettenkommandierung *50*
Kinderbetreuungskosten *173*
Kinderfreibetrag *15*
Kindergeld *15, 179*
Kinderzulage *179*
Kirchensteuer *169, 174*
Kleinunternehmerregelung *139*
Kommandierung *47*
– Verlängerung *50*

Kontoführungsgebühr *114*
Kraftfahrzeugsteuern *68*
Krankengeld *25, 38*
Krankheitskosten *191*
Künstliche Befruchtung *192*
Kurzarbeitergeld *25*

Land- und Forstwirt *166*
Lasten
– dauernde *169*
Leasingkosten *70*
Lebensgemeinschaft
– nichteheliche *83*
Lebensmittelpunkt *84*
Lebensversicherungen *152*
Lohnersatzleistungen *37*
– Progressionsvorbehalt *37*
Lohnsteuerabzugsmerkmale *34*
Lohnsteuerbescheinigung *45*
Lohnsteuerermäßigung
– Antrag *29*
Lohnsteuerermäßigungsverfahren *224*
Lohnsteuerhilfeverein *28, 116*
Lohnsteuerjahresausgleich *24, 34*
Lohnzuschläge *40*

Maklerkosten *120*
Mannschaftsdienstgrad *206*
Marinesoldat *80*
Mindesteigenbeitrag *180*
Mitgliedsbeiträge *106, 185*
Mittelpunkt der Lebensinteressen *56*
Mutterschaftsgeld *25*

Nachtarbeit *40*
Nachzahlung *31*
Nebenberufliche Tätigkeit *130*
Nebentätigkeit
– mit Lohnsteuerabzug *131*
– selbstständige *133*
Nutzungsdauer *70*

Pauschbetrag *26, 45, 201*
– Ausland *125*
PC *41*
Pflegedienst *211*
Pflegekosten *192*
Pflegepauschbetrag *202*
Pflichtveranlagung *24, 25*
– Frist *26*
Private Krankenversicherung *172*
Privates Veräußerungsgeschäft *161*
Privatnutzung *41*
Progressionsvorbehalt *25, 35, 36, 37, 38*
Prozesskosten *192*

Rechnung *137*
Rechtsschutzversicherung *124*

Reinigungskosten *107*
Reinigungskraft *211*
Reisekosten *38, 46*
Reisekostenpauschale *68*
Reisenebenkosten *67*
Renten *169*
Reparaturkosten *68*
Reserveoffizieranwärter *206*
Riester-Rente *178*
– Sonderausgabe *169*

Sachbezüge *42*
Schadensersatzleistungen *116, 194*
Scheidung *25*
Scheidungskosten *193*
Schiffsreise *80*
Schreibtisch *101*
Schulgeld *169, 174*
Selbstanzeige *234*
Selbstständige Tätigkeit *130*
Smartphone *41*
Sockelbetrag *181*
Soldatenversorgungsgesetz *37*
Sonderausgabe *24, 26, 31, 168, 185*
Sonderausgabenabzug *182*
Sonderausgabenpauschbetrag *169*
Sonntagsarbeit *40*
Sparer-Pauschbetrag *153*
Spekulationsfrist *156, 160*
Spekulationsgewinn *160*
Spenden *169, 184*
Splittingtabelle *31*
Sprachkurs *116*
Sprachreisen *113*
Stammdienststelle *73*
Steuerbegünstigte Gehaltsbestandteile *38*
Steuerberatungskosten *116, 117*
Steuerermäßigungen *31*
Steuerfreie Einnahmen *36*
Steuerhinterziehung *234*
Steuerklasse *166*
Steuerklassenwahl *222*
Studium
– Vollzeit *52*

Tablet *41*
Tätigkeiten
– freiberufliche *134*
– gewerbliche *134*
Telefonkosten *96, 117*
Tierarztkosten *212*
Tilgungsvereinbarung *147*
Tod *25*
Trennungsgeld *38, 93*
Truppenübungsplatz *67, 73*

Übergangsbeihilfen *39, 226*
Übernachtungskosten *67, 80, 87, 90, 96*
Überschusseinkünfte *30*

Übungsleiterfreibetrag *111*
Übungsleitertätigkeit *135*
Umsatzsteuer-Jahreserklärung *139*
Umsatzsteuerpflicht *137*
Umsatzsteuer-Voranmeldung *138*
Umschulung *118, 177*
Umzugskosten *38, 86, 118, 211*
Uniform *106*
Unterhaltsaufwendungen *195*
Unterhaltsleistungen *169*
– Sonderausgabe *168*
Unterkunft *42*

Veranlagung *26*
Verletztengeld *25, 38*
Verlust *186*
Verlustfeststellung *187*
Vermietung *142, 149*
Vermögenswirksame Leistungen *43*
Verpflegungsmehraufwendungen *67, 72, 113*
– Pauschalen *71*
– Pauschbeträge *128*
Verpflegungspauschale *89*
Verpflichtungszeit *226*
Versetzung *47*
– doppelte Haushaltsführung *82*
Versicherungsbeiträge *123*
Versorgungsausgleich *171*
Verwaltungskosten *143*
Vorauszahlungen *31*
Vorsorgeaufwendungen *27, 171*

Weiterbildungsmaßnahmen *114*
Werbungskosten *24, 26, 30, 45, 133, 142*
Wertpapiere *152*
Wochenenddienst *57*
Wohnsitz
– neben Familienwohnsitz *81*
Wohnsitzfinanzamt *27*
Wohnung *56*
– zusätzliche *82*
Wohnungsbauprämie *44*

Zeitsoldat *206, 226*
Zinsen *124, 152*
Zinsscheine *156*
Zumutbare Belastung *188*
Zuständigkeit *27*
Zweitwohnsitz *92*
Zweitwohnung *84, 90*
Zwischenheimfahrten *81, 100*